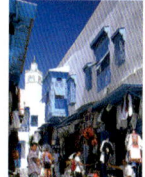

Autor: Stuart Munro-Hay

Design: Douglas E. Morton, CPA Media, Thailand

Aktualisierung: Sylvie Franquet
Aktualisierung unter der Leitung von: Bookwork Creative Associates

© MAIRDUMONT GmbH & Co KG, Ostfildern,
2., aktualisierte Auflage 2009

Unsere Autoren haben nach bestem Wissen recherchiert.
Trotzdem schleichen sich manchmal Fehler ein,
für die der Verlag keine Haftung übernehmen kann. Hinweise,
Verbesserungsvorschläge und Korrekturen
sind jederzeit willkommen. Einsendungen an:
E-Mail: spirallo@nationalgeographic.de oder
NATIONAL GEOGRAPHIC SPIRALLO-Reiseführer,
MAIRDUMONT GmbH & Co KG,
Postfach 3151, D-73751 Ostfildern

Original 2nd English Edition
© Automobile Association Developments Limited
Kartografie: © MAIRDUMONT / Falk Verlag 2008
(außer Seiten 160 & 166f)
Covergestaltung und Art der Bindung
mit freundlicher Genehmigung von AA Publishing

Herausgegeben von AA Publishing, einem Unternehmen der
Automobile Association Developments Limited, Fanum House,
Basing View, Basingstoke, Hampshire RG21 4EA, UK
Handelsregister Nr. 1878835.

Farbauszug: Leo Reprographics
Druck und Bindung: Leo Paper Products, China

A03694

NATIONAL
GEOGRAPHIC

TUNESIEN

Inhalt

Das Magazin

Highlights
auf einen Blick

Tunesien ist von außerordentlich großer geografischer Vielfalt – bewaldete Berge, makellose Sandstrände, Wüsten und grüne Oasen sind nur einige der vielen schönen Landschaften, auf die man unterwegs trifft. Die kulturellen Sehenswürdigkeiten erinnern an die vielen Völker, die hier nacheinander geherrscht haben: die arabischen Eroberer, die Phönizier, die römischen Provinzherrscher.

Oben: Historische Bauwerke sind in Tunesien zahlreich; fast alle weisen geometrische oder florale Ornamente auf

Unten: Das Minarett der Grande Mosquée de Sidi Oqba in Kairouan – eine der heiligsten Stätten des Islam

Die schönste historische Stätte

• Reicht die Zeit nur für den Besuch einer historischen Stätte, sollte es das monumentale Amphitheater von **El Djem** (► 96) sein. Es veranschaulicht den Reichtum der einstigen römischen Provinz Africa.

Die schönste Moschee

• Unter den unzähligen Moscheen ist die **Große Moschee von Kairouan** (► 121) sicher die herausragendste. Unter allen Moscheen weltweit nimmt sie den viertwichtigsten Rang ein und ist trotz ihrer überwältigenden Größe von erstaunlicher Schlichtheit.

Das beste Nationalgericht

• Das tunesische Nationalgericht Couscous kommt in etlichen (durchaus pikanten) Variationen vor: *Couscous au poisson* mit Fisch, Gemüse und gelegentlich Meeresfrüchten ist bei Einheimischen besonders beliebt. Am besten besuchen Sie dafür eines der Restaurants in Sfax.

Der beste Souk

• In jedem Fall sollten Sie den Markt in der **Medina von Tunis** (➤ 65) aufsuchen. Das Herzstück der Medina, um die Rue Djamaa ez-Zitouna, ist sehr touristisch. Flanieren Sie deshalb durch die Souks in den Nebensträßchen um die Moschee Djamaa ez-Zitouna (Ölbaummoschee), wo vor allem Einheimische Gewürze, traditionelle Umhänge etc. einkaufen.

Das beste Restaurant

• Unter den Restaurants der Oberklasse ist das **Dar el-Jeld** (➤ 65) in Tunis die beste Wahl. Die Räume befinden sich in einem alten Stadtpalast in der Medina, zum vorzüglichen Essen spielen Musiker auf der traditionellen Laute.

Die schönsten Naturschauplätze

• Tunesien nimmt geografisch nur einen winzigen Teil der größten Wüste der Welt, der Sahara, ein. Dieser ist aber der sicherste und bietet sehr gute Infrastruktur und Unterkunftsmöglichkeiten. Südlich von Douz (➤ 147) kommen Sie zum **Grand Erg Oriental**, dem mit hügeliger Dünenlandschaft malerischsten Fleck. Luftspiegelungen können Sie am Salzsee **Chott el Jerid** (➤ 136) bestaunen.

Das beste Museum

• Zweifellos zählt das **Musée du Bardo** (➤ 60) in Tunis mit seiner wunderbaren Sammlung römischer Mosaiken zu den schönsten Museen der Welt. Auch die Ausstellung der Funde aus Karthago ist hervorragend.

Der schönste Strand

• Weichen Sand, sauberes Wasser, gute Restaurants und schöne Ausblicke bietet **Rass Sidi Ali el-Mekki** (➤ 79) bei Ghar el-Melh.

Oben: Ein Damm führt über den Salzsee Chott el Jerid, wo oft Luftspiegelungen entstehen

Oben: Handgefertigte Puppen werden an einem Stand in der Medina von Tunis feilgeboten

Unten: Einige der schönsten Strände des gesamten Mittelmeerraumes liegen an der tunesischen Küste

Die Griechen nannten die in Nordafrika heimischen Libyer *barbaroi*. So bezeichneten sie alle Völker, die nicht griechischer oder römischer Abstammung waren. Der daraus entstandene Name Berber ist noch heute gebräuchlich und bezeichnet die ursprünglichen Bewohner Tunesiens. Jedoch sind zahlreiche Siedlungswellen über das Land hinweggegangen und nur weniger als ein Prozent der tunesischen Bevölkerung spricht noch die überwiegend in Djerba und den südlichen Dörfern gesprochene Berbersprache Chelha.

Ein Volk mit vielen Wurzeln

Die Phönizier

Die Phönizier kamen 1100 v. Chr. aus dem Libanon nach Tunesien, wo sie das erste von vielen Handelszentren gründeten: Utica (heute Utique). Zunächst siedelten sie an der Küste, nach der Gründung Karthagos 814 v. Chr. allerdings nahmen sie nach und nach das ganze Land ein und schienen seine Urvölker – die halbnomadischen Libyer oder Berber – förmlich zu verschlingen. Diese waren der Unterdrückung, u. a. in Form einer hohen Steuerlast, durch die Phönizier ausgeliefert und wurden verstärkt zum Städtebau und zur Bewirtschaftung des Landes angetrieben. Zunächst kämpften die Phönizier gegen die

Griechen um die Vorherrschaft im Mittelmeerraum, im 3. Jahrhundert. v. Chr. wurden die Römer zu ihren Erzfeinden.

Die Römer

Nach dem Dritten Punischen Krieg wurde das Land im 2. Jahrhundert v. Chr. zu einer Kolonie der römischen Provinz Africa. Im 5. Jahrhundert n. Chr. wurde Tunesien von den Vandalen erobert, die ihrerseits von den Byzantinern aus dem Land vertrieben wurden. Die ursprünglichen Volksstämme der Berber, auch Numider genannt, bewahrten indessen ihre nomadische Lebensweise in der unerbittlichen Wüste oder siedelten entlang der Küste.

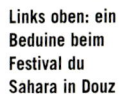

Die Araber

670 n. Chr. begannen die Eroberungswellen arabischer Heere, in deren Gefolge immer neue Volksstämme einwanderten. Neben arabischen und arabisierten Volksgruppen wanderten auch muslimische Flüchtlinge aus dem von Normannen 1091 besetzten Sizilien ein. Während sich Letztere in der Küstenregion des Sahel ansiedelten, wurden schwarze Afrikaner aus Ländern südlich der Sahara als Sklaven ins Land gebracht, auch eine jüdische Gemeinschaft entstand. Nach der Rückeroberung des muslimischen Sevilla durch christliche Truppen 1248 begannen sich maurische Einflüsse in Tunesien geltend zu machen; Muslime und Juden flüchteten in Scharen vor der Reconquista aus Spanien nach Nordafrika. Im frühen 17. Jahrhundert lebten schätzungsweise rund 200 000 spanische Muslime im Medjerdatal bei Tunis und auf der Halbinsel Cap Bon. Wie einst die Phönizier begründeten auch sie neue Traditionen und setzten ihre herausragenden Kenntnisse in der Landwirtschaft und Bodenbewässerung gewinnbringend ein.

Die Osmanen

Die jüngsten kulturellen Einflüsse gingen in der Zeit zwischen dem 16. und dem 19. Jahrhundert von den Osmanen aus, unter deren Herrschaft verschiedene Volksgruppen des Balkans, Griechenlands und Asiens nach Nordafrika kamen. Fügt man diesem ethnischen Gemisch eine Prise französischer Kultur aus der Kolonialzeit des 19. Jahrhunderts hinzu, erscheint der Ausdruck »Araber und arabisierte Berber« allzu vereinfachend.

Links oben: ein Beduine beim Festival du Sahara in Douz

Oben: Entspannung bei einer *chicha* (Wasserpfeife) in einem Café in Tunis

Ganz links: Berberfrauen bei der Weizenernte in Zaghouan

Links: Arabischer Jongleur beim Festival du Sahara in Douz

Unten: Kamelhüter während einer Teepause in der Wüste

LAND DES COUSCOUS

Wo der Maghreb beginnt:

Eine Geschichte, die vielleicht der Wahrheit entspricht oder aber nur eine geglückte Erfindung ist, wird vom ersten Präsidenten Tunesiens, Habib Bourguiba, erzählt. Er wurde einmal gefragt, was der Maghreb sei. Der Ausdruck bezeichnet in der Regel den westlichen Teil der arabischen Welt, die »Länder des Sonnenuntergangs«, die sich kulturell erheblich von den Ländern des Nahen Ostens unterscheiden. Der Präsident soll einen Moment lang über die Frage nachgedacht und dann geantwortet haben: »Irgendwo in Libyen liegt eine Grenze, an der das Grundnahrungsmittel des Ostens, der Reis, dem Grundnahrungsmittel des Maghreb weicht: dem Couscous.«

Traditionelle Küche der Berber

Couscous – oder *kuskus* auf Arabisch – stammt vom Wort *seksu* aus der Berbersprache Tamazight. *Couscous* ist von jeher Hauptnahrungsmittel der Berber, obgleich es ursprünglich aus der westafrikanischen Küche stammen soll. Couscous gibt es in verschiedenen Variationen und erfreut sich in Marokko, Algerien und bis zur Großen Syrte an der Nordküste Libyens großer Beliebtheit. Traditionell wird er aus Hartweizengries hergestellt, der mit Wasser befeuchtet und zu Kügelchen gerollt wird. Diese werden mit Mehl bestäubt, dann gesiebt und getrocknet. Ein aufwändiger Prozess, den die meisten Tunesier aber dennoch dem Kauf des fertigen Produkts aus dem Supermarkt vorziehen.

Tunesische Couscous-Variation

In Tunesien liebt man eine scharf gewürzte Variation des Gerichts. **Marga** ist ein Eintopf aus Hühner- oder Lammfleisch,

Fisch oder Gemüse oder einer Mischung aller Zutaten mit Kichererbsen. Besonders köstlich (wenigstens für Liebhaber von scharfen Speisen) wird das Gericht durch Zugabe der typisch tunesischen Chilisauce *harissa*. Die pikante Mischung wird dann auf einem Bett aus Couscous angerichtet. In manchen Restaurants wird Couscous mit Kamelfleisch als Spezialität serviert. **Couscous royale** ist besonders nahrhaft; es besteht meist aus einer Mischung aus Lamm- und Hühnerfleisch und verschiedenen Gemüsen. **Couscous au poisson** enthält Fisch, Gemüse und manchmal Meeresfrüchte. Eine in Djerba typische Variante ist Couscous mit Octopus.

Zubereitung

Eine *couscousière* ist das ideale Kochgefäß zur Zubereitung von Couscous. Die obere Hälfte hat am Boden Löcher, sodass der im unteren Teil durch den schmorenden Eintopf entstehende Wasserdampf den oben liegenden Couscous gart. Eine andere Variation des Couscous heißt *mesfuf* und besteht aus süßem Hartweizengrieß, der mit Früchten, Nüssen und Milch verfeinert wird.

Oben: Marktbesucher zwischen Obst- und Gemüseständen in Tunis

Mitte: Couscous, das Traditionsgericht Nordafrikas, wird auf verschiedene Arten und mit unterschiedlichen Zutaten zubereitet

Rechts: In offenen Säcken werden frische Gewürze und getrocknete Hülsenfrüchte auf dem Markt in Douz angeboten

Piratenküste

Die Seeräuberei war im 16. Jahrhundert eine übliche Einnahmequelle großer Städte entlang der von muslimischen Berberstämmen bewohnten Nordküste Tunesiens. Um die Macht an der tunesischen Mittelmeerküste stritten die Korsaren mit den Flotten des spanischen Königs Philipp II. und denen der englischen Königin Elisabeth I., die insgeheim mit den Kaperkriegen gegen die spanischen Silberflotten sehr einverstanden war. Wen wundert es daher, dass die Korsaren von den einen als Helden gerühmt und von den anderen als Plünderer verflucht wurden.

Die Freibeuterei entlang der sogenannten »Piratenküste« galt als eine von den europäischen Herrschern stillschweigend geduldete und teilweise auch erwünschte Form des »Küstenschutzes«. Die muslimischen Kapitäne der Piratenschiffe kontrollierten die Seehandelswege und kaperten und plünderten jedes erreichbare Schiff der christlichen Seefahrt, das ohne Erlaubnis der lokalen Herrscher die Küste entlang fuhr.

Die Korsaren operierten mit Erlaubnis ihrer Herrscher von Küstenorten wie Bizerte, Ghar el-Melh, Tabarka oder vom Hafen La Goulette bei Tunis. Auch auf der Insel Djerba entstanden zahlreiche berühmt-berüchtigte Piratennester.

Unter der Herrschaft des türkischen Vasallen Chaireddin Barbarossa wurde Tunis im 16. Jahrhundert zu einer Hochburg der Freibeuter

Seemänner oder Passagiere, die bei den Beutezügen in Gefangenschaft gerieten, wurden entweder zum Galeerendienst verurteilt oder auf den Sklavenmärkten von Tunis und anderen Handelsstädten verkauft – in der damaligen Zeit nicht nur ein gebräuchliches Verfahren der Korsaren, sondern auch der Kapitäne der christlichen Handelsschiffe. Doch stellten die Schiffe der christlichen Nationen auch für die Küstenorte eine Bedrohung dar; Tunis, aber auch andere Städte wurden zeitweilig von feindlichen Flotten bedroht.

Chaireddin
(Khayr ad-Din)
Barbarossa, ein
berüchtigter
Korsar des
Mittelmeeres

Unten: Die
Lomellini-Burg,
ein genuesisches Fort
(16. Jh.), beherrscht Tabarka, eine alte
Handelsstation

1574 eroberten die Osmanen endgültig Nordafrika; 1587 wurden Tunis, Algier und Tripolis die Hauptstützpunkte der Korsaren und gerieten unter die Kontrolle lokaler, in Vertretung des Sultans regierender Herrscher, den *deys* oder *beys*. Dey Youssef, der 1610–1637 in Tunis regierte, rühmte die Seeräuberei begeistert als wichtigste Einnahmequelle seines Staates. Einer Schätzung nach fielen 1650 allein in Algier 35 000 christliche Seeleute den Freibeutern in die Hände und wurden als Sklaven verkauft. Das Unwesen der Piraten nahm so bedrohliche Ausmaße an, dass Oliver Cromwell seinem Admiral Robert Blake 1655 den Befehl erteilte, eine Piratenflotte bei Porto Farina, dem heutigen Ghar el-Melh, mit Kanonen zu beschießen.

Die erbitterten Kämpfe der europäischen Kolonialmächte gegen die nordafrikanischen Seeräuberstaaten dauerten bis zur Abschaffung der Piraterie zu Beginn des 19. Jahrhunderts an. 1816 wurde Bey Mohammed, der als Oberbefehlshaber des Sultans zu damaliger Zeit die

Chaireddin Barbarossa!

Piraterie war ein einträgliches Geschäft und manchmal auch der Beginn einer glanzvollen Karriere: Der Korsar Chaireddin, der als **Barbarossa** (»Rotbart«) berühmt wurde, war osmanischer Herkunft und widersetzte sich in den Jahren 1505–11 den spanischen und portugiesischen Angriffen auf die nordafrikanische Küste und erlangte legendären Ruhm in den ersten Jahren der Inquisition, als er unzähligen spanischen Muslimen zur Flucht verhalf.

1529 überfiel er Algier und machte den Ort zu einem Hauptquartier der Piraterie im westlichen Mittelmeer. 1533 zum Admiral der osmanischen Kriegsflotte ernannt, wurde ihm ein hohes Maß an Macht und Rückhalt durch das Osmanische Reich zuteil. Im folgenden Jahr beherrschte Barbarossa bereits große Teile Tunesiens und machte Tunis zu einer Piraten-Hauptstadt, deren Macht sich vor allem gegen Italien richtete. Kaiser Karl V. reagierte darauf mit einem Vergeltungsschlag: 1535 eroberte er in einem Feldzug gegen Barbarossa Tunis und den Hafen La Goulette. Barbarossa konnte jedoch die Vormachtstellung des Osmanischen Reiches im Mittelmeerraum durch einen Sieg über die kaiserliche Flotte in der Schlacht von Preveza 1538 festigen. Barbarossa wurde schließlich Berater des Sultans und nach seinem Tod 1546 mit allen Ehren in Istanbul beigesetzt.

Regierungsgewalt über Tunis innehatte, unter dem militärischen Druck Englands gezwungen, dem verwegenen Treiben der Piraten ein Ende zu setzen, was zunächst nur teilweise gelang. Im gleichen Jahr noch wurde Tunis von den Briten bombardiert, was zu einem Rückgang, jedoch zu keinem vollständigen Ende der Piraterie beitrug. Da das Land kaum über eigene wirtschaftliche Ressourcen verfügte und Handel und Landwirtschaft unzureichend entwickelt waren, beschleunigte der allmähliche Niedergang der Piratenherrschaft den wirtschaftlichen Niedergang Tunesiens, da die nicht unbeträchtlichen Einkünfte aus Piraterie und dem Sklavenhandel ausblieben. Abkommen zur Förderung des Handels und zur Bekämpfung des Sklavenhandels wurden geschlossen, doch konnten auch diese Maßnahmen nicht den afrikanischen Trans-Sahara-Sklavenhandel unterbinden.

Auch weiterhin versetzten Korsaren die christliche Seefahrt in Angst und Schrecken und wurden dabei häufig von den Kolonialmächten Spanien, Frankreich, England und Holland in ihre Kämpfe um die maritime Vorherrschaft verwickelt. Im gleichen Maß, wie die kriegerischen Spannungen zwischen den europäischen Großmächten jedoch nachließen, ebbten auch Plünderungen, Entführungen und Erpressungen ab: 1830 wurde der Piraterie an der nordafrikanischen Mittelmeerküste endgültig durch die französische Eroberung Algeriens ein Ende bereitet.

Seeschlacht vor der nordafrikanischen Küste

Historische Berühmtheiten

Dido – Königin von Karthago

Als legendäre Gründerin Karthagos (▶ 56) gilt Prinzessin Elyssa, die in der griechisch-römischen Mythologie den Namen Dido trägt. Sie war die Tochter des phönizischen Königs von Tyros. Gegen den Willen ihres glücklosen Bruders Pygmalion hatte sie den Priester Acerbas geheiratet. Nach seiner Thronbesteigung ließ Pygmalion Acerbas ermorden. Elyssa flüchtete mit ihren Gefolgsleuten nach Nordafrika, wo sie 814 v. Chr. eine neue phönizische Stadt gründete. Das dazu notwendige Land erschwindelte sie der Legende nach durch eine List vom numidischen König Hierbas. Karthago wurde zu einem blühenden und mächtigen Stadtstaat. Hierbas drohte mit einem Rachefeldzug, falls Elyssa sich nicht bereit erklärte, ihn zu heiraten. Elyssa wollte jedoch weder einen Krieg noch den König und wählte stattdessen den Tod. Sie ließ einen Scheiterhaufen errichten und erstach sich vor den Augen ihres Volkes mit einem Dolch.

Der Maler Andrea Sacchi (1599–1661) verewigte in diesem Gemälde die Verzweiflungstat der phönizischen Königstochter Dido

So erzählt es eine der vielen Legenden um die Königin von Karthago. Eine andere Version der Geschichte ist durch den römischen Dichter Vergil (70–19 v. Chr.) in seinem Helden-epos Äneis überliefert. Die tragische Gestalt, die der Dichter seiner Dido verliehen hat, blieb in Kunstwerken der nachfolgenden Jahrhunderte lebendig: Der Held Äneas, so berichtete Vergil, floh aus dem zerstörten Troja und wurde nach Karthago verschlagen, wo Dido sich in ihn verliebte. Das Schicksal hatte mit Äneas jedoch andere Pläne. Von den Göttern war er zum Gründer Roms bestimmt; nach siebenjähriger Irrfahrt erreichte er Italien. Die verlassene Dido nahm sich das Leben. In der Unterwelt erhaschte Äneas einen Blick auf die geisterhafte Erscheinung der Verzweifelten und versuchte vergeblich, sich vor Dido zu rechtfertigen.

In zahllosen Werken der Malerei, Musik und Literatur haben Künstler das Thema der enttäuschten Liebe zwischen Dido und Äneas zu ergründen versucht, so auch der englische Dichter John Dryden (1631–1700) in folgenden Verszeilen:

Erscheinen soll Dido, in des schwarzen Schwefels Flamme; wenn der Tod dereinst ihre sterbliche Gestalt aufgelöst hat.
Soll lächelnd schauen des Verräters vergeblichen Jammer; ihr wütender Geist, aus der Tiefe sich erhebend, soll heimsuchen dein Wachen und stören deinen Schlaf.

Dem mythologischen Paar wurde auch im Universum ein ewiges Denkmal gesetzt: Zwei Krater des Saturnmondes Dione tragen die Namen Dido und Äneas.

Der aus Troja geflohene Held Äneas scherzt mit Dido, der Gründerin Karthagos

Hannibal

Der berühmte Karthager Hannibal kam 247 v. Chr. als Sohn des Hamilkar Barkas zur Welt. Er trat in die Fußstapfen seines Vaters und wurde Feldherr und Staatsmann. Noch heute gilt er als einer der größten Militärstrategen aller Zeiten. Im Jahr 218 v. Chr. brach er mit 40 000 Soldaten und 300 Elefanten auf und zog innerhalb von fünf Monaten zunächst an der spanischen Küste entlang, durchquerte Südfrankreich und überwand schließlich die Alpen. In Italien traf er auf völlig überraschte römische Legionen. Es war der Beginn des Zweiten Punischen Krieges (218 bis 201 v. Chr.) gegen die Übermacht Roms. Zwar hatte seine Armee in der feindlichen Alpenwelt große Verluste an Männern und Elefanten erlitten, dennoch schlug Hannibal die Römer nach vorangegangenen Schlachten 216 v. Chr. in der Schlacht bei Cannae vernichtend – 50 000 römische Soldaten ließen dabei ihr Leben.

Nach der Landung des römischen Feldherrn Scipio Africanus in Afrika (204 v. Chr.) musste Hannibal 203 v. Chr. zur Verteidigung seines Reiches nach Karthago zurückkehren. Rom blieb mit knapper Not vor einer Zerstörung bewahrt. 202 v. Chr. wurde Hannibal in der Schlacht bei Zama unweit von Le Kef von Scipio geschlagen; der Zweite Punische Krieg war verloren. Hannibal musste ins Exil gehen und blieb für den Rest seines Lebens auf der Flucht vor den Römern, die überall seine Auslieferung forderten. Im Alter von 65 Jahren nahm er sich mittels Gift das Leben.

Der italienische Staatsmann und Schriftsteller Niccolò Machiavelli führte in seinem Buch *Der Fürst* (1513) die Leistung Hannibals, seine Armeen in guten und schlechten Zeiten zusammengehalten zu haben, auf dessen außerordentliche Grausamkeit zurück. Damit steht er jedoch im Widerspruch zu anderen Historikermeinungen, die Hannibal sehr wohl eine gute Führung seiner Soldaten bescheinigten. Der hochgebildete karthagische Feldherr, der vier Sprachen beherrschte, wurde selbst in der römischen Geschichtsschreibung, wenn auch widerwillig, als Held anerkannt.

Habib Bourguiba

Habib ibn Ali Bourguiba (1903–2000) begann seine politische Laufbahn als Kämpfer für die Unabhängigkeit Tunesiens von der Kolonialmacht Frankreich und wurde der erste

Ministerpräsident seines Landes. Wie so viele Politiker-
persönlichkeiten begann er als Revolutionär und endete als
Autokrat. Auf der Höhe seiner Macht beschränkte er die
Pressefreiheit und unterdrückte jegliche Opposition. Trotz
dieser Repressalien wird sein Andenken in Gestalt eines goldenen Standbildes in Tunis sowie in einem Mausoleum mit gol-
dener Kuppel und einer verschwenderisch ausgestatteten Moschee in seinem Geburtsort **Monastir** (▶ 94) hochgehalten.

Als Freiheitskämpfer hat sich Bourguiba jedoch zu Recht
einen Namen gemacht. Habib Bourguiba wurde an einer
Eliteschule in Tunis ausgebildet und studierte Jura an der
Sorbonne in Paris. 1932 gründete er eine eigene Zeitung,
L'Action Tunesienne, und strebte mit seiner neugegründeten
Neo-Destour-Partei (NDP), die 80 000 Mitglieder hatte, die
vollständige Unabhängigkeit Tunesiens von der Kolonialmacht
an. Ziel der liberal-konservativen Destour-Partei war eine
Regierung, in der Franzosen und Tunesier gleichermaßen vertreten waren. Nachdem Bourguiba zu zivilem Ungehorsam
aufgerufen hatte, kam es 1938 zu Aufständen der Bevölkerung
gegen die Kolonialmacht in Tunis: Die Partei wurde aufgelöst,
Habib Bourguiba verhaftet und für zwei Jahre in Frankreich
interniert.

Im Zweiten Weltkrieg waren Frankreich und Nordafrika
von deutschen Truppen besetzt; Bourguiba wurde nach Italien
ausgeliefert. Mussolini erklärte Tunesien zu seiner Interessens-

**Die Alpen-
überquerung
Hannibals –
Ausschnitt aus
einem Gemälde
von Jacopo
Ripanda (1490–
1530)**

**Links: Ein
Kupferstich
zeigt das
Porträt des
Karthagers
Hannibal**

sphäre und schickte Bourguiba 1943 nach Tunis zurück.

Nach zwischenzeitlicher Flucht vor den Deutschen kehrte Bourguiba 1949 erneut nach Tunesien zurück. 1950 begann die französische Regierung mit ersten politischen Zugeständnissen und bot einen in Etappen zu vollziehenden Übergang zu einer eigenständigen Regierung an. Nach einem erfolglosen Versuch tunesischer Minister, die Frage der Unabhängigkeit bis vor den UN-Sicherheitsrat zu tragen, nahmen die politischen Unruhen zu, Bourguiba wurde zusammen mit anderen politischen Führern erneut inhaftiert.

1954 wurde Tunesien schließlich die vollständige Autonomie gewährt. Eine tunesische Regierung wurde unter der Führung von Tahar Ben

Ammar und der Unterstützung durch Habib Bourguiba eingesetzt. 1956 wurde Tunesien unabhängig, die NDP gewann die erste freie Wahl. Bourguiba wurde Ministerpräsident und Präsident der Nationalversammlung. Als Ministerpräsident verfolgte Bourguiba eine gemäßigte Politik der Reformen: Die Rechte der Frauen wurden gestärkt, sie erhielten das Wahlrecht, die Polygamie wurde 1957 abgeschafft. Eheschließungen und -scheidungen, die bisher von religiösen Würdenträgern vorgenommen werden mussten, unterstanden nun dem zivilen Recht. Es gab Bemühungen um die Förderung der Schulbildung, des Gesundheitswesens und der Landwirtschaft. Universitäten wurden gegründet, islamische Gerichtshöfe wurden abgeschafft, Schulen säkularisiert. Die Armee hielt man zahlenmäßig klein. Bei den Wahlen 1964 erhielt die Partei Habib Bourguibas, die sich jetzt Partie Socialiste Destourien nannte, 96 % der Stimmen, 1969 siegte er abermals.

1975 erfolgte die Ernennung Habib Bourguibas zum Präsidenten auf Lebenszeit.

Der Niedergang der Wirtschaft, der auch auf die starre Regierungspolitik zurückzuführen war, löste in den folgenden Jahren Streiks und Unruhen unter der islamischen Bevölkerung aus, die ihn für zu europazentriert hielten. 1987 wurde Habib Bourguiba wegen »Senilität« aus seinem Amt entlassen. Seinen Ruhestand verbrachte er in Monastir, wo er im April 2000 starb. Seine Verdienste als Gründervater Tunesiens sind bis heute untrennbar mit der nationalen Identität des Landes verbunden.

Präsident Habib Bourguiba begründete das moderne Tunesien und kämpfte für die Unabhängigkeit des Landes

Links: Die leuchtend rote Flagge Tunesiens flattert an der Place de la Kasbah

Im Zweiten Weltkrieg wurde Tunesien zum Schauplatz eines Wüstenkrieges, der mit der Landung deutscher Truppen im Februar 1941 in Nordafrika begann und mit deren Kapitulation im Mai 1943 endete. Ein Sieg über das deutsche Afrikakorps unter Generalfeldmarschall Erwin Rommel galt lange Zeit als unmöglich. Der Kampf um Tunis wurde zu einem Wendepunkt des Krieges.

KRIEG IN DER WÜSTE

In der Zeit zwischen November 1942 und Mai 1943 kam es in Tunesien zu massiven Truppenaufmärschen. Die Achsenmächte Deutschland und Italien hatten im November 20 000 Soldaten im Land stationiert. Die 1. Armee der Alliierten Streitkräfte unter dem Kommando des britischen **Generals Kenneth Anderson** begann am 25. November mit einer Offensive, stieß aber schon bald auf heftigen Widerstand. Am Morgen des 5. Dezember wurde die britische Armee unweit von Tunis und Bizerte zum Stillstand gebracht. Tunis geriet unter Befehlshaber **Jürgen von Arnim** in die Gewalt der deutschen Besatzungsacht. Erst im Rückblick wurde deutlich, dass das Halten der Stellung in Tunis mit einem hohem Kräfteverlust auf Seiten der deutschen Truppen verbunden war.

Generalfeldmarschall Erwin Rommel mit Befehlshabern des Afrikakorps

General Rommel, der Wüstenfuchs

Nach dem Verlust der Schlacht von El-Alamein in Ägypten hatte **Generalfeldmarschall Erwin Rommel**, auch der »Wüstenfuchs« genannt, sich mit seinen Truppen im Januar 1943 an die Ostküste Tunesiens zurückgezogen, während General Jürgen von Arnim den Norden kontrollierte. Auf feindlicher Seite setzte General Anderson seine Attacken aus dem Westen kommend fort, die 8. Armee unter **Feldmarschall Montgomery** drängte aus südöstlicher Richtung auf den Kriegsschauplatz.

Rommel entschied sich für einen Angriff von Westen, Mitte Februar befahlen die Deutschen den Vorstoß in Richtung auf die zwischen dem Faïd-Pass im Norden und Gafsa sich befindenden amerikanischen Truppen. General Heinz Zieglers Panzer zwangen die Amerikaner, sich 80 km zurückzuziehen.

Von Hitler hatte Rommel den Befehl erhalten, Nordafrika um jeden Preis zu halten. Beharrlich drangen seine Truppen nicht westwärts nach Tébessa, sondern aus nördlicher Richtung von Kasserine nach Thala vor. Gegen einen starken Widerstand der amerikanischen Streitkräfte überquerten die deutschen Truppen den **Kasserine-Pass**, wo sie jedoch von den Reservetruppen des Generals Alexander zurückgedrängt wurden.

Generalfeldmarschall Montgomery versetzte dem Afrikakorps mit Hilfe von 400 Panzern und 500 Panzerabwehrkanonen einen vernichtenden Schlag. Rommel wurde im März 1943 von Hitler nach Deutschland zurückbeordert. Er wurde für seine Verdienste ausgezeichnet und mit der Befehlsgewalt über die deutschen Verteidigungslinien in der Normandie betraut.

Rommel, der als Nationalheld gefeiert und von seinen Gegnern gefürchtet und bewundert wurde, erkannte zuletzt die Vergeblichkeit des Krieges. Obwohl nicht direkt an der Verschwörung des 20. Juli 1944 mit dem Ziel eines Attentats auf Hitler beteiligt, wurde er dennoch der Mittäterschaft beschuldigt.

In Tunesien setzten die Alliierten ihre Offensive im März fort, konnten den Rückzug des deutschen Afrikakorps nach Tunis jedoch nicht aufhalten. Ein Angriff der 8. Armee auf die Mareth-Linie südlich von Gabès scheiterte, doch das Afrikakorps musste letztendlich kapitulieren und die Mareth-Linie aufgeben. Im April 1943 wurden die deutschen Truppen über die Küstenebene in nördlicher Richtung nach Tunis zurückgedrängt. Statt nach Sizilien auszuweichen, beharrte Jürgen von Arnim jedoch darauf, mit seinen Truppen die Stellung in Tunis und Bizerte zu halten.

Eine schwere Offensive der alliierten Artillerie, Luftwaffe, Infanterie und Panzer rückte am 7. Mai nach Tunis vor, während amerikanische und französische Streitkräfte in gleicher Weise auf Bizerte zumarschierten.

Panzer landen 1942 zur Verstärkung des Afrikakorps an einem nordafrikanischen Hafen

Bei Mejez el-Bab, einem kleinen Ort an der Stelle des antiken Membressa, kam es zu schweren Kämpfen mit zahlreichen Todesopfern. Den deutschen Soldaten war der Rückzugsweg zur Halbinsel Cap Bon versperrt; 250 000 Soldaten gerieten in Kriegsgefangenschaft, darunter auch General von Arnim. Die Offensive war von entscheidender Bedeutung für den Gesamtverlauf des Krieges. Die Befreiung Nordafrikas von den deutschen Besatzungskräften eröffnete den Alliierten nicht nur eine sichere Passage über das Mittelmeer, die Region konnte in der Folge auch als Stützpunkt für einen Angriff auf Italien dienen. Nachdem die Alliierten Sizilien besetzt hatten, kapitulierten Mussolinis Truppen.

Zwei deutsche Soldaten lesen Briefe von zu Hause

Ein Soldat der Alliierten wacht über deutsche Kriegsgefangene an einem nordafrikanischen Strand

Eine lesenswerte Ergänzung zu einer Besichtigung der Ruinen von Karthago ist der historische Roman *Salammbô* von Gustave Flaubert. Der Schriftsteller des französischen Realismus im 19. Jahrhundert schildert mit wissenschaftlicher Genauigkeit die vermeintlich schaurigen Sitten des punischen Karthago.

Gustave Flauberts berühmtester Roman, *Madame Bovary*, erschien 1857

Flauberts
Salammbô

Die alte punische Siedlung im Süden Karthagos, deren Wahrzeichen der Tophet ist, jene Kult- und Grabstätte, wo der Legende nach zahllose Kinder den Göttern geopfert wurden, trägt den Namen Salammbô. In Flauberts Roman ist es der Name einer Frau von kalter Gelassenheit, einer schönen punischen Prinzessin und Schwester des Hannibal.

Flaubert entwarf ein imaginäres Karthago in unvergesslichen, dramatischen Szenen von verschwenderischem Detailreichtum. Die historischen Gestalten wurden durch die unerschöpfliche Einbildungskraft des Autors zuweilen ins Groteske überhöht. Hanno, Angehöriger der Herrscherkaste von Karthago, ist eine grausame und abstoßende Gestalt, die verschleiert

in einer Sänfte sitzend in die Schlacht zieht, weil sie von Lepra zerfressen ist. Der junge Numiderkönig Narr Havas buhlt um die Gunst der Prinzessin Salammbô. Salammbô selbst betet die geheimnisvolle punische Göttin Tanit an und wird ihrerseits von Matho, dem Libyer, aus der Ferne verehrt. Der listige Grieche Spendius schließlich verabscheut Karthago und schließt sich Verschwörern an, deren Ziel die Zerstörung der Stadt ist.

In Flauberts Roman folgen Szenen von Krieg, Grausamkeit und ungezügelter Leidenschaft in dichter Folge aufeinander. In einer Szene wird der Raub eines heiligen Schleiers der Göttin Tanit, der dunklen Seele von Karthago, geschildert. Es gibt endlos scheinende Aufzählungen von Schätzen, Parfums und anderen Kostbarkeiten. Der Roman ist so reich an barbarischer Pracht, so überladen mit funkelnden Juwelen und den Schandtaten der zumeist unsympathischen Hauptcharaktere, dass ein Kritiker schrieb: »Das Gehirn wird der sprühenden Blitze von minutiösen Einzelheiten müde.«

Ein solches Urteil sollte Sie aber nicht von der Lektüre abhalten. *Salammbô* ist ein romantischer Roman aus dem ausgehenden 19. Jahrhundert. Flauberts lesenswertes Werk beruht auf sorgfältiger, vielleicht allzu gründlicher Recherche, seine Erzählkunst ruft Gedanken und Erinnerungen wach. Obgleich die Sitten und Gebräuche der phönizischen Zeit verfälschend dargestellt und die historischen Tatsachen sehr frei behandelt wurden, hinterlässt *Salammbô* doch einen unvergesslichen Eindruck.

Flauberts schöne Schilderungen karthagischer Szenen und Schauplätze werden Ihnen vielleicht für immer in Erinnerung bleiben, wenn Sie vor Ort Zeilen wie diese lesen:

»Um Karthago glitzerten reglose Wellen, als der Mond seine Strahlen auf die von Bergen und dem See von Tunis umschlossene Bucht warf.«

Mademoiselle Breval in der Titelrolle der epischen Oper nach Flauberts Roman *Salammbô*

Links: Der französische Komponist Ernest Reyer schrieb eine erfolgreiche Oper in Anlehnung an Flauberts Roman

Tunesien ist ein muslimisches Land und die meisten Muslime gehören dem sunnitischen Islam an. Wie in anderen Religionen kam es auch im Islam früh zu Glaubensspaltungen. Die größten Spannungen allerdings herrschen zwischen ...

SUNNA
UND SHIA

Die Trennung zwischen Sunniten und Schiiten ereignete sich im Jahre 632 unmittelbar nach dem Tode des Propheten Mohammed, als sich die moslemischen Führer versammelten, um einen Nachfolger, einen Kalifen, für die junge Religion zu bestimmen. Einige Muslime, aus denen später die Schiiten hervorgingen, auch »Ahl-ul-Bait« genannt (Angehörige der Familie), waren der Auffassung, dass das Kalifat an die direkten Nachkommen Mohammeds gehen sollte. Somit sollte Ali, der erste Cousin des Propheten und zudem mit dessen Tochter Fatima verheiratet, erster Kalif werden. Die andere Bewegung, welcher Mohammeds Frau Aischa angehörte, unterstützte jedoch die Wahl ihres Vaters Abu Bakr, der letztlich als erster »rechtgeleiteter Kalif« die Nachfolge antrat. Abu Bakr erwählte wiederum Omar zu seinem Nachfolger. Dieser herrschte von 634–44, gefolgt von Uthman, Mohammeds Schwager, 644–56. Uthman wurde von Dissidenten ermordet, woraufhin Ali vierter Kalif wurde. Dieser Wahl widersetzte sich Aischa erheblich, denn sie machte Ali für die Ermordung Uthmans mit verantwortlich, unterlag jedoch seinen Streitkräften in der Kamelschlacht im Jahre 656. Ali wiederum scheiterte jedoch an den Truppen von Uthmans Cousin Muawiya, Statthalter von Syrien, und musste mit ihm einen Kompromiss eingehen.

Einige von Alis radikaleren Anhängern betrachteten dies als Verrat. Daraufhin wurde Ali 661 ermordet, sein Sohn Hasan trat die Thronfolge zunächst an, dankte jedoch bald wieder ab. Damit war der Weg für Muawiya frei, die Macht als erster Kalif der neu begründeten Omaijaden-Dynastie zu übernehmen.

Einem spirituellen Oberhaupt der Schiiten, das seine herrschende Stellung auf den Propheten Mohammed zurückführt, wird der Ehrentitel eines **Imam** verliehen. Dem Kalif Ali und seinen Söhnen wird von den Schiiten als dem ersten Imam noch immer eine besonders tiefe Verehrung entgegengebracht. Die meisten Anhänger der Schia leben heute im Iran und im südlichen Irak.

Im 9. und 10. Jahrhundert bildete sich die Lehre der **Sunniten** heraus, die sich auf traditionsgebundene Weise am vorbildlichen Weg des Propheten und der ersten vier Kalifen orientiert. Rund 90% aller Muslime sind heute Sunniten.

Beide Glaubensgruppen respektieren den Koran und die Hadith(-Traditionen), und obwohl die Spaltung zwischen den beiden wichtigen Richtungen des Islam, Sunna und Schia, so weit zurückliegt, dass sie sich im Dunkel der Vergangenheit verliert, ist sie dennoch in unserer Zeit bestürzend real und hat zu erbitterten Auseinandersetzungen und sogar Gewalttätigkeiten geführt, wie z. B. im Irak. In Tunesien, einem deutlich toleranteren Land, kommt es glücklicherweise kaum zu Gewalttaten, die fundamentalistisch motiviert sind.

Oben: Die Zaouia de Sidi Sahab (Barbiermoschee), ein bedeutendes Wallfahrtsziel in Kairouan

Links: Die Große Moschee in Sousse

Namen und Wörter der verschiedenen Sprachen, die man als ausländischer Gast in Tunesien hört und geschrieben sieht, sind nicht nur schwer zu verstehen, sondern noch schwieriger auszusprechen. Alle Nichtaraber stimmen darin überein, dass Arabisch zweifellos eine schwierige Sprache ist. Dennoch sollte man sich nicht entmutigen lassen, sondern einen Versuch wagen, wenigstens ein paar Worte zu lernen.

SPRACHEN

Die arabische Sprache, wie sie heute in Tunesien gesprochen und geschrieben wird, ist aus einer langen Entwicklungsgeschichte hervorgegangen, die mit dem komplizierten phönizischen Alphabet begann und später lateinische und französische Einflüsse in sich aufgenommen hat.

Die phönizische Schrift

Das Händlervolk der Phönizier siedelte seit dem 2. Jahrtausend v. Chr. in der historischen Landschaft der Mittelmeerküste. Ihre Schriftsprache entstand um 1200 v. Chr. und beruhte auf einem Alphabet aus 22 Buchstaben. Sie bildete die Grundlage für die arabische Schrift und wurde wahrscheinlich um 1000 v. Chr. auch von den Griechen übernommen, auf deren Alphabet alle europäischen Schriftsprachen zurückgehen. Die phönizische Schrift ist so gesehen die »Mutter aller Alphabete«.

Der latinisierte Name des phönizischen Stadtstaates **Karthago** (► 56) entstand aus ihrem phönizischen Namen **Quart haddasch**, »neue Stadt«.

Der Herrschaftsbereich der Phönizier erstreckte

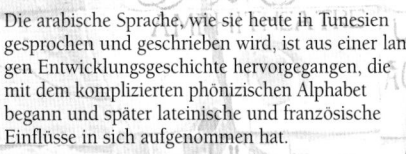

Eine phönizische Inschrift

GEWIRR

sich etwa über die Hälfte des heutigen tunesischen Staatsgebietes, vor allem über die fruchtbaren Ebenen und Küstenregionen. Zu gleicher Zeit dehnte sich das Königreich der Numider auf Teile des heutigen Tunesien aus, die von den Arabern als »Berber«, von den Römern als »Barbaren« bezeichnet wurden.

Zur Zeit der Hochblüte des Römischen Reiches umfasste die römische Kolonie Africa proconsularis, die nach der Zerstörung Karthagos im Dritten Punischen Krieg entstand, einen großen Teil des heutigen Tunesien und Teile Libyens. Nach der Eroberung der Provinz durch Julius Cäsar 46 v. Chr. wurde Numidien mit Africa vereint. Das Gebiet der einstigen Kolonie Africa Nova ist in Anlehnung an ihren römischen Namen als *Ifrikya* in die arabische Sprache eingegangen.

Das internationale Straßenschild weist auf Karthago hin

Arabisch

Die Form des Arabischen, das heute in Nordafrika gesprochen wird, ist das maghrebinische Arabisch. Die arabische Schriftsprache ist eine Konsonantenschrift, in der nur wenige Vokale vorkommen. Ein charakteristisches Merkmal der gesprochenen Sprache sind daher die fehlenden Vokale, wodurch das Verständnis sehr erschwert wird. So wird z.B. das arabische Wort *medina* (»Stadt«) *mdina* ausgesprochen.

Französisch

Seit der Kolonialzeit ist in Tunesien die französische Sprache in Form von mehrsprachigen Straßenschildern, Wegweisern, französischen Namen auf Landkarten und in Büchern weit verbreitet. In neuerer Zeit wurden Wörter des modernen Lebens, die im ursprünglichen Wortschatz des Arabischen nicht vorhanden waren, hauptsächlich aus dem Französischen und Englischen entlehnt. Umgekehrt wurden arabische Wörter und Namen der bequemeren Aussprache wegen den europäischen Sprachen angenähert, wie z.B. der Ortsname Sfax, der eigentlich El-Safaqus lautet – eine gelungene Verschmelzung aus Maghrebinisch und Französisch.

Die Kunst, kleine Stü-
cke verschiedenfarbiger
Steine zu einem detail-
reichen Bild zusammen-
zufügen und einen Fuß-
boden damit zu schmü-
cken, hat in Tunesien
eine lange Tradition,
die in vorrömische Zei-
ten zurück reicht. Puni-
sche Mosaiken gelten
somit als Vorläufer der
römischen Kunstwerke.

RÖMISCHE
MOSAIKKUNST

Lange vor der Eroberung des Landes durch die Römer schufen
schon die Punier Bildmuster aus kleinen Steinen. In der Ausgrabungsstätte der alten punischen Stadt Kerkouane sind die Um-
risse und Fußböden von Wohnhäusern noch erhalten. So ist auf
dem rotbraunen Fußboden eines Hauses ein Symbol aus weißen
Steinen zu sehen – das Dreieck mit der Sonnenscheibe steht für
die punische Göttin Tanit. Kompliziertere Mosaikflächen mit
weißen, schwarzen oder roten Umrandungen wurden in Karthago selbst gefunden; sie stammen aus dem 4. Jahrhundert v. Chr.

Nach der Ankunft der Römer erreichte die Mosaikkunst eine
Hochblüte. Römische Bürger, durch den Handel mit regionalen
Produkten reich geworden, ließen sich in Orten wie *Neapolis*
(Nabeul), *Hadrametum* (Sousse), *Taparura* (Sfax), *Thaenae*
(Thina), *Thysdrus* (El Djem), Karthago und Bulla Regia herr-
schaftliche Villen errichten. Wohlhabende Römer finanzierten
auch öffentliche Gebäude wie Foren, Thermen, Gymnasien
oder Theater, die der Zurschaustellung ihres Reichtums und
ihrer Großzügigkeit dienten. Beim Bau sollte der kostbarste
Marmor verwendet und die kunstvollsten Mosaiken geschaffen
werden. In eigens gegründeten Schulen wurde die Mosaikkunst
gelehrt. Die Künstler stellten ihre Werke manchmal in zweifa-
cher Ausfertigung her, damit potenzielle Kunden sich aus mehreren Mustern das gewünschte aussuchen konnten.

Viele Mosaikfußböden haben den Verfall der großen Städte
unter einer schützenden Schicht von Trümmern, verwehtem
Sand oder Erde überdauert, unter der sie 1500 Jahre lang begraben waren. Viele davon wurden freigelegt und sind in

Museen zu bewundern, z.B. im **Musée du Bardo** (▶ 60) in Tunis oder im Museum in der Kasbah von **Sousse** (▶ 93).

Wer in den Genuss der fein gearbeiteten Mosaikkunstwerke aus dem 2. bis 7. Jahrhundert kommt, kann sich ihrem fesselnden Eindruck nicht entziehen. Von besonderem Interesse ist die lebensnahe Darstellung von Alltagsthemen. Im 3. Jahrhundert waren Mosaikbilder in Privathäusern ebenso häufig zu sehen wie in öffentlichen Gebäuden. In den Werkstätten Nordafrikas müssen die Arbeitstage der Künstler lang gewesen sein, damit sie den Bedarf der reichen Bürger an immer aufwändigeren Bildkompositionen decken konnten. Sie entwickelten dabei einen typisch »afrikanischen« Stil, der in einem derartigen Themen- und Variationsreichtum nirgendwo sonst zu finden ist. Man sieht Darstellungen von Bauern und Villenbesitzern in ländlicher Umgebung, auf der Jagd und in der Schlacht, Zirkusszenen, Fauna und Flora des Landes, Meereswesen und andere Gestalten aus der griechischen und römischen Mythologie.

Das Mosaik (2. Jahrhundert) stellt Oceanos, eine Gestalt der griechischen Mythologie, dar

In den Grabmosaiken der späteren byzantinischen Zeit hat sich der Kunststil gewandelt: Kirchen, Porträts und Inschriften mit dem Namen und Todestag der Verstorbenen sind häufige Motive.

Zu den berühmtesten Mosaikbildern gehören eine Darstellung des Odysseus, der, am Mast seines Schiffes festgebunden, den Gesängen der schrecklichen Sirenen lauscht, und ein Porträt Vergils, des Dichters der *Äneis*, in der vom tragischen Schicksal der Königin von Karthago erzählt wird. Beide Mosaiken sind im Musée du Bardo zu sehen. Manche Mosaiken, die den Fußboden großer Räume schmücken sollten, sind allein durch ihre schiere Größe beeindruckend; die Themen solcher großformatiger Bilder kreisen um Neptun, den Gott des Meeres, inmitten von Meeresungeheuern – einst eine angemessene Dekoration für eine Villa mit Meeresblick.

Die römischen Mosaikbilder, die in Tunesien erhalten geblieben sind, sind nicht nur von künstlerischem Interesse, sondern geben wertvollen Einblick in das Leben der wohlhabenden Bürger zur Zeit der römischen Hochkultur.

Ein makabres Thema: ein Römer betrachtet sinnend ein abgeschlagenes Haupt

Wo die schönsten Mosaiken zu sehen sind

• Riesengroße und prachtvolle Mosaiken gehören zur weltweit bedeutendsten Sammlung von Mosaiken im **Musée du Bardo** in Tunis (➤ 60).
• Besonders elegant wird eine Sammlung von Mosaiken im **Musée Archéologique** in Sousse (➤ 93) präsentiert.
• Das **Musée Archéologique** (Archäologisches Museum) von **Sfax** (➤ 99) besitzt eine sehr gute Sammlung regionaler Kunstwerke.
• In den gut erhaltenen Villen der römischen Stätte **Bulla Regia** (➤ 76) können Sie ebenfalls Mosaiken bewundern.

Erster
Überblick

Ankunft

Bei der Ankunft auf dem Flughafen Tunis-Carthage sind die auf allen internationalen Flughäfen üblichen Zoll- und Passformalitäten zu erledigen.

Mit dem Flugzeug

- Bei der Ankunft wird allen ausländischen Fluggästen eine **Ein- und Ausreisekarte** ausgehändigt, in die die persönlichen Ausweisdaten eingetragen werden müssen. Diese Karte müssen Sie bis zu Ihrer Abreise behalten; sie wird erst beim Auschecken abgegeben.
- Urlaubsgäste aus Ländern der **Europäischen Union** benötigen zur Einreise nach Tunesien kein Visum. Nähere Auskünfte erteilen die Fremdenverkehrsämter oder die diplomatischen Vertretungen des Heimatlandes.
- Folgende Waren dürfen zollfrei eingeführt werden: 1 l hochprozentiger Alkohol oder 2 l Wein, 400 Zigaretten, 2 Fotoapparate und 1 Videokamera.

Flughafen Tunis-Carthage

Der Flughafen präsentiert sich als ein modernes, weitläufiges Gebäude in neo-maurischem Stil mit viel Granit und Marmor.

- **Geldautomaten**, an denen man mit allen gängigen Kreditkarten (z. B. **Visa** und **MasterCard**) Bargeld abheben kann, sind in ausreichender Zahl vorhanden.
- **Wechselstuben** (*Bureaux de change*) findet man in der Ankunftshalle. Es empfiehlt sich, eine kleine Summe in **Tunesischen Dinar** (TD) umzutauschen, falls Sie mit einem Taxi oder einem anderen Verkehrsmittel zu Ihrem Hotel fahren möchten.
- Im Ankunftsgebäude findet man Vertretungen internationaler **Mietwagenfirmen** wie Avis, Hertz.

Vom Flughafen nach Tunis

- Der Flughafen ist nur **8 km** vom Stadtzentrum entfernt. Es gibt auch Verkehrsverbindungen, die ohne den Umweg über Tunis direkt in die Region **Carthage/La Marsa**, nach **Bizerte** oder in die **südlichen Regionen** führen.
- Am einfachsten kommt man per Taxi ins Stadtzentrum. Die offiziellen ■ Taxis sind **gelb**; ein Taxameter sollte vorhanden und eingeschaltet sein, andernfalls sollte man vorab einen festen Preis vereinbaren.
- Eine Taxifahrt vom Flughafen ins Stadtzentrum kostet etwa **6–10 TD**. Wenn Sie viel Gepäck bei sich haben, sollten Sie dem Fahrer ein kleines Trinkgeld geben. Abends und nachts sind die Taxifahrten um 50 Prozent teurer.
- Verzichten Sie auf Fahrten in **privaten Taxis** ohne Taxameter, oder vereinbaren Sie vor der Fahrt einen verbindlichen Preis.
- Wenn Sie Französisch (oder Arabisch) verstehen, können Sie vom Taxifahrer eine Vielzahl an **Informationen** über Sehenswürdigkeiten erhalten.
- Die **Buslinien 35** und **635** fahren direkt zur Hauptverkehrsader der Neustadt von Tunis, der Avenue Habib Bourguiba. Diese Busse fahren zwischen 6 und 21 Uhr im Halbstundentakt vom Flughafen zum Bahnhof Tunis Marine, wo Sie Anschluss an die TGM-Schnellbahn haben, sowie zum Place de Palestine nahe der Straßenbahn-Haltestelle République.
- Aufgepasst! Die Haltestelle »Aéroport« der zwischen Tunis und La Marsa verkehrenden TGM-Bahn ist über 3 km vom Flughafen entfernt.

Flughafen Monastir-Skanès

Der Flughafen Monastir-Skanès liegt 10 km westlich von Monastir. Die meisten der dort eintreffenden Fluggäste sind Pauschalreisende und brauchen sich um Ankunftsformalitäten und Verkehrsmittel nicht zu sorgen.

Individualreisende sollten Folgendes beachten:
- Am Flughafen gibt es eine Bahnstation der **Métro du Sahel**, die **Sousse** und **Mahdia** via Flughafen und Monastir miteinander verbindet.
- Eine Fahrt nach Monastir mit einem **gelben Taxi** kostet rund 6 TD.

Mit der Fähre
Bei einer Ankunft am Fährhafen von **La Goulette** in Tunis sind die gleichen Zollformalitäten wie auf dem Flughafen zu beachten; die oben genannten Informationen über Taxis und andere Verkehrsmittel gelten entsprechend.

Informationen über Tunesien
Zu den interessantesten Websites mit Informationen über Tunesien gehören:
www.tourlsmtunisia.com Website des tunesischen Fremdenverkehrsamts
www.tunisiaonline.com Website der tunesischen Regierung
www.tunispost.com Unzensierte Nachrichten über Tunesien
www.tunisiaonlinenews.com Kulturveranstaltungen und sonstige Infos
www.planetware.com/tunisia-tourism-vacations-tun.htm Gut zu wissen

Touristeninformationsbüros

Tunisian National Tourism Office (ONTT)
Hauptgeschäftstelle in Tunis
🗓 179 bei F4
✉ 1 avenue Mohammed V
☎ (71) 34 10 77; Fax (71) 35 03 37;
ontt@Email.ati.tn,
info@tourismtunisia.com

Bizerte
🗓 181 D5
✉ Bizerta Resort, avenue Hedi Nouira
☎ (72) 43 28 97

Hammamet
🗓 181 E3
✉ avenue de la République und avenue Ali Belhouane
☎ (72) 28 04 23

Kairouan
🗓 181 D1
✉ Place des Martyrs
☎ (77) 23 18 97

Mahdia
🗓 183 E5
✉ in der Medina beim Skifa el-Kahla
☎ (73) 68 10 98

Monastir
🗓 181 F2
✉ rue de l'Indépendence
☎ (73) 46 19 60

Sousse
🗓 181 E2
✉ 1 avenue Habib Bourguiba
☎ (73) 22 51 57

Tabarka
🗓 180 A4
✉ boulevard 7 Novembre 1987
☎ (78) 67 35 55

Tozeur
🗓 182 B2
✉ avenue Abdou el-Kacem el-Chabbi
☎ (76) 45 45 03

»Echte« und »falsche Fremdenführer«
Tunesien ist ein sicheres Reiseland, in dem man während des Aufenthalts nicht mit Gefährdungen rechnen muss. Es kann jedoch zu Belästigungen kommen. Seien Sie vor **Trickbetrügern** (Fremdenführern) auf der Hut, die Ihnen auf Flughäfen oder am Hafen La Goulette unaufgefordert ihre Dienste anbieten oder scheinbar verlockende Angebote machen. Weisen Sie solche Angebote höflich, aber bestimmt zurück, und wenden Sie sich an ein **Touristeninformationsbüro**, falls Sie Fragen oder Wünsche haben. Glücklicherweise kommt es an den internationalen Flughäfen und am Fährhafen selten zu Beeinträchtigungen. Das Personal der Sicherheitsdienste ist bemüht, Touristen vor Aufdringlichkeiten zu schützen.

Unterwegs in Tunesien

Tunesien verfügt über ein sehr gut ausgebautes Netz an öffentlichen Verkehrsmitteln, das gilt inbesondere für den Großraum Tunis.

Tunis und Umgebung

■ Die Liniennetze der öffentlichen Busse und der privaten (grün-weißen) Stadtbusse decken einen großen Bereich der Hauptstadt ab. Die privaten Stadtbusse sind etwas teurer, aber selten gedrängt voll, da sie keine Stehplätze anbieten. Busfahren ist für Touristen verwirrend, denn es gibt keine Fahrpläne, und die Liniennummern sind im Allgemeinen auf Arabisch angegeben. Die Buslinie, die Sie am ehesten nutzen werden, ist die Nr. 35. Sie fährt vom Bahnhof Tunis Marine – in der Nähe der TGM-Station am Ende der Avenue Habib Bourguiba – zum Flughafen. Ferner werden auch Place de Barcelone und Jardin Thameur angefahren.

■ Die **Métro léger** ist ein modernes Straßenbahnnetz mit fünf Linien. Die Endhaltestellen sind in der Regel am vorderen Wagen auf Arabisch und Englisch angeschrieben. Fahrkartenverkauf am Eingang einer jeden Metro-Station.

■ Die Schnellbahn **TGM** (Tunis–Goulette–Marsa) ist ideal für Fahrten in die nördlichen Vororte von Tunis und vorbei an Carthage (mehrere Haltestellen) und Sidi Bou Saïd. Die Züge starten an der Station Tunis Marine am Ende der Avenue Habib Bourguiba, wo auch die Metro-Linie 1 abfährt. Es gibt Abteile der 1. und 2. Klasse. Tickets sollten im Voraus gekauft werden. Die Züge fahren im Viertelstundentakt durchgehend bis 3 Uhr morgens.

■ **Taxi fahren** ist in Tunis nicht teuer. Die offiziellen Taxis (gelb mit blauem Kreis an der Tür) sind mit einem Taxameter ausgestattet; es sollte eingeschaltet sein. Andernfalls sollten Sie einen festen Preis vereinbaren. In den Stoßzeiten kann es wie in jeder anderen großen Stadt schwierig sein, ein freies Taxi zu finden. Abends sind Taxifahrten um 50 Prozent teurer.

Verkehrsmittel in Tunesien
Inlandsflüge

■ Von Tunis fliegt **Tunisair** (48 avenue Habib Bourguiba, Tunis, Tel. 71 33 01 00) mehrere inländische Flughäfen an: Djerba, Monastir, Sfax, Gabès, Tozeur und Tabarka.

■ Die Fluglinie **Tuninter** (6, rue de l'Artisanat, 2035 Tunis-Carthage, Tel. 71 94 23 23; www.tuninter.com) fliegt außerdem von Tunis nach Djerba und Tozeur. In der Hochsaison sollte man Flüge frühzeitig buchen, da die Nachfrage groß und die Anzahl der Plätze in den Flugzeugen begrenzt ist.

Züge

■ Züge fahren vom Bahnhof Tunis Ville (Place de Barcelone, Tunis; Tel. 71 34 55 11; www.sncft.com.tn) nach Bizerte und Ghardimao an der algerischen Grenze, und nach Hammamet, Sfax und Gabès im Süden. Zudem fährt täglich ein Nachtzug nach Tozeur.

■ Im Sommer und zur Ferienzeit sollten Sie einen Tag im Voraus reservieren.

■ Die Abteile der 2. Klasse sind im Gegensatz zur 1. Klasse in der Regel **voll besetzt**, die der 1. Klasse sind bequemer und klimatisiert.

■ Die Zugverbindungen sind nicht unbedingt schnell, aber **zuverlässig**.

Intercity-Busse

■ **Busfahren ist preisgünstiger** als Bahnfahren. Das Buslinennetz ist gut ausgebaut, eine frühzeitige Buchung empfiehlt sich jedoch. Neuere Intercity-Busse sind komfortabel und zumeist klimatisiert.

- Die Fahrpläne des Intercity-Busunternehmens **SNTRI** werden in den französischsprachigen Zeitungen *Le Temps* und *La Presse* veröffentlicht.
- Nach Norden fahren Busse ab **Gare Routière Bab Saadoum**, in den Süden und Westen (sowie nach Libyen) ab **Gare Routière Bab el-Fellah**.

Sammeltaxis (*louages*)

- Das hervorragende System der Sammeltaxis stellt sicherlich das bequemste öffentliche Verkehrsmittel dar, insbesondere unterwegs ins Binnenland. Bis zu 8 Fahrgäste, die sich den Festpreis teilen, finden in den sogenannten *louages* Platz. Der Fahrer ruft laut das Fahrziel aus und startet erst dann, wenn der Wagen voll besetzt ist.
- Sammeltaxis sind das **schnellste** und **flexibelste** Verkehrsmittel.
- Die Haltestellen der *louages* findet man u. a. an den Hauptbahnhöfen der Busse am Bab Saadoum und Bab el-Fellah.

Mietwagen

- Wer sich im Auto auf den Weg durch das Land macht, bekommt in relativ kurzer Zeit viel zu sehen. Alle Hauptsehenswürdigkeiten können somit in zehn Tagen gemütlich erreicht werden.
- Das **Mindestalter** liegt bei **21 Jahren. Ausweis** und **Führerschein** müssen vorgelegt werden. Im Allgemeinen können Sie mit **Kreditkarte** zahlen.
- Vertretungen der **internationalen Mietwagenfirmen berechnen** etwa 80 TD für einen Kleinwagen pro Tag, inklusive Steuern, Versicherung und unbegrenzter Kilometer.
- Überzeugen Sie sich, dass der **Zustand des Autos** und der **Benzinstand** vor Fahrtantritt protokolliert werden.
- Buchungen können im **Internet** vorgenommen werden: www.cheap-car-rentals-in.com/tunisia.htm
- Zuverlässige Mietwagen erhält man bei **Avis** (Tel. 71 20 53 47; www.avis.de/Autovermietung/Afrika/Tunesien), **Europcar** (Tel. 71 34 03 03; autovermietung.europcar.com), **Hertz** (Tel. 71 25 64 51; www.hertz.de) und **Topcar** (Tel. 71 80 08 75; www.topcartunisie.com).

Hinweise für Autofahrer

- In Tunesien, Sousse und Sfax herrscht **starker Verkehr**. Ruhiger hingegen geht es außerhalb der Städte zu. Jedoch ist dort nach Einbruch der Dunkelheit Vorsicht vor Menschen und Tieren auf der Fahrbahn geboten.
- Höchstgeschwindigkeit auf Autobahnen: **110 km/h**.
- Höchstgeschwindigkeit auf Landstraßen: **90 km/h**.
- Höchstgeschwindigkeit innerhalb geschlossener Ortschaften: **50 km/h**.
- Es herrscht **Anschnallpflicht**.
- **Benzin** ist vergleichsweise preiswert; die Preise sind überall gleich. Verkauft wird Super-, Normal- und bleifreies Benzin *(essence sans plomb)*.
- Aufgepasst im Straßenverkehr! Innerhalb geschlossener Ortschaften gilt grundsätzlich **rechts vor links**, dies gilt **auch im Kreisverkehr**, wo Sie den **von rechts kommenden Fahrzeugen ebenfalls Vorfahrt gewähren müssen.**
- **Verkehrskontrollen** finden häufig statt. Die Polizei achtet auf eine strikte Einhaltung der Straßenverkehrsordnung, wobei ausländische Autofahrer mit Nachsicht behandelt werden. Seien Sie also **immer respektvoll** und höflich.

Eintrittspreise
Die Eintrittspreise für Museen, archäologische Stätten und andere Sehenswürdigkeiten sind durch die folgenden Preiskategorien gekennzeichnet:

Preiswert: unter 3 TD   **Mittel:** 3–5 TD   **Teuer:** über 5 TD

Übernachten

In einem Land, in dem der Tourismus seit 40 Jahren als wichtiger Wirtschaftsfaktor gefördert wird, ist das Angebot an Hotels natürlich groß und bietet für jeden Geldbeutel etwas. Die Hotels sind mit Sternen klassifiziert, die in den Hotellisten der örtlichen ONTT-Büros aufgeführt sind. Die Klassifizierung entspricht jedoch nicht unbedingt dem internationalen Standard. Bei älteren Hotels und solchen in touristisch unerschlosseneren Regionen muss man Abstriche machen.

An der Küste variieren die Zimmerpreise **je nach Saison**. Hierbei unterscheidet man Hauptsaison (Juli bis Mitte Sept.), Vorsaison (April–Juni) und Nachsaison (Nov.–März). In Tunis sind die Preise im Allgemeinen das gesamte Jahr über gleich. Im Süden fällt die Hauptsaison in die Wintermonate.

Zone Touristique

- In den vergangenen Jahren haben sich einige Kilometer außerhalb der historischen Altstädte **Hotelzonen** entwickelt, in deren Gelände oder unmittelbarer Nähe touristische Anziehungspunkte wie besonders schöne Strände liegen. So konnte eine Zerstörung der historischen Stadtkerne aufgrund des Tourismus erfolgreich verhindert werden. Die sogenannten »touristischen Zonen« finden sich im ganzen Land.
- Die Hotelzonen verhindern eine zügellose Bebauung und ermöglichen eine kostengünstige, den Erfordernissen des Massentourismus gerecht werdende infrastrukturelle Erschließung (Flughäfen, Straßen, Verkehrsmittel, Versorgung mit Strom und Wasser sowie Strandenerschließung). Die **Hotels** sind auf Pauschaltouristen, meist All-inclusive-Urlauber, eingestellt und lassen kaum Wünsche offen: Neben Übernachtung und Verpflegung bieten sie Restaurants, Bars, Freizeiteinrichtungen sowie Geschäfte.
- Wünsche nach externen Angeboten wie **Golfspielen, Mietwagen** oder **Ausflügen** versuchen die Hotels zu erfüllen und zu organisieren.
- Wer sich für die Sehenswürdigkeiten interessiert, ist in den Hotels, die noch aus Zeiten vor der Entwicklung der *zones touristiques* stammen, besser aufgehoben. Denn diese sowie einige neuere Luxushotels sind nicht weit von den historischen Stätten und den Medinas entfernt.

Luxushotels

- **Luxushotels** mit internationalem Standard findet man in den meisten Touristenhochburgen, darunter Tunis, Sousse, Hammamet, Sfax und Tozeur. Einige der modernen Hotels der Golden-Yasmin-Gruppe (www.goldenyasmin.com), z. B. Tunisia Palace (► 63) nahe der Medina Tunis oder La Kasbah (► 127) in der historischen Kasbah von Kairouan, sind in interessanten alten Gebäuden in der Nähe der Sehenswürdigkeiten untergebacht.

Hotels für Pauschalreisende

- An den Küsten sind zahlreiche **Hotels für Pauschalreisende** entstanden, die man in allen Urlaubsorten innerhalb der *zones touristiques* findet.
- Diese sind **gut ausgeschildert** und die Hotels haben drei bis vier Sterne.
- **Individualreisende**, die Zimmer nicht im Voraus buchen, müssen mit höheren Preisen als Pauschalreisende rechnen.

Mittelklassehotels

- Wer unabhängig reist und ein komfortables Mittelklassehotel sucht, wird in Tunis, Hammamet, Djerba, Tabarka, Sfax und Sousse problemlos fündig. Im Auftrag des tunesischen Ministeriums für Tourismus werden alte Häuser

saniert und zu kleinen Hotels umgebaut, wie z. B. das Dar el-Medina in Tunis (► 63). Hier kommen die Gäste leichter mit Einheimischen in Kontakt und gewinnen dabei auch tiefere Einblicke in deren Kultur.
- Im Landesinnern gibt es einige gute Mittelklassehotels, z. B. in Tozeur, Nefta und Douz. Dort bietet man Exkursionen in die **Wüstenregionen** an.

Einfache Unterkünfte
- In der Medina von Tunis oder im Zentrum der Ville Nouvelle finden sich zahlreiche **einfache Hotels** und **Gästehäuser**.
- Die **Qualität der Häuser ist unterschiedlich**. Einige sind recht spartanisch eingerichtet und manchmal etwas heruntergekommen, andere wiederum in einem top Zustand und bieten hilfsbereiten, freundlichen Service. Zu den großen Vorteilen zählt die Nähe zu **Land und Leuten**: Oftmals logiert man nur wenige Schritte von den Märkten, Läden und Cafés der Medina entfernt.
- Manche Hotelzimmer sind in einem **verwahrlosten Zustand**; Sicherheit, Hygiene und Komfort sind nicht immer gewährleistet. Zudem muss man gelegentlich mit Lärm und Ungeziefer rechnen.

Marhalas und *Caravanserais* des Touring Club de Tunisie
- Der **Touring Club de Tunisie** betreibt eine Reihe einfacher Unterkünfte *(marhalas)* in ursprünglichen Behausungen oder Lagerräumen, wie z. B. den **Höhlenwohnungen** von Matmata, einem *ksar* (Speicherburg mit Gewölben, in denen halbnomadische Berber früher ihre Vorräte lagerten) in Metameur oder einer der prachtvollen **Karawansereien** in Houmt Souk, Djerbas Hauptstadt.
- *Karawansereien* dienten eins als Unterkünfte für die Händler und Tiere der **Kamelkarawanen**, die den Handel zwischen den großen Städten Nordafrikas sicherstellten.

Camping
- In Tunesien gibt es **keine offiziell ausgewiesenen** Campingplätze.

Jugendherbergen
- *Auberges de Jeunesse* findet man in den Medinas der größeren Städte oder in Küstenorten, in denen es wenige Pauschalunterkünfte gibt.
- Übernachtungen – ohne Altersbegrenzung – sind **preiswert**. Häufig stehen nur Schlafsäle zur Verfügung, manchmal gibt es ein Restaurant und andere Einrichtungen.
- Die meisten Jugendherbergen schließen um **Mitternacht**. Die Trennung der Geschlechter wird ebenfalls überwacht.

▪Buchungen
- Wer kurzfristig eine Unterkunft buchen möchte, kann auf den folgenden **Websites** nähere Informationen einholen: www.tourismtunisia.com/hotels/index.html; www.holidayhotels.com/country/tunesia.php
- Dennoch ist ein solches Buchungssystem **nicht hundertprozentig verlässlich** (bspw. werden Hotels angegeben, die inzwischen geschlossen sind).
- In der Nachsaison zwischen Dezember und März ist es einfacher, kurzfristig eine gute Unterkunft zu finden. Zu jeder anderen Reisezeit empfiehlt es sich, im Voraus zu buchen.

Preise
Die Symbole beziehen sich auf die durchschnittlichen Preise für eine Übernachtung im Doppelzimmer.

€ unter 80 TD   €€ 80–160 TD   €€€ über 160 TD

Essen und Trinken

Tunesien bietet eine köstliche Küche mit hervorragenden Lebensmitteln. Jedoch findet man in den Restaurants nur eine begrenzte Auswahl an traditionellen tunesischen Gerichten, da deren Zubereitung oft zu zeitaufwendig ist. Manche Restaurants bieten regionale Spezialitäten dennoch an, sofern Sie diese einen Tag im Voraus bestellen. In den Hotels dominiert meist die internationale Küche, in die tunesische Akzente mit einfließen.

Restaurants und *rotisseries*

- In den meisten Städten gibt es mehrere Restaurants. Wer als ausländischer Gast ein **Restaurant** betritt, fällt nicht weiter auf; sollte man sich aber in eine *rotisserie* oder eine *gargotte* verirren, wird man erstaunte Blicke auf sich ziehen, aber auch besonders freundlich willkommen geheißen. Die kleinen Speiselokale werden in der Regel nur von einheimischen Arbeitern aufgesucht, die dort ein gegrilltes Hähnchen oder Ähnliches bestellen.
- Zu jeder Mahlzeit wird *chubs*, regionales **Brot**, gereicht, das man mit der rechten Hand isst; die linke Hand gilt als unrein. Aber auch Baguette ist zunehmend beliebt, insbesondere in den Großstädten.

Tunesische Küche

- Die französische Kolonialzeit hat auch in den Großstädten Tunesiens ihre kulinarischen Spuren hinterlassen, sodass man überall europäisch inspirierte Speisen findet, doch sollte man unbedingt auch einmal die köstlichen **einheimischen Gerichte** probieren.
- Einige französische Zutaten sind in die tunesische Küche eingegangen, so das **Baguette**, das mit *harissa* (einer scharfen Würzpaste) bestrichen und mit Ei, Thunfisch, Oliven, Tomaten, Kopfsalat und gekochten Kartoffeln gefüllt wird. Das *fricassé* ist eine Variante der gleichen Zutaten in Kranzform.
- Fisch, vor allem Thunfisch, und Eier sind ebenso Grundbestandteile der tunesischen Küche wie Oliven und frisches Brot, die als **Vorspeise** mit *harissa* gereicht werden.
- Die **Oliven** sind von hervorragendem Geschmack, was sowohl für die grünen als auch die (reiferen) schwarzen Oliven gilt. Nach der Ernte im November werden sie in eine Salzlake eingelegt und zu einer Marinade aus Olivenöl, Kräutern, Knoblauch und der würzigen *harissa* verarbeitet.
- *Brik* ist eine typisch tunesische Vorspeise. Sie besteht aus einer dünnen Teigtasche mit Ei gefüllt – dabei ist das Eiweiß hart, das Eigelb aber noch flüssig. Kräuter, Garnelen, Thunfisch und andere Meeresfrüchte verfeinern die Füllung. Das Essen gestaltet sich für den Ungeübten manchmal etwas schwierig: Am besten schneiden Sie die Tasche in der Mitte auf, sodass der Dotter zerläuft. In diesen können Sie den restlichen *Brik* dippen.
- Auch *ojja* (oder *chakchouka*) ist ein Gericht mit Ei, das mit Paprikaschoten, Tomaten und Knoblauch zubereitet und mit gegrillten tunesischen Würstchen *(merguez)* oder mit Garnelen serviert wird.
- Hartgekochte Eier und Thunfisch sind Zutaten von *salade mechouia*, einem herzhaften Salat mit Paprikaschoten, Chili, Tomaten und Knoblauch.
- *Lablabi* ist eine leckere, dicke Suppe mit Kichererbsen; eine andere ist *Chorba* – mit Nudeln, Zwiebeln und mit *harissa* abgeschmeckt.
- *Harissa* ist auch ein essentieller Bestandteil des Traditionsgerichtes der nordafrikanischen Berberstämme, dem **Couscous** (▶ 10). Die beliebteste

Variante ist *couscous au poisson,* das mit Fisch, verschiedenem Gemüse und zuweilen auch Meeresfrüchten zubereitet wird.

- **Frischer Fisch** erfreut sich bei den Einheimischen großer Beliebtheit und diesen bietet die tunesische Küste ja reichlich. Auf den Speisekarten finden Sie Schwertfisch, Thunfisch, Meeräschen und Rote Meerbarben, Zackenbarsche, Tintenfisch, Shrimps und Oktopus (Preise nach Gewicht). Den frischen Fang genießt man am besten gegrillt – dazu einen Salat.

Süßigkeiten und Desserts

- Neben Pâtisserien bieten zahlreiche Straßenverkaufsstände zuckerschwere Teigstücke mit unterschiedlichsten Füllungen an, z. B. *makroud* mit Dattelpaste und Honig, eine Spezialität aus Kairouan, oder die ebenfalls honiggesüßte *baklawa,* eine mit Mandeln gefüllte Blätterteigtasche. Die Tunesier lieben süßes Gebäck – wenn auch nicht offensichtlich süß – und am liebsten mit einer marzipanähnlichen Mandelfüllung.
- **Datteln,** pur oder mit Marzipan gefüllt, sind eine Köstlichkeit aus den Oasen der südlichen Regionen.
- Beliebter Nachtisch ist Obst, insbesondere (Wasser-)Melone.

Wein, Bier und andere alkoholische Getränke

- In Tunesien werden gute **Weine** produziert. *Vieux Magon* ist ein fruchtiger Rotwein, *Magon Supérieur* ist kräftiger und vollmundig. Andere Rot- und Weißweine sind in verschiedenen Preisklassen erhältlich, es gibt auch Roséweine, wie z. B. *Château Mornay.*
- Leichte, helle **Biere** werden angeboten, u. a. das in Hammamet gebraute, deutsche Löwenbräu oder *Celtia,* das in Tunesien hergestellt wird.
- **Thibarine** ist ein süßer Dattellikör aus dem Dorf Thibar in den Bergen von Teboursouk bei Dougga, *boukha* ist ein starker Dattelschnaps.
- Die meisten Tunesier praktizieren eine gemäßigte, tolerante Form des Islam, dennoch ist der Konsum von alkoholischen Getränken im Islam grundsätzlich verboten (»haram« auf arabisch). Als Gast sollte man den **Genuss von Alkohol** auf die dafür vorgesehenen Orte **beschränken.** In der Öffentlichkeit ist der Konsum, erst recht jedoch der maßlose Konsum von Alkohol absolut tabu.

Säfte, Kaffee und Tee

- Cafés servieren frischgepresste Säfte aus Früchten der Saison, insbesondere Orangensaft. Ein beliebtes tunesisches Erfrischungsgetränk aus Zitronensaft, Wasser und Zucker ist *Citronade.* Ebenfalls gern getrunken wird *lait du poule,* ein fruchtiges Milchgetränk mit Ei. Die Säfte sind in der Regel gesüßt, wer sie ohne Zucker genießen möchte, sollte dies bei der Bestellung dazusagen.
- **Türkischer Kaffee** mit Kardamom und viel Zucker oder alternativ ein erfrischender **Tee mit Pfefferminzblättern** *(schâi bi'nana)* sind die Klassiker. Der Tee wird von den Tunesiern gern zur Wasserpfeife *(chicha)* getrunken.

Preise
Die Preise gelten für ein dreigängiges Menü pro Person ohne Getränke und Service:

Tunis

| € unter 20 TD | €€ 20–35 TD | €€€ über 35 TD |

Außerhalb von Tunis

| € unter 15 TD | €€ 15–30 TD | €€€ über 30 TD |

Einkaufen

Angesichts der Fülle von Waren stellt sich die Frage: Was und wo soll man einkaufen? Unerschöpfliche Einkaufsquellen sind die Souks, die sich im Herzen der mittelalterlichen Medinas tunesischer Städte befinden. Folgt man den überwölbten Gängen eines dieser Marktviertel, findet man sich in einem Labyrinth altertümlicher Gassen wieder, gesäumt von farbenprächtigen Marktständen.

Wohin zum Einkaufen?

- Ein **Souk** ist eine faszinierende Welt voller bezaubernder Bilder, Düfte und Geräusche. Seit jeher ist jedem Gewerbe ein bestimmter Bezirk vorbehalten. Die Händler öffnen ihre Stände früh am Morgen, einige schließen für zwei Stunden in der Mittagszeit. Doch hat die Qualität der Souks in den vergangenen zehn Jahren im Zuge des Massentourismus Einbußen erlitten. An den begehrtesten Verkaufsständen haben kitschige, aus China importierte Billigwaren traditionelles tunesisches Kunsthandwerk ersetzt. Für tunesische Keramikprodukte, Wohntextilien und Schmuck müssen Sie die Stände in den Nebenstraßen aufsuchen.
- Wer keine Muße zum Einkaufsbummel hat oder feste Preise bevorzugt, ist in den Geschäften der ONAT (**Office National de l'Artisanat Tunisien**), der staatlichen Kunsthandwerkskammer, an der richtigen Adresse; diese finden sich in den meisten größeren Städten. Dort sind die Waren mit Preisschildern versehen; man bezahlt jedoch etwas mehr als im Souk, was angesichts der Qualität der Produkte aber gerechtfertigt ist.

Kunsthandwerk

- Zu den beliebtesten Produkten gehören **Teppiche** und **Wohntextilien**. Sie bilden die Grundelemente eines traditionellen Wohnraumes, in dem die Bewohner auf Bodenkissen am Teppiche sitzen. Wer einen wertvollen Teppich kaufen möchte, sollte auf das Prüfsiegel der ONAT achten.
- Auch tunesische **Kleidungsstücke** sind ein schönes Mitbringsel. Kaftanartige Gewänder aus Baumwolle *(jellabas),* wahlweise mit Stickereien besetzt, gibt es für Damen, Kinder und Herren. Für kältere Tage eignen sich Gewänder aus schwerer Wolle *(burnus).* Eine traditionelle Kopfbedeckung sind die *chechias,* rote Filzkappen.
- **Keramiken** sind in allen Formen und Größen erhältlich. Die kunstvollen Tonwaren sind meist mit trationellen Mustern verziert und können auch nach individuellem Wunsch bemalt werden.
- Die **Goldschmiedearbeiten** sind im Allgemeinen zu kitschig für den europäischen Geschmack. Jedoch gibt es auch unaufdringlichere Accessoires wie Anhänger von symbolischem Gehalt, z. B. in Form eines Fisches oder der *Chasma,* die an die Hand der Tochter des Propheten Mohammeds erinnern und angeblich vor dem bösen Blick schützt. Andernorts kann man Silberschmuck der Berberinnen wie z. B. *khulkaal,* eine massive Armkette und *khlal,* eine Brosche, welche die Toga zusammenhält, erstehen.
- Die Arbeiten der **Kupferschmiede** sind in den Souks der Altstädte in großer Zahl zu finden. Die Kunsthandwerker stellen Teller, Lampen, Kaffeekannen oder Wasserpfeifen her und führen auf Wunsch auch Gravuren aus.
- Schnitzereien aus dem **Olivenbaumholz** stammen traditionell aus Sfax.
- Beliebte Souvenirs aus **Leder** sind *pouffes* (faltbare Sitzkissen) und *babouches* (spitze Pantoffeln), Taschen und Spielzeugkamele.
- Das etwas befremdliche **Feilschen** gehört auf den Souks dazu. Die Händler verfolgen keine betrügerischen Absichten, sondern preisen einfach mit Leidenschaft ihre Waren an und servieren potenziellen Käufern geduldig Tee.

Ausgehen

Clubs und Diskos

- Das Nachtleben ist in den großen Hotels und den modernen Restaurants der Hauptstadt am lebhaftesten; es gibt **Diskotheken** und manchmal **Varieté-Shows**. Moderne **Nachtclubs** findet man in Tunis, Hammamet, Sousse und anderen touristischen Zentren.
- **Diskotheken** und **Pianobars** sind in Tunis und den eleganten Küsten-vororten La Marsa und Gammarth sehr beliebt; zumeist sind es hotel-eigene Einrichtungen.

Casinos

- Eine Anzahl von Casinos finden sich in Tunis und den größeren Urlaubs-orten; **Grand Casino Djerba** (Tel. 75 75 75 37; www.djerbacasino.com), **Grand Casino Yasmine** (Tel. 72 24 07 77) in Hammamet, **Grand Casino Kantaoui** (Tel. 73 34 77 77) in Port el-Kantaoui und **Medina Mediter-ranea**, Yasmine Hammamet (Tel. 72 24 17 77).
- Zutritt haben nur Gäste **über 21 Jahre** und Nichtmuslime; man sollte einen Ausweis bei sich tragen.

Volkstümliche Musik- und Tanzdarbietungen

- Diese finden meist im Rahmen der zahlreichen Festivals statt, die jährlich an unterschiedlichen Orten im ganzen Land veranstaltet werden (▶ unten).
- Manche Hotels bieten Shows mit traditioneller Musik und Volkstänzen, oftmals in Begleitung eines kleinen Orchesters. Dabei balancieren Tänzer zerbrechliche Gegenstände auf ihrem Kopf und auch Bauchtänzer lassen sich von der Musik tragen.
- In einigen vornehmeren Restaurants wird *malouf* gespielt, eine klassi-sche tunesische Musikrichtung mit Wurzeln in Andalusien.

Cafés und Restaurants

- Die Tunesier selbst sieht man häufig plaudernd in **Straßencafés** bei einem Gläschen Kaffee und einer Wasserpfeife, während sie das Treiben auf der Straße beobachten.
- Eine kulinarische Alternative ist der Besuch eines der feinen Restaurants der Küstenstädte La Marsa, La Goulette oder Gammarth (▶ 61).

Kulturveranstaltungen und Festivals

Informationen über Orte und Termine der Festivals erhält man in den örtli-chen Touristeninformationsbüros oder im Internet: www.tourismtunisia. com/culture/festivals.html. Viele Musikfestivals finden nur im Sommer statt, das größte Sommerfestival ist das **Festival de Carthage** (www.festival-cartha ge.com.tn), ein Festival der Extravaganz mit Musik-, Tanz- und Theaterauf-führungen, das in den Amphitheatern in Carthage und Dougga stattfindet. Alle zwei Jahre wird im Oktober das **Carthage International Film Festival** veranstaltet. In El Haouaria am Cap Bon findet im Juni das Falknerfestival statt, im November das Berberfestival der Ksour sowie das Festival de l'Oasis in Tozeur. Das Städtchen Douz wartet im November mit dem spektakulären **Sahara Festival** auf, das von Kamelrennen über Pferdeshows und Musik bis hin zu Poesie alles zu bieten hat.

Theater und Kino

- In größeren Städten wie Tunis und Hammamet finden regelmäßig **Kon-zerte** und **Theateraufführungen** statt. Das antike Theater von Carthage ist heute Veranstaltungsort für Film, Theater, Tanz und Musik.

■ Unter den zahlreichen Theatern von Tunis ist das **Théâtre Municipal** mit seiner eleganten Fassade an der Avenue Habib Bourguiba (➤ 66) das bekannteste. Dort finden klassische Konzerte mit arabischer und europäischer Musik statt.

■ Im Touristeninformationsbüro von Tunis erhält man **Spielpläne** aller örtlichen Theater.

■ An oder unweit der Avenue Habib Bourguiba in der Nouvelle Ville von Tunis finden sich zahlreiche **Kinos** mit den neuesten amerikanischen Produktionen im Programm (➤ 66).

Golf

■ Golf ist ein beliebter Sport, in den die Tourismusbranche Tunesiens bereits viel investiert hat. Daraus sind in Küstenorten wie Hammamet, Port el Kantaoui, Skanès, Djerba und Tunis (Carthage) ausgezeichnete Golfplätze hervorgegangen. Weitere Details erfahren Sie auf www.tunisia golf.com

Wassersport

■ So reich Tunesien an herrlichen Küstenabschnitten, Inseln und weiten Sandstränden ist, so reichhaltig sind auch die Angebote des Wassersports, darunter auch **Tauchen** (vor allem in Tabarka) und **Segeln** (Port el Kantaoui, Bizerte, Monastir, Sidi Bou Saïd, Tabarka und La Goulette).

■ **Schwimmen** (im Meer oder Hotel-Pool) und **Fischen** ist an vielen Orten möglich. Angelausflüge werden in zahlreichen Häfen angeboten.

Fußball und andere Sportarten

■ **Fußball** ist der beliebteste Zuschauersport der Tunesier. Tunesien hat als erstes afrikanisches Land ein Weltmeisterschaftsendspiel gewonnen (1973 gegen Mexiko) und konnte sich für die Fußballweltmeisterschaften 1998 und 2002 qualifizieren. 2004 hat Tunesien die Meisterschaft des African Cup of Nations nicht nur ausgerichtet, sondern auch den Sieg errungen.

■ Im Hotel erhält man **Auskünfte** über Orte und Termine der Fußballspiele. Die tunesische Fußballsaison dauert von Oktober bis Ende März, Spiele finden im Allgemeinen am Samstag- oder Sonntagnachmittag statt.

■ Wie auch in den maghrebinischen Nachbarländern Marokko und Algerien begeistert man sich in Tunesien für den **Langstreckenlauf**. Auf den Straßen begegnet man vielen ehrgeizigen jungen Athleten beim Lauftraining.

■ Eine beliebte Sportart ist auch **Volleyball** – auf dem Sportplatz oder am Strand. In touristischen Zentren finden (Beach-)Volleyballwettkämpfe statt.

Sonstige Angebote

■ Im **Hergla-Park** in Sousse gibt es eine **Gokart-Bahn** zum Mitmachen oder Zuschauen.

■ **Bowlinganlagen** findet man im **Les Berges du Lac** in Tunis und im **Centre Commerciale** in La Marsa.

■ Im **Club Hippique** in La Soukra bei La Marsa ist ein Ausritt möglich.

■ **Tennis** und **Reiten** – auf Pferden oder Dromedaren – ist gegen eine geringe Gebühr in touristischen Zonen mit entsprechenden Einrichtungen möglich.

Tunis und Umgebung

Erste Orientierung

In Tunis sind eigentlich zwei Städte miteinander ver-
schmolzen. Die erste ist die befestigte Altstadt, die
Medina, die mit ihren Moscheen und Märkten
und ihren historischen Bauwerken die
Atmosphäre einer alten nordafrikanischen Stadt ver-
sprüht. Die zweite ist die
geplante Ville Nouvelle
(»neue Stadt«), die im
19. Jahrhundert unter
französischer Kolonial-
herrschaft entstanden und
parallel mit deren Macht-
einfluss gewachsen ist.

Tunesiens Hauptstadt ist die größte
Stadt des Landes, in der rund ein
Fünftel der gesamten Bevölkerung
lebt. In der Nähe des Lac
de Tunis und an der Bucht
gleichen Namens gelegen,
empfängt die Stadt den
Besucher mit einem Hauch uralter arabischer Kultur und Geschichte,
gepaart mit einer neuzeitlichen, westlichen Architektur, darunter die
Jugendstilhäuser, die zu den Attraktionen der Ville Nouvelle zählen.
Dem Bedürfnis nach Kühle, Schatten und frischer Luft in den heißen
Sommermonaten kommt die moderne Architektur mit Balkonen, Terrassen, Markisen und weiß gekalkten Fassaden entgegen.

Ein Kanal verbindet La Goulette (Halq el-Wadi), den Hafen von Tunis, mit dem ca. 10 km entfernten Meer; eine auf einem Damm verlau-
fende Straße überquert außerdem den Lac de Tunis. Unweit von Tunis
liegen die hübsche Stadt Carthage mit dem antiken Karthago, das berühmte Dorf Sidi Bou Saïd und die Badeorte La Marsa und Gammarth.

**Vorhergehende
Seite:** Grob
geschnitzte
Marionetten-
soldaten
werden in Sidi
Bou Saïd zum
Kauf angeboten

Der steinerne
Kopf wurde im
antiken Kartha-
go gefunden

★ **Nicht verpassen!**

Nach Lust und Laune!

Sebkhet Ariana

Gammarth **9**

Cap Gammarth

Ariana □

8

8 **La Marsa**

4 **Sidi Bou Saïd**

✈

3 **Carthage**

Musée du Bardo
6

TUNIS

Ville Nouvelle

Medina **1** **2**

5

ouba □

Djamaa ez-Zitouna

7 **La Goulette**

Golfe de Tunis

0   10 km
0   5 miles

Sebkhet Sejoumi

Hammam Lif □

Mohammédia □

Mornang □

A1

Yachthafen bei Sidi Bou Saïd

Lassen Sie sich von der reizvollen Atmosphäre der Medina gefangen nehmen, durchstreifen Sie die Boulevards der Ville Nouvelle, tauchen Sie in die Schätze des antiken Karthago ein und machen Sie in den nahe gelegenen Badeorten Rast.

Tunis und Umgebung in drei Tagen

Erster Tag

Vormittags

Durchwandern Sie das mittelalterliche Labyrinth der **❶ Medina** (➤ 50) und lassen Sie die Bilder und Düfte auf sich wirken. Besuchen Sie die **❺ Djamaa ez-Zitouna** (➤ 60) mit ihren Medresen (unten), den Wohnhäusern und

Lehrstätten für theologische Studien. Entdecken Sie dann die Souks (Märkte), auf denen Parfum, Gold, Teppiche, Töpferwaren und Gewürze angepriesen werden. Stärken Sie sich anschließend mit einem Mittagessen im el-Mahdaoui vor der Großen Moschee in der Rue Jemaa ez-Zitouna.

Nachmittags

Setzen Sie Ihren Rundgang von der Großen Moschee aus fort und erkunden Sie drei besonders schöne Bauwerke der südlichen Altstadt (➤ 156); das Mausoleum **Tourbet el Bey** (➤ 52) und die klassischen Stadtpaläste **Dar ben Abdallah** und **Dar Othman** (➤ 52). Gehen Sie zur Moschee zurück und genießen Sie im Café M'rabet (➤ 65) im Souk el Trouk einen Pfefferminztee.

Abends

Das Dar el-Jeld (➤ 65) empfiehlt sich fürs Abendessen. Bei sommerlichen Temperaturen können Sie den Abend auf der Dachterrasse des Hotels Dar el-Medina ausklingen lassen und dazu Schischa rauchen (➤ 63).

Zweiter Tag

Vormittags

Nehmen Sie ein Taxi zum **6** **Musée du Bardo** (► 60) im gleichnamigen Vorort und erfreuen Sie sich am Vormittag an Nordafrikas eindrucksvollsten römischen Mosaiken und Kunstwerken. Fahren Sie mit dem Taxi zum **Parc de Belvédère** (► 55) in der **2** **Ville Nouvelle** (► 54). Dieser bietet eine schöne Aussicht, frische Meeresbrisen sowie ein reizendes Café, dessen Terrasse zu einem leichten Snack einlädt. Alternativ gibt es mediterrane Küche im nahen Le Paradiso (16 Avenue des États-Unis d'Amérique; Tel. 71 78 68 63).

Nachmittags

Nehmen Sie die Métro Léger von Palestine bis République im Stadtzentrum und spazieren Sie von dort aus die baumgesäumte Avenue Habib Bourguiba, auch »Champs Élysées« von Tunis genannt, entlang, wo Sie an zahlreichen Kolonialbauten, dem Théâtre Municipal und der Kathedrale (► 54) vorbeikommen. Entspannen Sie auf der Terrasse des vornehmen Hotels Tunisia Palace (► 63) bei einer Tasse Tee, bevor Sie sich in das Getümmel auf den Märkten in den Seitenstraßen der Avenue de France stürzen.

Abends

Besuchen Sie das französich-tunesische Restaurant Chez Nous (► 65) und beobachten Sie anschließend das Treiben auf der Straße von einem der Straßencafés auf der Habib Bourguiba aus.

Dritter Tag

Vormittags

Mit der Métro (TGM) geht's zu den Ausgrabungsstätten ins antike Karthago in **3** **Carthage** (► 56). Besucher mit beschränktem Zeitbudget sollten sich auf das Nationalmuseum auf dem Byrsa-Hügel, das Theater, die Thermen und den Tophet konzentrieren. Beim Mittagessen im Rest'Ô (► 64) in Villa Didon, direkt neben der Kathedrale, können Sie die Aussicht über ganz Carthage und den Golfe du Tunis genießen.

Nachmittags

4 **Sidi Bou Saïd** (► 58f) lohnt für seine malerische Kulisse mit blauweißen Häusern, ruhigen Gassen und tollem Meerblick einen Besuch, ebenso der Palast Ennejma Ezzahra. Kehren Sie in einem der Cafés (► 64) ein.

Abends

Es empfiehlt sich Couscous mit Fisch im romantischen Ambiente des Ayyam Zaman (► 64) und danach ein Besuch im berühmten Café des Nattes, in dem sich einheimische Künstler treffen.

❶ Medina

Die interessantesten Bauwerke von Tunis drängen sich innerhalb der Medina auf einem Quadratkilometer zusammen. Die Altstadt – Weltkulturerbe der UNESCO – beheimatet zahlreiche Moscheen und faszinierende, überdachte Souks. In einem Labyrinth aus engen, verschlungen Gassen bietet sich dem Kaufwilligen eine schier überwältigende Fülle an Gewürzen, Stoffen, Parfums und Messingwaren.

Am besten betreten Sie die Medina von Osten her durch das Stadttor Bab el-Bhar (Tor des Meeres), das 1848 auf der Place de la Victoire errichtet wurde. Die ursprünglichen Stadtmauern stehen schon lange nicht mehr, lediglich das hohe Tor erhebt sich am Ende der mit Arkaden versehenen Avenue de France. Mit dem Durchschreiten des Tors lässt man die europäischen Boulevards hinter sich und betritt eine labyrinthartige, orientalische Welt. Die geschäftige Rue de la Kasbah führt ins Herz der Medi-

Das Bab el-Bhar an der Place de la Victoire

na, wo man bei der **Mosquée de Hamouda Pacha** einen Stopp einlegen sollte. Bemerkenswert ist das achtkantige Minarett aus dem 17. Jahrhundert. Folgt man der Rue de la Kasbah weiter zum westlichen Stadttor, gelangt man zum Regierungspalast **Dar el-Bey** an der Place du Gouvernement. Den schönen Platz, der von Regierungsgebäuden in maurischem Stil umschlossen wird, zieren elegante Springbrunnen. In südlicher Richtung befindet sich der Mittelpunkt der Souks (▶ 65) mit seinen bezaubernden überdachten Gassen, die im 13. und 14. Jahrhundert zur Zeit der Hafsiden entstanden sind. Lebhafte Farben und reichhaltige Auslagen mit verlockenden Waren prägen das Bild.

In der Rue Sidi ben Ziad befindet sich die **Mosquée de Sidi Youssef Dey** aus dem 17. Jahrhundert, deren achteckiges Minarett das älteste seiner Art in Tunis ist. Folgen Sie der Straße vor-

bei am Souk el Trouk (ehemaliger Türken-Souk) und Souk el Attarine (Parfummarkt) bis zum bedeutendsten Wahrzeichen von Tunis, der Großen Moschee – **Djamaa ez-Zitouna** (▶ 60). Südlich davon, am Souk des Libraires, befinden sich drei architektonisch beeindruckende Medresen – Koranschulen aus dem 18. Jahrhundert: **Medersa du Palmier**, **Medersa Bachia** und **Medersa Slimaniya** (als einzige zugänglich). Letzterer gegenüber können Sie das **Hammam Kachachine**, ein traditionelles »türkisches Bad« (nur für Männer) besuchen, dessen Kultur bis ins alte Rom zurück reicht und

Ein Parfumhändler, umgeben von seiner Ware

noch heute bei Bewohnern der Medina sehr beliebt ist. Besucher können heiße oder kalte Thermalquellen nutzen und nach einem ein- bis zweistündigem Aufenthalt in solch einem Dampfbad frisch und entspannt in die Medina zurückkehren.

Eingangstor zu einem der zahlreichen *hammams* in Tunis

Paläste

Von der Medersa Slimaniya führt die Rue Tourbet el Bey gen Süden zum königlichen Mausoleum **Tourbet el Bey**, in dem rund 160 Herrscher, Fürsten und Minister der Husseinitendynastie begraben sind. Von dort geht es rechts entlang der Rue Sidi Kacem, zum **Dar ben Abdallah**, der das **Musée des Arts et des Traditions Populaires** (Volkskundemuseum) beherbergt. Die Ausstellungsräume des vornehmen Bürgerhauses aus dem 18. Jahrhundert umschließen einen marmorgefließten Innenhof. Der Sidi Kacem weiter folgend kommt man an der **Mosquée des Teinturiers** (Färbermoschee) mit einem achteckigen Minarett vorbei und schließlich zum **Dar Othman**. Der Palast wurde um 1600 vom osmanischen Herrscher Othman Dey mit den in der Seeräuberei erbeuteten Einnahmen erbaut und ist ein prachtvolles Beispiel tunesischer Architektur mit italienischen und maurischen Elementen. Der ruhige Innenhof ist mit Zypressen, Hibiskus und Zitronenbäumen bepflanzt. Heute beherbergt der Palast

die Büros der Conservation de la Medina, die sich für die Erhaltung der Baudenkmäler in der historischen Altstadt einsetzt.

Messingwaren an der Rue Djamaa ez-Zitouna

KLEINE PAUSE

Genießen Sie einen Pfefferminztee und eine tolle Aussicht im **M'rabet** (oder »Marabout«) im Souk el Trouk (➤ 65) oder besuchen Sie das **Café Chaouechine** im Grand Souk des Chéchias.

Dar Othman
⊞ 178 C2
✉ rue Sidi Kacem, Medina
🕐 Mo–Sa 9.30–16.30 Uhr 💶 frei

Hammam Kachachine
⊞ 178 B2
✉ Souk des Libraries, Medina
🕐 tagl. 7–16 Uhr 💶 preiswert

Medersa Slimaniya
⊞ 178 C2
✉ Souk des Libraires, Medina
🕐 Mo–Sa 9.30–16.30 Uhr 💶 frei

Musée des Arts et des Traditions Populaires
⊞ 178 C1
✉ Impasse ben Abdallah, bei rue Sidi Kacem, Medina
🕐 Mo–Sa 9.30–16.30 Uhr
💶 preiswert

Tourbet el Bey
⊞ 178 C1
✉ rue Tourbet el Bey, Medina
🕐 Mo–Sa 9.30–16.30 Uhr
💶 preiswert

MEDINA: INSIDER-INFO

Top-Tipps: Kleiden Sie sich respektvoll: Arme und Beine sollten immer bedeckt sein. Beim Betreten einer Moschee müssen Sie die Schuhe ausziehen.
• Den besten Einblick in eine Medina gewinnen Sie, indem Sie die Nebensträßchen und Gassen erkunden. Sollten Sie dabei die Orientierung verlieren, fragen Sie einfach nach der Großen Moschee Djamaa ez-Zitouna.

Geheimtipp: Die exotischen und wunderschön dekorierten Parfumläden des **Souk el Attarine** unweit der Djamaa ez-Zitouna hatten hier seit jeher einen Ehrenplatz. Lassen Sie sich von orientalischen Düften verzaubern und nehmen Sie vielleicht ein paar der schönen Glasfläschchen als Andenken mit nach Hause.

2 Ville Nouvelle

Der Stadtplan der Neustadt wurde rasterartig an der Avenue Habib Bourguiba ausgerichtet. Die breite, von Bäumen gesäumte Prachtstraße wird oft als Champs Élysées bezeichnet.

Vom Bab el Bhar an der Avenue de France zur Medina führt die 1 km lange europäisch wirkende Avenue Habib Bourguiba über die Place de l'Indépendance mit dem Standbild des Ibn Khaldoun (1332–1395), des berühmten tunesischen Gelehrten, in östlicher Richtung zum Hafen.

Bei einem Spaziergang durch die Neustadt trifft man auf eine großzügige Kolonialarchitektur. Am Rand der Medina erhebt sich an der Place de l'Indépendance die **Cathédrale de St-Vincent-de-Paul**, die 1882 erbaut wurde. Die Kuppeln ihrer beiden Türme erinnern an die Basilika Sacre Cœur in Paris. In der katholischen Kathedrale findet täglich – an Sonntagen zweimal – eine Messe statt. Auf der gegenüberliegenden Straßenseite wurde 1862 die französische Botschaft errichtet, der einstige Regierungssitz der Kolonialmacht. Ein kleines Stückchen weiter östlich ragt die herrlich restaurierte weiße Jugendstilfassade des **Théâtre Municipal** mit verspielten kleinen, um Ecken führende Balkonen auf. Die großzügige Terrasse des Theatercafés nebenan wird abends gerne von Familien besucht.

Das blaue Hochhaus mit der Hausnummer 50 an der Avenue Habib Bourguiba ist das moderne Hotel Africa el Mouradi (▶ 63), dessen Cafés und Bars beliebte Treffpunkte sind. Das elegante Hotel Carlton (▶ 63) gegenüber mit seinen weißen Säulen wurde 1926 an der Avenue Habib Bourguiba erbaut. In den benachbarten Seitenstraßen gibt es zahlreiche Restaurants.

Fassade der katholischen Cathédrale de St-Vincent-de-Paul

Am Schnittpunkt der Avenue Mohammed V mit der Place du 7 Novembre, die an ihren Springbrunnen und einem Glockenturm mit durchbrochenem Mauerwerk zu erkennen ist, findet man ein Touristeninformationsbüro des ONTT, gegenüber ist die auffallende Pyramidenform des mittlerweile geschlossenen Grand Hotel du Lac nicht zu übersehen.

Am Ende der Avenue Habib Bourguiba liegen den Hafen, die TGM-Station (Verbindung nach Carthage und Sidi Bou Saïd) und die Métro-Station.

Parc de Belvédère

Nördlich der Avenue Habib Bourguiba wurde in etwa 1 km Entfernung der Parc de Belvédère auf einer bewaldeten Anhöhe angelegt. Der Stadtpark ist nach seiner hübschen *koubba* – Belvede-
re – aus dem 18. Jahrhundert benannt und diente ab 1910 den
französischen Einwohnern zur Erholung. Heutige Besucher kommen nicht nur in den Genuss einer frischen Brise vom Lac de
Tunis und eines schönen Weitblicks, sondern können auch einen
kleinen Zoo und ein Café auf einer Insel im See besuchen. Mit
der Métro Léger oder der Straßenbahnlinie Nr. 2 kommt man
vom Place Barcelone bzw. von der Avenue Habib Thameur bis
zur Haltestelle Palestine. Von dort erreicht man den Park zu Fuß.

Jugendstil-
fassade des
Théâtre Muni-
cipal an der
Avenue Habib
Bourguiba

KLEINE PAUSE

Die Avenue Habib Bourguiba ist voller Cafés, darunter das **Pano-
rama** oder **Café de Paris** gegenüber dem Theater. Hier lässt es
sich bei einem Getränk wunderbar ausruhen. Besonders lebhaft
geht es abends zu, wenn Familien durch die Straßen flanieren.

**Cathédrale de St Vincent-
de-Paul**
✝ 179 E3
✉ avenue Habib Bourguiba
⏰ tägl. 💶 frei

Parc de Belvédère
✝ 179 bei E5
✉ avenue Taieb Mehiri
⏰ Zoo: Di–So 10–16 Uhr
💶 preiswert

VILLE NOUVELLE: INSIDER-INFO

Top-Tipps: Erleben Sie das emsige Treiben auf dem Marché Central zwischen
der Rue d'Allemagne und Rue d'Espagne nahe der Stadtmauern der Medina.
Der Markt (tägl. 6–15 Uhr) bietet ausgezeichnete Waren, vor allem Mitbringsel
wie Korbwaren, Gewürze, Trockenfrüchte oder Datteln.

③ Carthage

Es braucht viel Phantasie, um sich die einstige Pracht des antiken Karthago vorstellen zu können. Ursprünglich von den Phöniziern besiedelt, wurde Karthago später von den Römern erobert, die der Nachwelt Theater, Thermen und eine Arena hinterließen. Heute ist Carthage ein gepflegter Vorort von Tunis; aber sowohl Ruinenfelder wie auch die Museen erzählen eindrucksvoll von der langen und stolzen Geschichte eines der größten Stadtstaaten der antiken Welt.

Byrsa-Hügel

Als Ausgangspunkt für eine Besichtigung empfiehlt sich der malerische Byrsa-Hügel, der einen herrlichen Blick über die Bucht bietet. Auf der Anhöhe befand sich eines der ältesten Siedlungsgebiete; die Punier hatten hier eine Befestigungsanlage, mehrere Tempel und einen Marktplatz errichtet. Unter römischer Herrschaft entstanden ein Forum sowie Tempel, die den Göttern Jupiter, Juno und Minerva geweiht waren. In einem weiteren Tempel zu Ehren Äskulaps, des Gottes der Heilkunde, befanden sich Skulpturen, eine römische Basilika und eine Bibliothek. Ausgrabungsfunde, Kunstgegenstände und Nachbildungen werden im **Musée Nationale de Carthage**, das sich in einem ehemaligen Kloster befindet, ausgestellt. Ruinen von Bauwerken des 4. Jahrhunderts v. Chr. sind im Garten des Museums zu sehen. Die **Cathédrale de St-Louis** direkt hinter dem Museum dient heute als Kulturzentrum.

Ein Teil der Antoninus-Pius-Thermen, der größten Thermenanlage außerhalb Roms

Thermes d'Antonin Pius

Steigt man vom Hügel hinab und wendet sich dem Meeresufer zu, gelangt man zu den Thermes d'Antonin Pius, der vielleicht eindrucksvollsten und am besten erhaltenen Ruinenstätte in Carthage. Die Thermen des römischen Kaisers Antoninus Pius wurden im 2. Jahrhundert erbaut und konnten sich in ihrer Pracht mit den großen Thermen in Rom messen.

Weitere Sehenwürdigkeiten

Westlich des Byrsa-Hügels liegen das römische **Amphitheater** und **Hippodrom** sowie die **Citernes de la Malga** (Zisternen von La Malga), in denen das mit Hilfe eines Aquädukts aus Zaghouan hierher geleitete Wasser gesammelt wurde. Die römischen **Gargilius-Thermen**, der Archäologische Park der römischen Villen und das **Théâtre d'Hadrian** befinden sich nördlich davon. Südlich des **Punischen Hafens** erstreckt sich ein friedliches Gartengelände, der **Tophet**. Das mystische Heiligtum war Schauplatz kultischer Morde an Tausenden von Kindern, die geopfert wurden.

KLEINE PAUSE

Unweit des Quartier de Magon, dem einstigen Wohnviertel der Phönizier, lockt **Le Neptune** (rue Ibn Shabbat, Tel. 71 73 14 56) mit mediterranen Fischgerichten. Diese können Sie auf der Terrasse – mit Blick auf das Meer und die Ruinen des antiken Karthagos – einnehmen.

Ein Mosaik aus dem 3. Jahrhundert zeigt das Bild eines Satyrn (Musée National de Carthage)

🔲 181 E4 ✉ 16 km östlich von Tunis
🚆 TGM alle 20 Min.; Haltestellen in Carthage: Salammbô, Byrsa, Dermech und Hannibal

Musée National de Carthage
✉ Byrsa Hill
☎ (71) 73 00 36
🕐 Di–So 8–19 Uhr (im Winter 8.30–17.30 Uhr)
🚆 TGM Carthage–Hannibal

Thermes d'Antonin Pius
✉ avenue des Thermes d'Antonin
🕐 Di–So 8–19 Uhr (im Winter 8.30–17.30)
🚆 TGM Carthage–Hannibal

CARTHAGE: INSIDER-INFO

Top-Tipps: Eine Fahrt mit dem **TGM-Zug** von der Station **Tunis Marine** dauert nur 30 Minuten. Der letzte Zug fährt kurz nach Mitternacht zurück nach Tunis.
• Wenn Sie mit einem Taxi unterwegs sind, vereinbaren Sie mit **einem Taxifahrer** alle Fahrten zu den antiken Ausgrabungsstätten, das ist preisgünstiger und zeitsparender, als wenn Sie für jede Fahrt ein anderes Taxi engagieren.
• An der TGM-Station oder am Eingang zum Byrsa-Hügel können Sie sich nach einem **Sammelticket** zum Besuch aller antiken Stätten und Museen erkundigen. Dieses Ticket ist einen Tag lang gültig.

❹ Sidi Bou Saïd

Das Strandbad Sidi Bou Saïd strahlt mit seinen weiß gekalkten Häusern eine südeuropäische Atmosphäre aus; tatsächlich prägten muslimische Flüchtlinge aus Südspanien, die im 16. Jahrhundert hierherkamen, das heutige Bild des schönen Badeortes, dessen steile Gassen und Treppen zu zauberhaften Aussichtspunkten hinauf führen. Seine heutige Berühmtheit verdankt das Hügeldorf dem Besuch von zwei außergewöhnlichen Fremden im 13. bzw. frühen 20. Jahrhundert.

Wenn man von der unteren Siedlung zur Anhöhe hinaufsteigt, wird verständlich, warum der kleine Ort Sidi Bou Saïd so berühmt ist. Die weiten Ausblicke sind noch überwältigender als der Ruhm, der dem Ort im Land vorausgeht. Die Geschichte des Dorfes beginnt ziemlich unspektakulär: Im 10. Jahrhundert gründeten Araber ein befestigtes Kloster (*ribat*) an dem günstig zu verteidigenden Ort. Im 13. Jahrhundert wählte jedoch ein marokkanischer Sufi, ein heiliger Mann auf der Rückreise von einer Pilgerreise nach Mekka, den Ort zu seiner neuen Heimat. Dem verehrten Heiligen namens Sidi Bou Saïd (auf Arabisch und in voller Länge: *Sayyid Abu Saïd Kalafa ibn Yahya al-Temimi al-Beji*) wurden wundersame Heilkräfte nachgesagt, so soll er Schlangenbisse und Rheumatismus erfolgreich geheilt haben. Sein Grabmal in der Zaouia (Mausoleum) zog viele seiner Sufi-Anhänger in das Dorf; alljährlich im August finden festliche Prozessionen zu Ehren des Sufi statt. Nichtmuslime durften bis in die 1820er-Jahre die heilige Stätte Sidi Bou Saïd nicht betreten.

Im 19. Jahrhundert begannen sich Europäer auf der Suche nach Ruhe und Beschaulichkeit in Sidi Bou Saïd anzusiedeln. Französische Villen entstanden; Baron Rodolphe d'Erlanger (1872–1932), der aus einer wohlhabenden französischen Bankiersfamilie stammte, verliebte sich in diesen Ort und ließ den Palast **Ennejma Ezzahra** (»funkelnder Stern«) mit prächtigem Garten anlegen. Der Palast des Barons beherbergt heute ein Zentrum für traditionelle Musik, das **Centre des Musiques Arabes et Méditerranéennes**, mit einer wundervollen Sammlung arabischer Musikinstrumente, Gemälden und einem Hammam. Sein heutiges Erscheinungsbild verdankt der Badeort einem Erlass des Barons, alle Fassaden des Ortes ausschließlich in weiß und blau zu streichen.

Eine mit Kopfstein gepflasterte Straße führt an schönen, blauweißen Fassaden vorüber

Auch das **Dar el-Annabi** (18. Jahrhundert), einstiges Privathaus gleichnamiger Familie bietet eine interessante Sammlung.

Die Schönheit des Ortes mit seiner Klarheit der Luft und der Lebhaftigkeit der Farben hat schon Künstler wie Paul Klee, August Macke und Louis Moillet sowie Schriftsteller wie André Gide und Simone de Beauvoire inspiriert.

KLEINE PAUSE

Auf dem Vorplatz der Mosche, Place Sidi Bou Saïd eignet sich das beliebte **Café des Nattes** hervorragend für einen Pfefferminztee. Das **Café Sidi Chabaane** am Ortsausgang bietet einen prachtvollen Blick auf die Marina und den Golf von Tunis.

Sidi Bou Saïd besticht nach wie vor durch seine Traumaussicht

---

✚ 181 E4
✉ 20 km nordöstl. von Tunis
🚉 TGM von Tunis alle 20 Min.

Centre des Musiques Arabes et Méditerranéennes
✉ Ennejma Ezzahra
☎ (71) 74 01 02

🕐 Di–So 9–13, 14–17 Uhr
💶 preiswert

Dar el-Annabi
✉ Hauptstraße
☎ (71) 72 77 28
🕐 tägl. 9.30–19 Uhr (Winter Mo geschl.)
💶 preiswert

SIDI BOU SAÏD: INSIDER-INFO

Top-Tipp: Sidi Bou Saïd ist zunehmend ein beliebtes Ausflugsziel zahlreicher Pauschaltouristen, die aus den benachbarten Urlaubsorten an der Küste hierherströmen, um den Sonnenuntergang zu beobachten oder einen Einkaufsbummel zu machen. **Übernachten** sollten Sie in einem der bezaubernden Dorfhotels (► 62), wo Sie zumindest morgens und spätabends noch etwas für sich sind.

Geheimtipp: Der **muslimische Friedhof** liegt auf dem Hügel hoch über Sidi Bou Saïd – ein friedlicher Ort, von dem aus man eine schöne Sicht auf Dorf und Meer hat.

Nach Lust und Laune!

5 Djamaa ez-Zitouna

Die Moschee ist der größte Sakralbau in Tunis und befindet sich im Herzen der Medina. Ihr Name Djamaa ez-Zitouna (Ölbaummoschee) geht auf ihren Gründer Hassan ibn an-Numan zurück, der einst unter einem Ölbaum gelehrt haben soll. Nichtmuslime dürfen zwar nur den Innenhof besichtigen, doch ist allein dieser Anblick schon überwältigend. Ferner kann man von den Dächern umliegender Geschäfte auf die Moschee blicken. Die erste Moschee hier entstand 734, von 856 bis 863 jedoch wurde Sie unter Ibrahim ibn Ahmed, dem Herrscher der Aghlabidendynastie mit 184 aus Karthago geschaffenen Säulen und Steinen ausgebaut. Das Minarett kam erst im 19. Jahrhundert dazu.

Im 13. und 14. Jahrhundert wurde die Moschee zu einem bedeutenden islamischen Studienzentrum. Als Universität konnte sie ihren außergewöhnlichen Ruf – mit einer Unterbrechung während der Regierungszeit Habib Bourguibas, der eine Zunahme fundamentalistischer Strömungen im Land befürchtete und diese schließen ließ –, bis heute bewahren. Die Sammlung arabischer Literatur der alten Bibliothek zählt zu den größten der Welt.

🕂 178 B3 ✉ rue Jemaa ez-Zitouna, Medina 🕐 Nichtmuslime: Do–Di 8–14.30 Uhr (an muslimischen Feiertagen geschl.) ✋ preiswert

6 Musée du Bardo

Das Bardo-Museum ist wegen seiner bedeutenden Sammlung an Mosaiken

Die Büste des Kaisers Lucius Verus ist im Musée du Bardo ausgestellt

aus der römischen Zeit Tunesiens ein Museum von Weltruf. Es befindet sich in einem ehemaligen Palast der Hafsidendynastie, der einen glanzvollen Rahmen für die Kunstschätze der Antike bildet. Zu den schönen maurischen Stilelementen zählen die Kuppeln, Decken und Balkone sowie die kunstvollen Stuck- und Kachelarbeiten. Die Sammlungen des Museums decken die gesamte tunesische Kunst von der Steinzeit über die punische Zeit Karthagos bis hin zu den Zeugnissen der römischen, frühchristlichen und islamischen Epoche ab. Zu den Exponaten gehören beispielsweise beeindruckende Terrakotten aus Karthago und römische Skulpturen, Glasarbeiten und Vasen.

Zu den Hauptsehenswürdigkeiten zählen jedoch die römischen Mosaiken (► 30). Ein besonders eindrucksvolles Mosaik – *Triumph des Neptun* –, das den gesamten Fußboden eines prachtvollen Kuppelsaals einnimmt, zeigt den Gott des Meeres im Kampf mit Meeresungeheuern. Aus Dougga stammt ein Mosaik aus dem 2. Jahrhundert, das Neptun als Lenker einer Quadriga zeigt. Ein weiteres reizvolles Mosaik aus Dougga thematisiert eine Episode der *Odyssee*, in der Odysseus, am Mast seines Schiffes festgebunden, den Gesängen der schrecklichen Sirenen lauscht, während seine Gefolgsleute, die sich gegen die verführerischen Töne die Ohren zugestopft haben, unberührt weiter rudern.

🚩 181 D4 ✉ rue Mongi Slim, Quartier Bardo ☎ (71) 51 36 50 🕐 Di–So 9 bis 17 Uhr (im Winter 9.30–16.30 Uhr) 🚇 Métro Léger Linie 4 💶 mittel

7 La Goulette

Der Hafen liegt am Ende des Kanals, der Tunis mit dem Mittelmeer verbindet. Das Wort *halq* im arabischen Namen des Hafens bedeutet »Kehle« – wie auch das französische *goulette*. Seine Lage an einer Sandbank in 10 km Entfernung von Tunis begünstigte die Entwicklung La Goulettes zu einem beliebten Wohn- und Badeort, dessen Anziehungskraft vor allem von seinem Strand und seinen Fischrestaurants ausgeht. Die Ruinen einer Kasbah (Festung), die zur Zeit der spanischen Er-

oberung 1535 erbaut wurde, zeugen von der Vergangenheit des Ortes als berüchtigte Piratenhochburg (▶ 12).

🚩 181 E4 ✉ 15 km nordöstl. von Tunis 🚊 TGM Tunis Marine–La Goulette Vieille

8 La Marsa

Der wohlhabende und beliebte Vorort La Marsa besitzt mit seinen palmengesäumten Küstenstraßen und seinem langgestreckten Sandstrand ein Flair wie die Côte d'Azur. Wie in Gammarth ist der Strand auch hier im Sommer und an Wochenenden mit Einwohnern aus Tunis überfüllt. Im ehemaligen Palast wohnte einst Habib Bourgouiba.

🚩 181 E4 ✉ 16 km nordöstl. von Tunis 🚊 TGM Tunis Marine–La Marsa

9 Gammarth

Das einstmals schlichte Fischerdorf Gammarth hat sich zu einem beliebten Seebad mit zahlreichen guten Hotels und Restaurants sowie einem schönen Sandstrand entwickelt.

🚩 181 E4 ✉ 20 km nordöstl. von Tunis 🚕 mit dem Taxi oder 45 Min. zu Fuß von La Marsa

Die kunstvoll dekorierte Tür führt ins Innere des Musée du Bardo

Wohin zum ... Übernachten?

Preise
Für ein Doppelzimmer gelten folgende Preise:
€ unter 80 TD   €€ 80–160 TD   €€€ über 160 TD

Tunis bietet eine Vielzahl an Hotels. Die besten finden Sie in der Ville Nouvelle, und mittlerweile ist auch ein großartiges Hotel in der Medina entstanden. Das etwas ruhigere Bou Saïd wartet mit weniger, dafür sehr attraktiven Unterkünften auf.

CARTHAGE

Villa Didon €€€

Das moderne und luxuriöse Hotel im Herzen der antiken Stadt verfügt über 10 Suiten mit großen Fenstern und Balkonen mit Blick über Carthage, das Meer, den See und die Stadt Tunis. Die Möbel wurden von den Designern Ron Arad und Philippe Starck entworfen und der Kalligraf Rachid Koraichi ist für den schönen Wandbehang verantwortlich. Ein Spa, ein traditionelles Hammam und das Rest'O (► 64), in dem man gut essen kann, gehören zum Komfort.

⊞ 181 E4 ⊠ Byrsa Hill, Carthage ☎ (71) 73 34 33; Fax (71) 73 34 88; www.villadidon.com

GAMMARTH

La Résidence €€€

Luxus, Strand, großer Garten, Swimmingpool und nicht zuletzt ein Spa werden in der Résidence im Urlauberort Gammarth angeboten. Traditionelle tunesische Architektur und Kunstwerke prägen den Stil des Hauses. Die Zimmer sind großzügig und luxuriös. Zudem verfügt das Hotel über mehrere feine Restaurants, die u. a. tunesische Küche sowie auf Bioprodukten basierende Gerichte auftischen. Viele gut betuchte Einheimische sind hier zu Gast.

⊞ 181 E4 ⊠ Plage de Raoued, Gammarth ☎ (71) 91 01 01; Fax (71) 91 01 44; www.theresidence.com

SIDI BOU SAÏD

Dar Saïd €€€

Dar Saïd ist vielleicht das teuerste Hotel der Stadt, dafür besitzt es aber auch den meisten Charme. Es liegt etwas über dem Dorf, unweit der Hauptstraße Sidi Bou Saïds und ist in einem wunderschön renovierten Haus aus der Mitte des 19. Jahrhunderts untergebracht. Seine vornehmen und traditionell gestalteten Zimmer umgeben einen Innenhof voller Pflanzen. Die Fassade ist – wie die meisten Häuser dieses Künstlerstädtchens – in Blauweiß gehalten. Von der Gartenterrasse, mit Swimmingpool und schattigen Plätzchen unter Orangenbäumen, eröffnet sich ein schöner Blick auf den Gipfel des Djebel Bou Kornine und das Mittelmeer. Alle Zimmer sind mit Klimaanlage, Satellitenfernsehen und einer Minibar ausgestattet. Im stilvollen Restaurant Dar Zarrour werden Gerichte der französischen, tunesischen und internationalen Küche serviert. Zu den Annehmlichkeiten gehört zudem ein hoteleigenes *hammam*.

⊞ 181 E4 ⊠ rue Toumi ☎ (71) 72 96 66; Fax (71) 72 95 99; www.darsaid.com.tn

Sidi Bou Farès €

Sidi Bou Farès ist ein freundliches Hotel inmitten der Altstadt nahe des Café des Nattes. Die einen Innenhof säumenden Räume haben weiß verputzte Gewölbe oder Steinkuppeln, z. T. verfügen die Zimmer über ein eigenes Bad, andere nur über eine Waschgelegenheit. Im Innenhof lässt es sich an Tischen zwischen Feigenbäumen herrlich frühstücken.

⊞ 181 E4 ⊠ 15 rue Sidi Bou Farès, Zentrum Sidi Bou Saïds ☎ (71) 74 00 91;

Fax (71) 72 88 68;
E-Mail: hotel.boufares@gnet.tn

TUNIS

Africa el Mouradi €€

Der moderne Hochhausturm des Africa el Mouradi gilt als Wahrzeichen der lebendigsten Avenue der Stadt und ist vor allem wegen seiner großen Terrasse ein beliebter Treffpunkt. Das Hotel wurde von Grund auf saniert und bietet Luxus mit fünf Sternen. Im schönen, geräumigen Foyer gibt es eine Bar; ein Restaurant im ersten Stock bietet Mittagsbuffets an. Von den meisten Zimmern hat man einen tollen Blick über den Lac de Tunis und die Stadt. Das Hotel verfügt über ein Kino, einen riesigen Pool und ein Konferenzzentrum.

➕ 179 F3 ✉ 50 avenue Habib Bourguiba ☎ (71) 34 74 77; Fax (71) 34 74 32; www.elmouradi.com

Carlton €–€€

Das Hotel Carlton, berühmt für seinen hervorragenden Service, liegt zentral an der Hauptstraße der Nouvelle Ville – nur einen kurzen Fußmarsch von der Medina entfernt. Das stilvolle Gebäude fällt durch seine schöne kolonialzeitliche Fassade auf. Die gut geschnittenen Räume sind behaglich und bieten ein angemessenes Preis-Leistungs-Verhältnis. Wer das Zimmer zur Straße hinaus möchte, sollte in einem der oberen Stockwerke unterkommen. Im Erdgeschoss finden sich etwa 20 Boutiquen.

➕ 179 F3 ✉ 31 avenue Habib Bourguiba ☎ (71) 33 06 44; Fax (71) 33 81 68; www.carlton.com.tn

Dar el-Medina €€€

Dieses kleine Luxushotel befindet sich an einem der malerischsten Flecken der Medina, unweit vom Place du Gouvernement, in der ehemaligen Villa der Familie Belhouane, die hier bis 2003 wohnte. Die komfortablen, ruhigen Zimmer öffnen sich zu ebenso ruhigen Innenhöfen hin. Die Zimmer wurden liebevoll modernisiert und luxuriöser gestaltet, haben jedoch ihren traditionellen Charme nicht verloren. Von der Dachterrasse aus bietet sich ein Panoramablick über die Medina, den man hervorragend bei einer Tasse Tee am Nachmittag oder einem Getränk am Abend genießen kann. Im Winter können Sie auch in den gemütlichen Salon de Thé ausweichen. Das Hotel lohnt einen Besuch.

➕ 178 B2/3 ✉ 64 rue Sidi Ben Arous, Medina ☎ (71) 56 30 22; Fax (71) 56 35 20; www.darelmedina.com

La Maison Dorée €

Im zentral nahe der Avenue Habib Bourguiba und dem Bahnhof gelegenen Hotel kann man gut und preiswert übernachten. Es wird tadellos geführt und gepflegt. Die Einrichtung aus den 1950er-Jahren verleiht dem Hotel eine besondere Note. Die nach hinten liegenden Zimmer sind ruhiger; in den straßenseitigen Zimmern macht sich der Lärm der vorbeifahrenden Straßenbahnen bemerkbar.

➕ 179 E2 ✉ 6 rue de Hollande, Eingang: 3 rue el-Koufa ☎ (71) 24 06 31; Fax (71) 33 24 01

Majestic €€

Als eines der wenigen verbliebenen Hotels aus der Zeit der Jahrhundertwende in Tunis hat sich das 2007 komplett renovierte Majestic den Charme alter Zeiten bewahrt. Die große Terrasse bietet einen tollen Blick auf die geschäftige Avenue de Paris. Die Zimmer sind groß und makellos sauber. Gutes Restaurant (französische, tunesische, internationale Küche) und eine gemütliche Bar.

➕ 179 E4 ✉ 36 avenue de Paris ☎ (71) 33 26 66; Fax (71) 33 69 08; E-Mail: majestic@gnet.tn

Tunisia Palace €€

Der ursprüngliche Tunisia Palace war zur Jahrhundertwende Treffpunkt des französischen Jetsets, wurde aber 1970 zerstört. Das ihm wenige Meter weiter nahe der Medina nachempfundene Boutique-Hotel bietet luxuriöse Zimmer und ein ausgezeichnetes Restaurant mit mediterraner Küche.

➕ 179 D3 ✉ 13 avenue de France, Ville Nouvelle ☎ (71) 24 27 00; Fax (71) 24 25 55; www.goldenyasmin.com

Wohin zum ... Essen und Trinken?

Preise

Die Preise gelten pro Person für ein Drei-Gänge-Menü (ohne Getränke und Service):

€ unter 20 TD   €€ 20–35 TD   €€€ über 35 TD

CARTHAGE

Rest'Ô €€–€€€

Das trendige Restaurant der Villa Didon (▶ 62) macht einen Besuch, z. B. für ein Mittagessen, zu einem unvergesslichen Erlebnis: Traumaussicht über Carthage, das Meer und die City von Tunis sowie erfinderische und wunderschön angerichtete mediterrane Speisen, ein erstklassiges Weinangebot und Topservice.

➕ 181 E4 ✉ Villa Didon, Byrsa Hill, Carthage ☎ (71) 73 34 33
🕐 Mittag- und Abendessen

Le Punique €€€

Das von schönen Villen umgebene gehobene Restaurant liegt in der Nähe der alten punischen Häfen. Die Küche ist auf marokkanische Gerichte spezialisiert.

➕ 181 E4 ✉ Hotel-Résidence de Carthage, 16 rue Hannibal, Salammbô ☎ (71) 73 07 86 🕐 Mo–Sa 11–15, 18–23 Uhr

LA MARSA

Café Saf Saf €

Das Café mit schöner Terrasse ist im Sommer ein beliebter Treffpunkt in La Marsa. Hier werden Gebäck und köstliche tunesische Snacks oder Suppen serviert. Mittelpunkt des Cafés ist ein altes Wasserrad, das manchmal von einem im Kreis laufenden Kamel angetrieben wird.

➕ 181 E4 ✉ place Saf Saf 🕐 tägl. 10–22 Uhr (nur im Sommer)

La Falaise €€€

La Falaise gehört zu den besten der vielen Restaurants und Cafés in La Marsa. Sobald die Straße nach Sidi Bou Saïd ansteigt, sieht man das Café auf der linken Straßenseite. Aus der großen Auswahl an tunesischen und internationalen Speisen sei der Fisch-Couscous besonders empfohlen.

➕ 181 E4 ✉ rue Sidi Dhrif, La Marsa Corniche ☎ (71) 74 78 06
🕐 tägl. 11–14.30, 18–23 Uhr

SIDI BOU SAÏD

Ayyam Zaman (Au Bon Vieux Temps) €€–€€€

Dieses Restaurant ist bei Weitem das beste in Sidi Bou Saïd, um in den Genuss mediterraner und tunesischer Küche zu kommen. Hier bekommen Sie einfach den besten Fisch-Couscous der Region. Das Laternenlicht auf der mit Jasmin und Bougainvillen bepflanzten Terrasse schafft eine romantische Atmosphäre. Im Obergeschoss erwarten Sie elegante, gewölbte Räume mit sagenhaftem Ausblick. Die Wände zieren Bilder von Tunesien aus vergangenen Zeiten sowie moderne tunesische Kunst. Für das Dessert sollten Sie unbedingt noch Platz lassen.

➕ 181 E4 ✉ in der Hauptfußgängerzone ☎ (71) 77 47 88
🕐 tägl. Mittag- und Abendessen

Le Chergui €

Das beliebte Restaurant unterhalb der Moschee im Herzen Sidi Bou Saïds eignet sich für ein preiswertes Mittag- oder Abendessen. Die Terrasse, deren Bänke mit Teppichen aus regionaler Herstellung bedeckt sind, bietet einen weiten Blick aufs Meer und ist selbst ein schöner Anblick. Besonders lecker ist das gegrillte Lammfleisch.

Wohin zum ... Einkaufen?

⊕ 181 E4 ⊠ 39 avenue Habib Thameur
☎ (71) 74 09 87 ◷ tägl. 11–23 Uhr

TUNIS

Café M'rabet €–€€

Das wunderbar alte, osmanische Café befindet sich im Erdgeschoss; das gleichnamige Restaurant im ersten Stock. Die Karte variiert täglich. Abends werden (gegen Eintritt) traditionelle Musik- und Tanzdarbietungen der Berber aufgeführt.

⊕ 178 B3 ⊠ Souk el Trouk, Medina
☎ (71) 26 17 29 ◷ tägl. 10–23 Uhr

Capitole €€

Das einfache, aber ansprechende Restaurant befindet sich im Zentrum der Ville Nouvelle. Neben vielen anderen guten Gerichten kann man hier ein opulentes *couscous royale* oder *brik* (Teigtaschen) mit Thunfisch probieren. Wie in vielen tunesischen Restaurants wird auch im Capitole kein Alkohol ausgeschenkt.

⊕ 179 F3 ⊠ 60 avenue Habib Bourguiba, schräg gegenüber vom El Hana Hotel ☎ (71) 25 66 01
◷ tägl. 10.30–14, 17.30–23 Uhr

Chez Nous €€

Das altmodische Restaurant, in dem Alkohol ausgeschenkt wird, bietet – von einigen tunesischen Spezialitäten abgesehen – leckere, vornehmlich französische Küche. Schwarzweißfotos berühmter Gäste, darunter Mohammed Ali und Edith Piaf, zieren die Wände.

⊕ 179 F3 ⊠ 5 rue de Marseille ☎ (71) 24 30 48 ◷ Mo–Sa 11–14, 18–23 Uhr

Dar el-Jeld €€€

Das Spitzenrestaurant von Tunis befindet sich in einem eleganten, restaurierten Stadtpalast im Herzen der Medina. Die hohen Preise werden durch die exzellente, traditionell tunesische Küche gerechtfertigt, das Essen wird von Lautenklängen untermalt.

⊕ 178 B3 ⊠ 5 rue Dar el-Jeld
☎ (71) 56 09 16;
www.dareljeld.tourism.tn
◷ Mo–Sa 11–14.30, 17.30–23 Uhr

An der **Rue Jemaa ez-Zitouna**, die vom Bab el-Bhar mitten durch die Medina von Tunis zu den Souks verläuft, drängen sich alle Arten von Läden mit unterschiedlichem Warenangebot. Neben viel Kitsch findet man aber auch eine erstklassige Auswahl an Decken, Teppichen, T-Shirts, Tonwaren und Keramik, Schmuck, Kupfer-, Messing- und Lederwaren. Wirklich Besonderes finden Sie im **Hanout Arab** (52 rue Jemaa ez-Zitouna); dieser Laden bietet tunesisches Kunsthandwerk – besonders eindrucksvoll die Berberkeramiken aus Sejnane sowie exklusive (Secondhand-)Textilien. Mehr Kunsthandwerk gibts in der Rue de la Kasbah.

Auf den Souks von Tunis ist fast jedes Handwerk oder Gewerbe auch heute noch mit einem eigenen Markt vertreten. Der mit Parfum handelnde **Souk el Attarine** beispielsweise findet deshalb ganz in der Nähe der Großen Moschee statt, da dort die edelste Ware angeboten werden sollte. Auf dem nahe gelegenen **Souk de la Laine** (Wollmarkt) kann man heute hauptsächlich Silber ersteihen. Für tunesische Kleidung besucht man am besten den **Souk des Etoffes**. Auf dem **Souk el Trouk** (Türkenmarkt) finden Sie gute Teppich- und Antiquitätengeschäfte, z. B. das **Ed-Dar**. Die sogenannten Chechias – Wollmützen – gibt es nur noch in wenigen Läden des **Souk des Chechias**.

Feilschen gehört beim Einkauf auf den Souks dazu. Wer jedoch fixe Preise bevorzugt, sollte sich im Kaufhaus **SOCOPA** in der Ville Nouvelle umsehen (Tel. 71 79 33 66, Ecke Avenue Carthage/Avenue Habib Bourguiba). Hier gibt es Handwerksprodukte aus allen Teilen des Landes und Sie können sich auch erst einmal einen Überblick der Preise verschaffen, bevor Sie zum Feilschen auf die Souks gehen, die die gleichen Produkte in der Regel günstiger verkaufen. Weitere Kaufhäuser mit Festpreisen werden durch die Offices Nationales de l'Artisanat Tunisien (ONAT) betrieben. In Tunis gibt es z. B. das **Magazin Mohammed V** an der avenue Mohammed V (Tel. 71 43 64 79). **Mains des Femmes** (»Frauenhände«) im ersten Stock über der Banque de l'Habitat (47, avenue Habib Bourguiba; Tel. 71 33 07 89; Mo–Sa 9.30 bis 13, 15–18.30 Uhr) wartet mit einer großen Vielfalt an Schmuck, tunesischen Puppen, Holzspielzeug und Stickereien, die von Frauen aus ganz Tunesien gefertigt werden, auf. **Fella** (9 place Pasteur; Tel. 71 78 59 24) hat ebenfalls eine gutes Angebot an Stickereien und *jellabas*. Für Korbwaren, Gewürze, Süßes, v. a. Datteln und Feigen ist der **Central Market** (um rue Charles de Gaulle, Ville Nouvelle, Mo bis Sa 6–15 Uhr) ideal. Süß und teuer sind die unterschiedlich gefüllten Datteln im **Delma** (24 avenue de France).

Wohin zum ... Ausgehen?

NACHTCLUBS

Die meisten »Tunisois« verbringen die Abende am liebsten mit Freunden auf einer Café-Terrasse auf der **Avenue Habib Bourguiba** oder in einem Café in **Sidi Bou Saïd** – dazu eine Tasse Kaffee oder eine Schischa. Einige Restaurants, wie **Le Malouf** (rue de Yougoslavie, Tel. 71 25 42 46) und **Al-Mazar** (11 rue de Marseille, Tel. 71 34 04 23) in der Ville Nouvelle oder **Dar el-Jeld** (▶ 65) und das **Café M'rabet** (▶ 65) in der Medina bieten an Wochenenden Livemusik.

Le Jocker (El-Hana International Hotel, avenue Habib Bourguiba) und der Club des Hotels Abou Nawas (Park Kennedy, avenue Mohammed V; Tel. 71 35 03 55) sind beliebte Diskotheken, dennoch zieht es die meisten Einheimischen in die Clubs der Hotels von La Marsa oder Gammarth, v. a. ins Hotel Corniche Plaza (rue du Maroc, La Marsa; Tel. 71 74 34 89).

KINOS

In den vielen Filmtheatern in Tunis werden arabische Kinohits sowie die neuesten Hollywoodstreifen gezeigt. Letztere meist in französischer Sprache synchronisiert. Die besten Kinos sind **Le Parnasse** (63 avenue Habib Bourguiba), **Le Colisée** (45 avenue Habib Bourguiba) und **Maison de la Culture Ibn Khaldoun** (16 rue Ibn Khaldoun, Ville Nouvelle; Tel. 71 24 10 01), diese zeigen u. a. Arthausfilme.

BARS

Für die weiblichen Gäste empfiehlt sich der Besuch in einer der Hotelbars. Das Publikum der **Bar Jamaica** (El-Hana International Hotel, avenue Habib Bourguiba) ist gemischt. Im **Le Boeuf sur le Troit** (3 avenue Fatouma Bourguiba, La Soukra, hinter dem Flughafen) lädt ene große Tanzfläche zum Tanz ein. Die DJs dort wie auch in der **Villa Didon** legen gute Musik auf (▶ 62).

THEATER

Theater- und Konzertprogramme sind bei der Touristeninformation erhältlich oder der Zeitung *La Presse* zu entnehmen. Konzerte oder Theaterstücke in französischer oder arabischer Sprache finden im **Théâtre Municipal** an der avenue Habib Bourguiba sowie im **Théâtre de l'Etoile du Nord** (41 avenue Farhat Hached, Tel. 71 25 40 66; www.etoiledunord.org) statt. Das **Théâtre d'Art Ben Abdallah** (6 Impasse Ben Abdallah, Tel. 20 44 35 40) bietet gute Theater- und Filmvorführungen, das **Centre des Musiques Arabes et Méditerranéennes** in Sidi Bou Saïd (▶ 58) Konzerte.

★ Nicht verpassen!

Nach Lust und Laune!

Eine ungewöhnliche Skulptur zu Ehren der Störche, die in der Region um Béja nisten

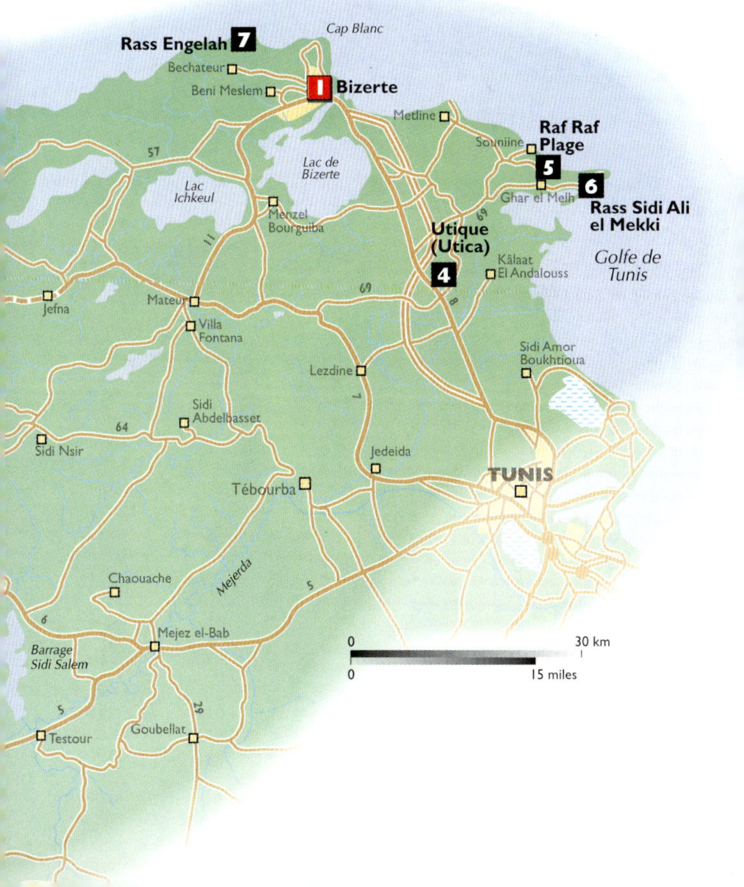

Rass Engelah **7**
Cap Blanc
Bechateur
Beni Meslem
1 Bizerte
Metline
57
Soummine
Raf Raf Plage
Lac de Bizerte
5
6
Lac Ichkeul
Ghar el Melh
Rass Sidi Ali el Mekki
Menzel Bourguiba
Utique (Utica)
Kâlaat El Andalouss
Golfe de Tunis
4
Jefna
Mateur
69
Villa Fontana
Lezdine
Sidi Amor Boukhtioua
Sidi Abdelbasset
64
Jedeida
Sidi Nsir
TUNIS
Tébourba
Chaouache
Mejerda
5
Mejez el-Bab
Barrage Sidi Salem
0   30 km
0   15 miles
Goubellat
Testour

Den Norden Tunesiens kann man bequem mit dem Auto in drei Tagen erkunden. Auf der Rundfahrt besuchen Sie phönizische Ruinen, weiße Sandstrände, Korkeichenwälder und die Ruinen unterirdischer römischer Villen.

Der Norden in drei Tagen

Erster Tag

Vormittags

Von Tunis fahren Sie auf der Autoroute 8 zunächst 33 km in nördlicher Richtung. Auf der nach rechts abbiegenden Route 69 sind es nur noch 2 km bis 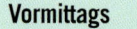**Utique** (➤ 78). Die alte phönizische Stadt war auch noch zu römischer Zeit von großer Bedeutung. Aus dieser Zeit stammen die meisten der sehenswerten Bauwerke, darunter Thermen und Villen mit einzigartigen Mosaiken.

Folgen Sie der Route 69 Richtung Norden zur Küste und zum langen, weißen **Sandstrand von Raf Raf** (➤ 78f). Besuchen Sie eines der zahlreichen Strandrestaurants für ein Fischessen.

Nachmittags

Nach einem entspannenden Strandspaziergang fahren Sie etwa 10 km in östlicher Richtung in den einstigen Piratenschlupfwinkel Ghar el-Melh und zur benachbarten Landspitze **Rass Sidi Ali el-Mekki** (➤ 79), wo der Golf von Tunis ins Mittelmeer übergeht. Kehren Sie auf die Route 69 zurück, und biegen Sie dann nach rechts auf die Autobahn 70 ein, die Sie direkt nach **Bizerte** (➤ 72f) führt.

Abends
Folgen Sie der Route de la Corniche zum empfehlenswerten Restaurant
Le Petit Mousse (▶ 83). Genießen Sie das Abendessen auf der Terrasse, die
kühle Meeresbrise und verbringen Sie die Nacht in Bizerte.

Zweiter Tag

Vormittags
Besuchen Sie in der Altstadt von Bizerte die Kasbah und den urtümlichen
Hafen. Wenn Sie die Stadt in südlicher Richtung verlassen, erreichen Sie den
Lac Ichkeul (Ichkeul-See) mit malerischer Seen- und Sumpflandschaft.

Nachmittags
Auf der Autobahn 7 fahren Sie Richtung Sejenane nach **2 Tabarka** (▶ 74f).
Am Yachthafen werden Tauch- oder Schnorchelausflüge zur leuchtend bunten
Unterwasserwelt der Korallenküste rund um Tabarka angeboten.

Abends
Unter den edlen Fischrestaurants im Porto Corallo, dem Hafen von Tabarka,
ist das Touta (▶ 84) besonders zu empfehlen.

Dritter Tag

Vormittags
Zu den Höhepunkten eines Spaziergangs auf der Strandpromenade von
Tabarka zählen die meterhohen, bizarren Felsformationen Les Aiguilles
(»Die Nadeln«) sowie der alte Hafen. Nächster Stopp ist die Wanderregion
8 Aïn Draham (links; ▶ 79), die Sie über die Autoroute 17 erreichen.

Nachmittags
Durch die liebliche, bewaldete Landschaft von Aïn Draham fahren Sie nach
9 Bulla Regia (▶ 76f), wo Sie den Nachmittag mit der Besichtigung der
römischen Ruinen der faszinierenden archäologischen Stätte verbringen.

Abends
Fahren Sie in südlicher Richtung nach Jendouba und von dort in östlicher
Richtung auf der Autoroute 6 in etwa zwei Stunden nach Tunis zurück. Als
Alternative empfiehlt sich eine Übernachtung im 40 km nordöstlich von
Jendouba gelegenen Ort **10 Béja** (▶ 80), z. B. im Le Phénix (▶ 81).

❶ Bizerte

Stolz erheben sich die Mauern über der nördlichsten Hafen-
stadt Afrikas. Seit jeher hat die strategisch günstige Lage der
Stadt zu ihrer historischen Bedeutung beigetragen. Im Laufe
ihrer langen Geschichte lebten in ihren Mauern Phönizier und
Römer, Piraten und Fischer. Bizerte, oder *Banzart* auf Arabisch,
ist mit rund 95 000 Einwohnern die größte Stadt an der
Nordküste Tunesiens und konnte sich dennoch den
Charme vergangener Zeiten bis heute bewahren.

Die Gründung der Stadt geht auf die Phönizier zurück, damals
hieß die Siedlung Hippo Diarrhytus. Seit der Eroberung des
Ortes durch arabische Heere 661 war die Stadt unter dem ara-
bischen Namen Banzart bekannt. Die Anlage eines befestigten
Hafens am heutigen Lac de Bizerte machte den Ort zu einem
begehrten Stützpunkt. 1535 wurde die Stadt von den Habs-
burger Heeren Karls V. und 1572 von denen des spanischen
Königs Philipp II. besetzt, fiel dann unter die Herrschaft des
Osmanischen Reiches und wurde wegen seiner versteckten
Lage zu einem Schlupfwinkel der Korsaren (► 12).

Zur Zeit der französischen Kolonialherrschaft wurden Ende
des 19. Jahrhunderts ein 1,5 km langer Kanal und ein Marineha-
fen gebaut. Der Flottenstützpunkt blieb auch nach der tunesischen Unabhängigkeit 1959 unter französischer Oberhoheit, was
1961 in ernsthaften Streitigkeiten zwischen der französischen
und der tunesischen Regierung unter Präsident Bourguiba gipfel-
te. Da die französische Regierung den militärisch wichtigen
Stützpunkt zunächst nicht aufgeben wollte, reagierte die Bevölkerung mit Demonstrationen, die in blutigen Straßenschlachten
mit etlichen Toten eskalierten. Erst 1963 wurde der Militärstütz-
punkt von den französischen Truppen endgültig aufgegeben.

Zu den wichtigsten Anbauprodukten der Region um Bizerte
zählen der Kork aus den umliegenden Korkeichenwäldern,
Weizen und Wein; ökonomisch bedeutend ist auch die Vieh-
wirtschaft. Der verschlafene Fischereihafen wird noch heute von
Fischern, die ihre Netze flicken, und ihren vielfarbigen Booten
belebt. Am Hafeneingang wacht eine mächtige, unzugänglich
wirkende **Kasbah** (Festung) aus dem 17. Jahrhundert. Auf der
gegenüberliegenden Hafenseite liegt eine zweite Festung, Sidi el-
Hani, die heute das **Musée Océanographique** (Ozeanographi-
sche Museum) beherbergt. Innerhalb der Medina führt der Weg
zur **Djamaa el-Kasbah** (Große Moschee) aus dem 17. Jahrhundert, ihr Wahrzeichen ist ein achteckiges Minarett. Über der
Medina thront eine weitere Festung, **Fort Espagnol**, von deren
Höhe sich ein weiter Rundblick über die Stadt eröffnet.

Boote in kräfti-
gen Farben
ankern im alten
Piratenhafen

KLEINE PAUSE

Auf der südlichen Seite des Strandes findet man das internationale Restaurant **Le Sport Nautique** im Club Nautique
(► 83). In angenehmer Atmosphäre lässt sich hier das
Treiben im Hafen und am Strand beobachten.

🔲 181 D5
✉ 66 km nordwetslich von Tunis
🚌 nach Tunis alle 30 Min. ab Quai
Tarik Ibn Zaid
🚆 Station an der Rue de Rinja
ℹ️ am Alten Hafen
☎ (72) 43 28 97

Kasbah
✉ hinter dem Alten Hafen

Musée Océanographique
✉ Avenue Habib Bourguiba
🕐 Mo–Sa 9–12.30, 15–19,
So 9–19 Uhr
💷 preiswert

Fort Espagnol
✉ Boulevard Hassan en Nouri
🕐 tägl.
💷 frei

BIZERTE: INSIDER-INFO

Top-Tipp: Im Juli/August findet ein eindrucksvolles **Kulturfestival** mit allabendli-
chen Musik- und Theaterveranstaltungen im **Fort Espagnol** statt.
• Jeden Dienstag findet vor der Kasbah ein Wochenmarkt statt. Täglich frisches
Obst und Gemüse findet man außerdem auf dem gut besuchten Markt nahe
des Alten Hafens.

2 Tabarka

Die Region um Tabarka nahe der algerischen Grenze ist auch unter dem Namen Korallenküste bekannt. Das klare, lichtdurchflutete Wasser lädt zum Tauchen, Schnorcheln, Segeln und Windsurfen ein. Nach einer Bootsfahrt von nur 20 Minuten Dauer kann man in eine Unterwasserwelt mit faszinierenden Korallengärten eintauchen.

Tabarka hat sich zu einem wichtigen touristischen Zentrum mit einer beliebten *zone touristique* entwickelt. Die Erschließung des Ortes als Urlaubsziel begann vor etwa 20 Jahren mit dem Bau eines internationalen Flughafens (14 km außerhalb der Stadt); als weitere touristische Einrichtungen folgten eine Marina, ein Kasino, neue Hotels und ein 18-Loch-Golfplatz. Die blau leuchtende Bucht wird von weißen Häusern und einem breiten Sandstrand gesäumt.

Die in der Marina Porto Corallo ansässigen **Club Nautique Municipal** und **Loisirs de Tabarka** bieten Tauchkurse sowie Ausflugsfahrten zu den Korallenriffen an. Viele Informationen erhält man auch im lokalen **ONTT-Büro**.

Neben der Hauptattraktion der Korallenriffe ist die Inselgruppe La Galité ein besonders schönes Ausflugsziel, das auch mit Tauchgängen und Schnorchelausflügen oder Angelfahrten

Ein vom Wind gekrümmter Baum klammert sich an die Klippen bei Tabarka, der alten römischen Handelsstadt phönizischen Ursprungs

kombiniert werden kann. Der kleine Archipel besteht aus sieben Inseln und liegt 60 km vom Hafen entfernt. Auf den Inseln sind Überreste römischer Grabanlagen zu besichtigen; mit etwas Glück bekommt man auch einige der seltenen Mönchsrobben beim Sonnenbaden auf den Felsen zu Gesicht.

Am alten Hafen stehen **Les Aiguilles** (Nadeln) – eine verwitterte Felsengruppe. Gegenüber erhebt sich die Lomellini-Burg, so benannt nach einer Adelsfamilie aus Genua, die in Tabarka herrschte und die Festung um 1540 errichten ließ, nachdem ihnen der Korsar Barbarossa (► 14) den Ort überlassen hatte.

Die Konzerte während der Sommerfestivals finden größtenteils im Amphitheter vor der **Basilique** statt. Diese beeindruckende römische Zisterne wurde Ende des 19. Jahrhunderts zu

einer Kirche umgebaut. An der Avenue Habib Bourguiba liegen einige Spitzenhotels und mehrere Strandrestaurants. Tabarka bietet zudem Möglichkeiten für Trekkingtouren in den Kroumirie-Bergen und Reitausflüge sowie organisierte Wildschweinjagden in den Korkeichenwäldern an.

KLEINE PAUSE

Die Marina am Porto Corallo ist ein idealer Ort für ein Mittag- oder Abendessen. Unter den vielen guten Restaurants ist **Le Pirate** (► 84) besonders zu empfehlen. Genießen Sie den Sonnenuntergang über dem Hafen und der Festung bei einem köstlichen Fischgericht.

✚ 180 A4
✉ 170 km westlich von Tunis
🚌 bis zu 9 Busse tägl. nach Tunis ab den Stationen der SNTRI, 12 rue de Peuple
✈ Tabarka Airport, 14 km östlich der Stadt
ℹ avenue 7 Novembre 1987 ☎ (78) 67 35 55

Club Nautique Municipal
✉ Eingang Alter Hafen
☎ (78) 67 14 78

Loisirs de Tabarka
✉ Nordquai des Hafens
☎ (78) 67 06 64; www.loisirsdetabarka.com

Pferdereiten in Ranch Golf de Beach
✉ Zone Touristique ✉ (78) 82 41 44

TABARKA: INSIDER-INFO

Top-Tipp: Tabarka ist für seine **Musikfestivals im Sommer** bekannt, insbesondere das Jazz Festival in der zweiten Juliwoche (www.tabarkajazz.com), dem sich ab Mitte August das Latinos Festival, das World Music Festival und schließlich das Raï Festival anschließen. Buchen Sie rechtzeitig eine Unterkunft.

③ Bulla Regia

Die Einwohner von Bulla Regia, einer phönizischen, numidischen und später römischen Stadt, konnten sich in ihren unterirdischen Villen der sengenden Hitze im Sommer entziehen.
Und endlich einmal muss sich der Besucher nicht mit bloßen
Säulen- und Steinruinen zufriedengeben, denn die Wohnhäuser sind gut erhalten. Und obwohl die meisten Mosaiken heute
im Musée du Bardo in Tunis (▶ 60) aufbewahrt werden, findet
sich ein kleiner Teil doch noch an seinem ursprünglichen Ort.

Phönizier, Numiden und Römer

Bulla Regia wurde seit der Jungsteinzeit bewohnt; ab dem
3. Jahrhundert v. Chr. siedelten die Karthager in dieser Stadt,
deren fruchtbares Mejerda-Tal sie zum Anbau von Getreide
nutzten. 152 v. Chr. trat die numidische König Massinissa das
Erbe seiner Vorfahren an. Nach seinem Ableben wurde Bulla Regia Hauptstadt eines der drei kleinen numidischen Königreiche.
Im 2. Jahrhundert n. Chr. fiel die Stadt in die Hände von Kaiser
Hadrian. Der Einfall der Arabar fünf Jahrhunderte später bedeutete schließlich den Niedergang des Römischen Reiches.

Der Anbau von Getreide und Oliven brachte der einst phöni-
zischen Stadt großen Reichtum ein; in römischer Zeit war Bulla
Regia sogar eine der wohlhabendsten Städte der Provinz Africa.
Römische Händler ließen sich prachtvolle Villen mit kostbaren
Mosaiken errichten, die zu den schönsten des Landes zählen.

Unterirdische Villen

Als architektonische Besonderheit der Stadt gilt die Errichtung
unterirdischer römischer Villen. Dabei waren die Obergeschosse
ebenerdig errichtet, die Untergeschosse in die Erde versenkt
worden, wodurch die Bewohner vor allem in den heißen
Sommermonaten über angenehm kühle Räume
verfügten. Positiver Effekt für die

Säulen aus
hohlen Ton-
röhren stützten
einstmals die
Gewölbe im
Haus der Jagd

Nachwelt: Ein großer Teil der Villen ist erhalten geblieben, und Besucher können heute noch die Grundrisse sehen sowie vollständige Räume der Untergeschosse besichtigen.

Unter den freigelegten Villen ist das **Maison de la Pêche** (Haus des Fisches) das älteste Gebäude; ihren Namen erhielt die Villa von einem darin gefundenen Mosaik, das Fischer zeigt. Das **Maison du Trésor** (Schatzhaus) weist ein gut erhaltenes Untergeschoss mit kleinen, überwölbten Räumen auf. Ebenso gut erhalten ist das **Maison de la Chasse** (Jagdhaus) mit intakten Mosaikfußböden sowie zwei Innenhöfen mit angrenzenden Wohnräumen. Das ebenfalls sehenswerte **Maison d'Amphitrite** (Haus der Amphitrite) ist nach der griechischen Meeresgöttin und anderen mythologischen Gestalten benannt, die auf seinen Mosaiken dargestellt sind.

Sitzreihen des zwischen 160 und 180 n. Chr. erbauten Theaters

Thermen der Julia Memmia

Nahe dem Eingang der Ausgrabungsstätte liegen gut erhaltene Thermen, die zwischen 220 und 240 n. Chr. erbaut worden sind. Benannt wurden sie nach einer Inschrift, in der die mutmaßliche Stifterin, die »die Thermen zum Wohle der Stadt und ihrer Bürger gefördert« habe, lobend erwähnt wird.

KLEINE PAUSE
Gute Cafés und Restaurants gibt es im nächstgelegenen Ort Jendouba, 7 km südlich von Bulla Regia.

✚ 180 A3 ✉ 7 km nördlich von Jendouba, 60 km südlich von Tabarka
☎ (78) 63 05 54 🕐 tägl. 8–19 Uhr (im Winter Di–So 8.30–17.30 Uhr)
💶 preiswert 🚌 nach Jendouba von Tunis oder Bizerte, weiter per (Sammel-)Taxi

---

BULLA REGIA: INSIDER-INFO

Top-Tipp: Auf dem Ausgrabungsgelände gibt es ein kleines Café, ansonsten **wenig Schatten**. Es empfiehlt sich, Kopfbedeckungen und ausreichend Wasser zu den Ausgrabungsstätten mitzubringen.
• Planen Sie eine Besichtigung entweder am frühen Morgen oder späten Nachmittag ein, um die **Mittagssonne** zu vermeiden.

Außerdem: Eine Auswahl kunstvoller Statuen aus den Isis- und Apollotempeln und einige der kostbarsten Mosaiken der Ausgrabungsstätte zeigt heute das **Musée du Bardo** (▶ 60).

Nach Lust und Laune!

4 Utique (Utica)

Die einstige Handelsstadt ist die älteste phönizische Siedlung an der nordafrikanischen Küste und war zu damaligen Zeiten fast so bedeutend wie Karthago.

In römischer Zeit begann die Mündung des Medjerda zu verlanden, Hafen und Teile der Stadt versanken im Flussschlamm. Archäologen haben inzwischen Teile der römischen Stadt 3 km außerhalb der modernen Stadt freigelegt: Besucher können nun monumentale Thermen, gepflasterte Straßen und die Fundamente von Villen vermutlich wohlhabender römischer Bürger besichtigen. Unter diesen ist vor allem die Maison de la Cascade (Haus des Wasserfalls) zu nennen, dessen Name auf zwei Springbrunnen zurückgeht, die einst den Innenhof der Villa schmückten.

Ein kleines Museum zeigt Ausgrabungsfunde aus dem 8. Jahrhundert v. Chr. Unter den Exponaten sind Steinsarkophage, Amulette aus bemalten Schalen von Straußeneiern und Keramiken aus Griechenland und Italien. Ein weiterer Raum ist römischen Funden wie Statuen, Tongefäßen, Mosaikfragmenten und Inschriften gewidmet. Im Garten befindet

Ausgrabungen der Großen Thermen in Utica

sich ein mit einem Mosaik geschmücktes Wasserbecken.

🏛 181 D4 ✉ 30 km südöstlich von Bizerte 🕐 Di–So 8–18 Uhr (im Winter 8.30–17.30 Uhr) 💰 preiswert 🚌 regelmäßige Busverbindungen zwischen Tunis und Bizerte

5 Raf Raf Plage

Östlich von Bizerte liegt in einer abgelegenen Bucht die Plage Raf Raf, ein unberührter, feinsandiger halbmondförmiger Strand am Fuß des Berges Djebel Nadour und in Nachbarschaft eines Dorfes mit weiß gekalkten Häusern. Vor der Bucht erhebt sich die kleine Felseninsel Pilau, ein ideales Revier zum Schnorcheln und Fischen. Der Strand, an dem sich mehrere Restaurants befinden, wird von Schatten spendenden Kiefern gesäumt. Außer Sonne, Sand und Meer hält die Umgebung aber auch einen geschichtsträchtigen Ort bereit: im benachbarten Ghar el-Melh (»Salzhöhle«) landeten 1535 die Armeen Karls V. und brachen von hier zur Eroberung von Tunis auf. Der Ort wurde später zu einem Piratennest, das 1654 vom englischen Admiral Robert Blake angegriffen wurde (▶ 13).

181 D5 ✉ 38 km östlich von Bizerte
🚌 *Louages* von Bizerte nach Ras Jebel,
weitere 6 km mit dem Taxi

6 Rass Sidi Ali el-Mekki

Der Strand von Sidi Ali el-Mekki liegt
auf einer Landzunge am Übergang
vom Mittelmeer zum Golf von Tunis.
Der wenig besuchte Ort strahlt Ruhe
aus, es gibt ein Café und einige stroh-
gedeckte Unterkünfte.

Im Innern eines nahe gelegenen
Berges wurde Sidi Ali el-Mekki, ein
muslimischer Heiliger, beerdigt. Die
Öffnungen der zahlreichen Eingänge
sind an den Berghängen gut zu erkennen, Nichtmuslime haben jedoch
keinen Zutritt. Von einer oberhalb
liegenden Terrasse aus genießt man
einen schönen Weitblick.

181 D5 ✉ 44 km östlich von Bizerte

7 Rass Engelah

Der Ort am nördlichsten Punkt des
afrikanischen Kontinents befindet
sich westlich von Bizerte und nördlich von Cap Blanc; sein Wahrzeichen
ist ein schöner Leuchtturm in maurischem Stil. Im benachbarten Bechateur, einige Kilometer landeinwärts
gelegen, sind schon von Weitem die
auf einem Hügel liegenden, bisher
jedoch nicht freigelegten römischen
Ruinen erkennbar.

180 C5 ✉ 6 km von Bizerte

8 Aïn Draham

Rund um den in einer Berglandschaft
liegenden Kurort unweit der algerischen Grenze finden sich schöne Kork-
eichen- und Kiefernwälder. Wie in Ta-

Fischerboot am einsamen Strand von
Raf Raf, östlichen von Bizerte

barka findet man auch hier viele Gele-
genheiten zum Bergwandern und Jagen.
Von Tabarka führt eine Straße in südlicher Richtung durch das landschaftlich
reizvolle Tal des Oued el-Kebir zum
Bergstädtchen hinauf. Die Bewohner
der Chalets genießen das angenehm
kühle Klima. Von den Gipfeln des
Djebel Bir (»Quellenberg«) und vom
Col des Ruines öffnet sich ein weiter
Blick über die umliegenden Wälder.

180 A4 ✉ 20 km südlich von Tabarka
🚌 ab Bizerte, Tabarka, Tunis und Le Kef

9 Chemtou

Die Ausgrabungsgelände von Chemtou und Thuburnica liegen westlich
von Bulla Regia. Chemtou (ursprünglich Simitthus) wurde im 1. Jahrhundert vom römischen Kaiser Augustus
gegründet. In der antiken Stadt gab es
den größten Marmorsteinbruch Nordafrikas; der regionale gelbe Marmor,
der wegen seiner durch Eisenoxid ver-
ursachten unterschiedlichen Färbung
sehr begehrt war, machte den Ort
berühmt und wohlhabend.

Südlich der drei umliegenden Steinbrüche befindet sich ein archäologisches Museum mit Ausgrabungsfun-
den, darunter einen die vier Jahreszeiten darstellenden Mosaikfußboden
und die für den Marmorabbau notwendigen Werkzeuge. Ergänzend wird
auf Nachfrage ein Film (in sechs Sprachen verfügbar) gezeigt. Unweit einer
prachtvoll erhaltenen Römerbrücke,
die in 10 m Höhe einen Fluss über-
spannt, sind auch Überreste eines Forums, Mausoleums, einer Straße und
von Tempeln aus jener Zeit erhalten.

180 A3 ✉ 16 km westlich von Bulla
Regia, Straße 59 🕐 tägl. 8–19 Uhr (im
Winter 8.30–17.30 Uhr 💰 preiswert

⑩ Béja

Béja liegt in die nörd-
lichen Hänge des
Medjerda-Tals einge-
bettet. Ein arabischer
Geograf bezeichnete
im 11. Jahrhundert
die Region um Béja
als »Kornkammer
von Tunis«, die durch
das milde, feuchte
Klima der Küsten-
ebene so fruchtbar
ist. Während der
Eroberungszüge der
Vandalen wurde die
von den Phöniziern
Vacca genannte Siedlung im 5. Jahrhundert geplündert und später von
den Byzantinern neu aufgebaut.

**Herrliche Wälder bedecken die Berghänge
rund um das Bergdorf Aïn Draham**

Von einer an einem steilen Hang liegenden Festung aus dem 7. Jahrhundert sind die Außenmauern erhalten,
auch die alten Gebäude der Medina
überstanden die Wirren der Geschichte. Zur Zeit der Osmanenherrschaft
erlebte die Stadt als administratives
wie militärisches Zentrum der Region
eine Blütezeit. Aus der französischen
Kolonialzeit stammt eine Kirche mit
weiß gekalkten Wänden, roten
Dächern und einem hübschen Turm.

Noch immer lebt die Stadt von der
Landwirtschaft. Die Rue Kheireddine
ist die Hauptgeschäftsstraße; an der
Place Abdel Kader finden sich eine
Reihe angenehm schattiger Cafés.
Ferner können Sie in der Medina die
Große Mosche und mehrere Zaouias
(Mausloeen) besichtigen oder durch
die Einkaufsstraßen schlendern. Gläu-
bige pilgern zum Grabmal eines Hei-
ligen (*marabout*) an der Hauptstraße.

✚ 180 B4   ✉ 110 km westlich von Tunis
🚌 regelmäßig Busse ab Tunis, Bizerte
🚆 täglich 7 Züge hin und zurück ab Tunis

Einkaufsbummel auf Béjas Hauptstraße

Wohin zum ... Übernachten?

Preise
Für ein Doppelzimmer gelten folgende Preise:
€ unter 80 TD   €€ 80–160 TD   €€€ über 160 TD

Außerhalb von Bizerte und Tabarka sind die Übernachtungsmöglichkeiten im Norden des Landes begrenzt. Bei einem Ausflug nach Bulla Regia sollten Sie genügend Zeit für eine Rückkreise nach Aïn Draham oder Tabarka einplanen. Im Notfall findet man im 9 km weiter südlich gelegenen Jendouba einige schlichte Hotels.

AÏN DRAHAM

Hotel Nour el-Aïn €€

In der Jagdsaison ist das schon gelegene Hotel von Jägern belegt. Doch nicht nur für Jäger, sondern auch für Wanderer liegt das Hotel günstig in den Bergen der Kroumirie. Das Hotel verfügt über 60 Zimmer, ein Restaurant, einen überdachten (im Winter beheizten) Swimmingpool, einen hammam und ein Fitnesscenter.

☐ 180 A4 ☒ Col des Ruines,
2 km nördlich von Aïn Draham,
☎ (78) 65 50 00; Fax (78) 65 51 85

BÉJA

Le Phénix €

Kleines Hotel mit 14 sauberen Zimmern – jeweils separatem Bad, großen Fenstern, bequemen Betten und Balkon mit Blick auf die Straße. Das Restaurant ist mit Abstand das beste der Stadt, das sowohl tunesische als auch internationale Gerichte serviert.

☐ 180 B4 ☒ 6–8 avenue de la République ☎ (78) 45 01 88;
www.phenix.com.tn

BIZERTE

Bizerta Resort €€€

An der Corniche, der Strandpromenade von Bizerte, bilden mehrere Hotels eine *zone touristique*. Das auffallendste und beste Hotel ist das komfortable Strandhotel Bizerta Resort mit 100 Zimmern und Suiten (zum Teil mit Meerblick), einem schönen Gartencafé und innen und außen liegenden Swimmingpools.

☐ 181 D5 ☒ route de la Corniche ☎ (72) 43 69 66; Fax (72) 42 29 55;
E-Mail: hbizerta@gnet.tn

Hotel de la Plage €

Dieses schlichte, aber freundliche Hotel bietet seinen Gästen eine preisgünstige Unterkunft in 20 makellosen Zimmern mit blitzblanken Badezimmern. Blaue, weiße und türkise Farbelemente prägen das Dekor. Aufgrund der zentralen Lage müssen Sie in den Zimmern zur Straße hinaus mit entsprechend viel Lärm rechnen. Das Preis-Leistungs-Verhältnis ist ausgezeichnet und das Personal reizend.

☐ 181 D5 ☒ 34 rue du Martyr Mohammed Rejiba, Innenstadt ☎ (72) 43 65 10; Fax (72) 42 01 61

Le Petit Mousse €-€€

Das reizende, altmodische Hotel – in wohltuendem Kontrast zu den großen Hotels der Stadt – besitzt zwölf Zimmer und ist vom Strand nur durch eine Straße getrennt. Die gepflegten Zimmer verfügen über einen Balkon mit Meerblick, im Sommer kann der Straßenlärm allerdings eine Beeinträchtigung sein. Das Restaurant auf der angenehm luftigen Terrasse hat tunesische und internationale Fischgerichte zur Auswahl und eignet sich immer für eine gemütliche Mittagspause. Die Mitarbeiter sind nicht nur zuvorkommend, sondern arbeiten auch flott. Nicht zuletzt deshalb ist Le Petit Mousse sehr beliebt und erfordert eine frühzeitige Reservierung.

📍 181 D5 ⊠ route de la Corniche, 6 km nördlich der Stadt
☎ (72) 43 21 85; Fax (72) 44 88 71

Sidi Salem €€

In idealer Lage zwischen Strand und Stadt gelegen, befindet sich das Hotel nur 200 m von der Kasbah entfernt. Leider schnellen die Zimmerpreise im Sommer in die Höhe, sodass ein Zimmer häufig mehr als doppelt so teuer ist wie zu anderen Zeiten des Jahres. Zu den Annehmlichkeiten gehören ein schöner Swimmingpool, mehrere Tennisplätze und eine Diskothek (an Wochenenden).

📍 181 D5 ⊠ avenue Hedi Nouria, Sidi Salem Beach ☎ (72) 42 03 65; www.hotel-sidisalem.com

RAF RAF PLAGE

Dalia €

Das kleine komfortable Hotel ist zugleich das einzige am Ort. Es liegt in Strandnähe und besitzt ein eigenes Restaurant, das einen ausgezeichneten türkischen Kaffee serviert. Das Dalia ist die richtige Adresse für alle, die eine ruhige Umgebung suchen.

📍 181 D5 ⊠ an der Uferstraße road
☎ (72) 44 16 88

TABARKA

Dar Ismaïl €€€

Das Ismaïl ist ein schicker und luxuriöser Hotelkomplex in maurischem Stil mit reichlich rosafarbenen Akzenten. Die 225 klimatisierten Zimmer bieten Satellitenfernsehen, Minibar, Safe sowie traumhafte Ausblicke aufs Meer oder die Kiefernbäume und den Swimmingpool im Garten. Weitere Annehmlichkeiten sind mehrere Bars und Restaurants sowie ein langer weißer Sandstrand.

📍 180 A4 ⊠ Zone Touristique ☎ (78) 67 01 88; www.hoteldarismail.com

Hôtel de la Plage €

Das moderne, komfortable Stadthotel, gegenüber dem neuen Appartement-haus am Hafen, ist sehr einladend. Die oberen Zimmer – ohne Fahrstuhl – sind einfach, aber freundlich und haben kleine Balkons mit Blick auf den alten Hafen und die Genueser Burg.

📍 180 A4 ⊠ 11 avenue 7 Novembre 1987 ☎ (78) 67 00 39

Les Mimosas €€

Das Hotel auf einer Anhöhe außerhalb der Stadt bietet einen schönen Weitblick über die Bucht und den Hafen. Das Haus mit 80 Zimmern bietet eine freundliche Atmosphäre und einen runden, von Kiefern beschatteten Pool, einen Tennisplatz sowie ein gutes Restaurant.

📍 180 A4 ⊠ bei der Abzweigung nach Aïn Draham, Straße nach Bizerte ☎ (78) 67 30 18; www.hotel-les-mimosas.com

Méhari Tabarka €€€

Das Méhari ist eine weitere riesige und luxuriöse Hotelanlage in der zone touristique von Tabarka, in der die Gäste einen unvergleichlichen Komfort genießen. Dieser umfasst ein Balneotherapeutisches Zentrum mit Heilbädern, Wassermassagen und einem hammam sowie innen und außen liegenden Swimmingpools. Alle Zimmer sind mit Satellitenfernsehen und Klimaanlage ausgestattet.

📍 180 A4 ⊠ Route Touristique, 3 km östlich von Tabarka
☎ (78) 67 01 84; Fax (78) 673943; www.goldenyasmin.com

Royal Golf €€€

Die Hotelanlage, eine der besten Adressen für Pauschalreisende, liegt inmitten eines schönen Waldes; der Strand ist nur 300 m entfernt. Alle Zimmer und Suiten verfügen über Satellitenfernsehen, Klimaanlage und Balkon. Zu weiteren Annehmlichkeiten gehört der Zugang zu einem vorzüglichen 18-Loch-Golfplatz, der sich größtenteils durch das Waldgebiet schlängelt. Das große Sportangebot – u.a. Tiefseetauchen, Segeln, Windsurfen – hebt das Hotel von anderen Unterkünften der zone touristique ab.

📍 180 A4 ⊠ Zone Touristique
☎ (78) 67 38 99; Fax (78) 67 38 38; www.royal-golf-tunisia.com

Wohin zum ...
Essen und Trinken?

Preise

Die Preise gelten pro Person für ein Drei-Gänge-Menü (ohne Getränke und Service):

€ unter 15 TD   €€ 15–30 TD   €€€ über 30 TD

In den Restaurants in Tabarka und Bizerte ist man auf die Essensgewohnheiten der ausländischen Gäste eingestellt, was man in den übrigen Gegenden Nordtunesiens nicht unbedingt erwarten darf. An der langen Corniche von Bizerte gibt es viele empfehlenswerte Speiselokale, doch Le Sport Nautique ist eines der besten Restaurants außerhalb der zones touristiques schenken in der Regel keinen Alkohol aus.

AÏN DRAHAM

Beauséjour Hotel €€

Das Beauséjour Hotel war einst für Gerichte wie marcassin – also Frischlinge vom Wildschwein – berühmt; heutzutage findet man allerdings auf der Speisekarte weniger ausgefallene und exotische Gaumenfreuden. Zu den herausragenden Gerichten der Tageskarte zählt mloukhia, ein Gericht mit Lamm- oder Rindfleisch, gekocht mit den Blättern der spinatähnlichen Moukhia-Pflanze. Mit etwas Glück findet sich während der Jagdsaison auch Wildschwein auf der Speisekarte. Sie müssen allerdings schon danach fragen. Zum Restaurant gehören zwei Bars. In einer Bar treffen sich fast nur Einheimische, doch Gäste sind trotzdem willkommen.

📍 180 A4 ⊠ avenue Habib Bourguiba (Stadtzentrum) ☎ (78) 65 53 63 🕐 tägl. 11–14.30, 17–23 Uhr

BIZERTE

L'Eden €€

Das auch bei Einheimischen beliebte Restaurant bietet an Samstagabenden ausgelassene musikalische Unterhaltungsprogramme – Ruhesuchende sollten das Lokal zu solchen Zeiten meiden. In den Sommermonaten werden die Speisen auf einer schönen, mit Blumen geschmückten Terrasse serviert, in der übrigen Zeit des Jahres im Speisesaal. Spezialität des Hauses sind frische Meeresfrüchte, insbesondere Scampi.

📍 181 D5 ⊠ route de la Corniche, 4 km außerhalb des Ortes, gegenüber dem Hotel Corniche ☎ (72) 43 90 23 🕐 tägl. 11–14.30, 18–23 Uhr

Le Petit Mousse €€

Die meisten empfehlenswerten Restaurants liegen außerhalb von Bizerte an der Route de la Corniche; das Le Petit Mousse genießt den Ruf, das beste von allen zu sein. Im Speisesaal des oberen Stockwerks wird eine große Vielfalt französischer Gerichte serviert. In den Sommermonaten wird auf der Gartenterrasse hervorragender Fisch, den Sie unbedingt kosten sollten, und Fleisch gegrillt. Auch Kebab steht auf der Karte und die Weinauswahl ist beachtlich.

📍 181 D5 ⊠ route de la Corniche, 6 km nördlich der Stadt ☎ (72) 43 21 85 🕐 tägl. 11–14.30, 17.30–23 Uhr

Le Sport Nautique €€€

Das Restaurant zählt zu den besten der Stadt und wird regelmäßig von mehreren französischen Gourmetzeitschriften gelobt. In Nachbarschaft des Club Nautique und mit Blick auf den bezaubernden Hafen liegt es sehr schön. Zur Mittagszeit geht es rund um den Kanal und den Hafen besonders lebhaft zu. Berühmte Spezialitäten des Hauses sind Fisch-Couscous wie auch andere exzellente Fischgerichte. Der morgendliche Fang kommt schon mittags auf den Tisch.

181 D5 quai Tarek ibn-Ziad, Port de Plaisance (72) 43 22 62 tägl. 11–15, 18–23 Uhr

Restaurant du Bonheur €€

Die exzellenten Fischspezialitäten des Hauses – z.B. rote Meeräsche (*rouget*) – sind berühmt; ganzer Stolz des Hauses (mit Alkoholausschanklizenz) aber sind die vielen Couscous-Variationen. Ein Speisebereich des Restaurants ist klimatisiert und an heißen Tagen gut frequentiert.

181 D5 31 rue Thaalbi (72) 43 10 47 Mo–Sa 11–15, 18–23 Uhr. So nur mittags geöffnet; Ramadan geschl.

TABARKA

Andalous €

Viele Mittelklassehotels bieten gute Mittagstische in ihren Restaurants an, so auch das Andalous mit einem reichhaltigen und guten Dreigänge-Menü und Alkoholausschanklizenz. Probieren Sie den *Loup de mer* (Seewolf), Lammkoteletts oder *mirmiz* (Eintopf mit Hammelfleisch).

180 A4 Andalous Hotel, avenue Habib Bourguiba (78) 67 06 00 tägl. 11–15, 18–22.30 Uhr

Les Aiguilles €

Das Restaurant im gleichnamigen Hotel befindet sich in einem schönen alten Kolonialbau. Auf der Karte stehen verschiedene tunesische Spezialitäten wie *chakchouka* (Gemüsesuppe) und fangfrische Meerestiere. Man speist wahlweise in einem schön eingerichteten Saal oder auf einer Terrasse.

180 A4 18 avenue Habib Bourguiba (78) 67 37 89 tägl. 10.30–14, 17–22 Uhr

Les Mimosas €

Das Hotelrestaurant befindet sich im gleichnamigen Hotel auf einer Anhöhe mit schönem Blick über die Bucht. Mittagsgäste haben Zutritt zum Swimmingpool. Die einfache regionale Küche ist nicht außergewöhnlich, doch der Blick über die Stadt und den Hafen ist mehr als eine Entschädigung. Wählen können Sie hauptsächlich aus regionalen Gerichten, manchmal stehen aber auch internationale Speisen wie *spaghetti aux fruits de mer* (Spaghetti mit Meeresfrüchten) auf der Karte.

180 A4 bei der Abzweigung nach Aïn Draham, Straße nach Bizerte (78) 67 30 18; Fax (78) 67 32 76 tägl. 11–14.30, 18–23 Uhr

Le Pirate €€

In der Hafengegend um Porto Corallo serviert Le Pirate eine Auswahl guter Fischspezialitäten und einen köstlichen, omelettartigen *chakchouka*. Die reichhaltige Auswahl an fangfrischem Fisch überrascht in der Hafenstadt Tabarka nicht, eher schon die gute Auswahl an Weinen.

180 A4 Porto Corallo Complex (78) 67 00 61 tägl. 11–14.30, 17.30–23.30 Uhr

Touta €€

Das Touta (mit Alkoholausschank) gehört ebenfalls zu den erstklassigen Hafenrestaurants mit einem Speisesaal im oberen Stockwerk sowie einer Terrasse. Von dieser genießt man einen schönen Blick über den Hafen und die Genueser Burg. Der Schwerpunkt der Karte liegt bei Fischspezialitäten. Einige Gerichte wie die *Crevettes royales* sind recht teuer. Je nachdem, welches Fischerboot morgens angelegt hat, werden gelegentlich auch frische Austern angeboten. Wer den Bewohnern aus dem Meer nicht ganz so zugeneigt ist, der kann sich auf ein solides Rindersteak mit Pommes Frites freuen.

180 A4 Porto Corallo Marina (78) 67 10 18 tägl. 11.30 bis 1 Uhr; Ramadan geschl.

Wohin zum ...
Einkaufen?

SOUKS

Der erste Weg eines Tunesienreisenden führt selbstverständlich zum örtlichen **Souk** mit einer großen Auswahl regionaler Handwerkserzeugnisse. Die malerische Umgebung, die an vergangene Jahrhunderte erinnert, und die eindringlichen Aromen der Gewürz- und Parfummärkte machen den Besuch immer wieder zu einem besonderen Erlebnis.

Wer wenig Muße und Neigung zum Feilschen hat, sollte ein Geschäft der staatlichen Offices Nationales de l'Artisanat Tunisien (ONAT) oder der Société de Commercialisation des Produits de l'Artisanats (SOCOPA) besuchen, in denen alle Artikel zu Festpreisen verkauft wer-

den. In Nordtunesien finden sich die meisten dieser Geschäfte in Bizerte.

Generell bietet **Bizerte**, die größte Stadt Nordtunesiens, die besten Einkaufsmöglichkeiten. Ein Geschäft der **ONAT** (Tel. 72 43 10 91) befindet sich nicht weit vom Alten Hafen und der Place Bouchoucha neben dem ONTT-Büro. Moderne Konsumgüter von Designerkleidung bis Fotoausrüstungen findet man rund um die Rue Ibn Khaldoun und die Rue 1 Juin 1955 in der **Ville Nouvelle**.

Das Angebot des **zentralen Marktes** an der Rue 2 Mars 1934 und der Avenue Taïeb Mehiri reicht von Gewürzen und Gemüsen bis hin zu T-Shirts und Jeans. Ebenfalls an der Rue 2 Mars 1934 findet man einen **Monoprix-Supermarkt**, die beste Bezugsquelle für importierte Lebensmittel und Weine. In der Medina und in Nachbarschaft der großen Kasbah gibt es einige Souvenirläden. Abschließend sei auf den **Fisch-** und den **Hafenmarkt** an der Place Bouchoucha hingewiesen, deren Atmosphäre allein schon ein Erlebnis

ist, und den jeden Dienstag abgehaltenen Markt gegenüber der Kasbah. **Tabarka** bietet ein bedeutend bescheideneres Einkaufsangebot als Bizerte. Der **zentrale Markt** befindet sich bei der Kreuzung Avenue Habib Bourguiba/Rue Farhad Hached. An der Kreuzung Avenue Habib Bourguiba/Avenue d'Algérie verkauft ein großer Supermarkt importierte Weine und Delikatessen. Einen **Monoprix-Supermarkt** mit ähnlichem Sortiment findet man an der Avenue 7 Novembre 1987. Mehrere Geschäfte in Tabarka, der »Hauptstadt der Korallenküste«, verkaufen Korallenschmuck, doch steht die in der Region beheimatete rote Koralle unter Artenschutz, da die Korallenriffe unter den zerstörerischen Abbaumethoden leiden. Als Alternative zu Korallen bieten sich die Holzschnitzereien der Region, Tierfiguren und Bruyèrepfeifen, als schöne Mitbringsel an. Außerhalb von Tabarka entlang der Straße Richtung Aïn Draham findet man diverse Souvenirläden, die Produkte

aus Kork verkaufen. Ebenfalls zwischen Tabarka und Aïn Draham findet wöchentlich von Donnerstagnachmittag bis Freitagmorgen ein weiterer Markt statt.

Aïn Draham ist ein bekanntes Zentrum der Teppichknüpfkunst und Kelimweberei. Im **Les Tapis de Kroumirie** (rue Abou el-Kacem Echebbi; Freitag- und Samstagnachmittag geschl.), über dem Ministère des Affaires Sociales, werden die edlen Erzeugnisse zu festen, aber nicht überhöhten Preisen angeboten. Wer sich für das Handwerk der Teppichweberei interessiert, kann bei der Herstellung von Teppichen an etwa zehn Webstühlen zuschauen, vielleicht sogar bei der Entstehung seines eigenen Teppichs.

Auf dem **Souk el-Nehasach** in **Beja** wird mit vielfältigen regionalen Handwerksprodukten gehandelt, vor allem mit den bekannten von Hand gewebten Wolldecken der Region.

Empfehlenswert ist ein Besuch des Wochenmarktes der Stadt, der jeden Dienstag abgehalten wird.

Wohin zum ...
Ausgehen?

NACHTLEBEN

Nachtclubs sind in Nordtunesien selten zu finden. Diese Art der Unterhaltung wird man eher in den internationalen Hotels antreffen. In Bizerte gibt es allerdings einen Nachtclub im Hotel **Corniche**, etwa 4 km außerhalb der Stadt an der Route de la Corniche (Tel. 72 43 18 31). Im **Restaurant l'Eden**, ebenfalls an der Route de la Corniche in Bizerte, wird an Samstagabenden das Essen von musikalischen Darbietungen regionaler Künstler begleitet.

SPORT UND FREIZEIT

Der **Golfclub von Tabarka** (Tel. 78 67 10 31; www.tabarkagolf.com; in der *zone touristique*) besitzt einen 18-Loch-Platz, der Besuchern gegen ein

Eintrittsgeld von 60 TD einschließlich aller Gebühren zugänglich ist. **Windsurfen, Tauchen** und **Schnorcheln** sind beliebte Wassersportarten in Tabarka. Hier wie auch in Bizerte finden sich Yachthäfen. **Loisirs de Tabarka** (rue Ali Zouaoui; Tel. 78 67 06 64; www.loisirsdetabarka.com) an der Marina von Tabarka organisiert Tauchkurse und verschiedene Ausflüge von Tabarka aus, die ein Barbecue am Strand mit einschließen. Das **Mehari Diving Center** (Hotel Méhari; *zone touristique*; Tel. 78 67 31 36; www.meharidivingcenter.com) bietet ebenfalls Tauchlehrgänge und verleiht Tauchausrüstung. Auch kann in einigen der großen Strandhotels in der *zone touristique* an einem solchen Lehrgang teilgenommen werden.

Der **Pferdesport** gewinnt in der bergigen Region um Tabarka zunehmend an Beliebtheit. Das **Ranch Golf de Beach** (Tel. 98 82 41 44) in der *zone touristique* bietet Ausritte an, dabei kann man zwischen einem zweistündigen Ausritt oder einem Ausflug mit Übernachtung (ab sechs Personen) in die bewaldeten Ausläufer der Kroumirie wählen.

In den Bergen um Ain Draham und Tabarka wird zwischen Dezember und Februar die Jagd auf Wildschweine freigegeben. **Jagdausflüge** organisieren verschiedene Hotels in Ain Draham, u. a. das **Hotel les Chênes** (Tel. 78 65 52 11, Fax 78 65 53 15) und das **Hotel Royal Rihana** (**Ain Draham** Tel. 78 65 53 91, Fax 78 65 53 96; www.royalrihana-hotel.com). Alternative kann man auch über einen heimischen Reiseveranstalter zu buchen.

Trekking wird in den Bergen um Ain Draham zunehmend beliebter. Wer eine ausgedehnte Trekkingtour plant, sollte dies nur in Begleitung eines ortskundigen Führers tun, da es kaum verlässliche Wanderkarten gibt und auch Wildschweine eine Gefahr

darstellen können. Solche Touren, aber auch Pferdeausritte und Mountainbiketouren organisiert z. B. das Hotel Royal Rihana (s. o.) inkl. Übernachtung in Hotels oder Berberzelten. Der **Nationalpark Lac Ichkeul** (▶ 162) bei Bizerte ist ein Paradies für Vögel und **Vogelfreunde**. 1980 wurde das Gebiet von der UNESCO zum Weltnaturerbe erklärt.

FESTIVALS

In Tabarka findet jährlich das **internationale Jazzfestival** (Juli) statt. Nähere Infos erteilt das örtliche ONTT-Büro (Boulevard 7 Novembre; Tel. 78 67 14 91; www.tabarkajazz.com).

Die Stadt Testour, 75 km südwestlich von Tunis, wurde im frühen 17. Jahrhundert von andalusischen Glaubensflüchtlingen gegründet, die eine bis heute lebendige Seiden- und Keramiktradition begründeten. In der Stadt findet alljährlich im Juli das **Maalouf-Festival** mit traditioneller andalusischer und arabischer Musik statt.

Cap Bon und der Sahel

Erste Orientierung

Cap Bon ist die nördliche Spitze der von schroffen Kalkfelsen gesäumten Halbinsel, die wie ein Finger ins Mittelmeer Richtung Sizilien weist. Zu den größeren Siedlungen zählen Nabeul – Zentrum einer alten Keramik- und Handwerkstradition –, die kleine Hafenstadt Kelibia und das einstige Fischerdorf Hammamet, das sich zu einem der bekanntesten Ferienorte Tunesiens entwickelt hat. Von dort bis zum Golf von Gabès erstreckt sich der Küstenstreifen Sahel, dessen Landschaftsbild Olivenhaine und historische Hafenstädte wie Sousse und Sfax domonieren.

Der fruchtbare Boden und das mediterrane Klima der Region fördern seit jeher das Wachstum von Zitrusfrüchten, Oliven, Weintrauben und Gemüse, darunter auch der kleinen roten Paprikaschoten, die als Zutat für die scharfe Würzpaste *harissa* unentbehrlich sind. Zu den Hauptsehenswürdigkeit der Halbinsel zählt Kerkouane mit einer gut erhaltenen phönizischen Stadtanlage von beachtlicher Größe. An der Küste liegen die Ferienorte Sousse, Monastir, Sfax sowie Mahdia, das in phönizischer wie auch osmanischer Zeit eine bedeutende Stadt war. Von Sfax aus besteht eine regelmäßige Fährverbindung zu den schönen Kerkennah-Inseln. Größte Sehenswürdigkeit im Landesinneren aber ist das römische Amphitheater von El Djem – eines der gewaltigsten Amphitheater der römischen Welt.

★ Nicht verpassen!

Nach Lust und Laune!

Vorhergehende Seite: Eine byzantinische Festung aus dem 6. Jahrhundert thront über dem Hafen von Kelibia

Links: Stoffkamele im Schatten des Ribat von Sousse

TUNIS

Golfe de
Tunis

Cap Bon

Rass el Ahmer

5 El Haouaria

Sidi Daoud

6 Kerkouane

Tazoghrane

Rass el Melah

Rass
Dourdass

7 Kelibia

Menzel
Temime

Lebna

Soliman

Menzel
Bouzelfa

Beni Khaled

Korba

Grombalia

Ksar
Erzit

8 Nabeul

9 Hammamet

Bou Ficha

Golfe de
Hammamet

Enfida

Hergla

Sidi Bou Ali

10 Port el Kantaoui

Kaala
Kebira

1 Sousse

Kaala
Sghira

2 Monastir

M'saken

Golfe de Monastir

Ksibet El Mediouni

El Onk

Ouerdanine

Jemmel

Rass Dimass

Mokhnine

Teboulba

Sebkhet
Sidi el Hani

Zeramdine

Sonk
Saydi

Cap Afrique

11 Mahdia

Bou
Merdés

Ksour Essaf

Sebkhet
Cherita

Souassi

3 El Djem

El Bradãa

Chorbane

Zelba

Chebba
Rass Kaboudia

Neffatia

Sebkhet
el Gherra

Melouleche

Bir
Tebeug

Dokhane

Rass Bou Tria

Jebiniana

Ksar Errih

El Amra

Mejen Drej

Menzel
Chaker

0   30 km
0   20 miles

El Aïn

Sidi Mansour

Agareb

4 Sfax

El Ataya

Sidi Abid

Sidi
Youssef

Ouled Kacem

12 Îles Kerkennah

Tyna

*Rass
Es-Semoun*

Châal

Mahrez

Auf der Küstenstraße nach Süden passiert man eine Reihe bekannter tunesischer Badeorte sowie einige der schönsten Strände des Landes. Besuchen Sie Sfax und Sousse, die nach Tunis größten Städte des Landes, und das Amphitheater von El Djem, in dem einst Gladiatoren um ihr Leben kämpften.

Cap Bon und Sahel in drei Tagen

Erster Tag

Vormittags

Von Tunis fahren Sie zunächst in südlicher und dann nordöstlicher Richtung auf der Route 26 die Nordseite der Halbinsel Cap Bon entlang. Erster Stopp ist das kleine Marktstädtchen Soliman mit dem gleichnamigen Strand. Nächster Halt an der Küstenstraße ist **5 El Haouaria** (▶ 100) an der nördlichsten Spitze der Landzunge, hier lohnt sich der Besuch eines antiken Steinbruchs (Grottes Romaines). Schon auf der Ostseite der Halbinsel liegt **6 Kerkouane** (▶ 100f) mit den ungewöhnlichen Resten einer punischen Stadtanlage und einem kleinen, aber interessanten Museum.

Nachmittags

Nach weiteren 9 km empfiehlt sich **7 Kelibia** (▶ 101) mit dem Restaurant El Mansoura (▶ 108) für eine Mittagspause. Ein Spaziergang führt Sie zum Fischerhafen und der alles beherrschenden byzantinischen Festung. Fahren Sie dann weiter nach **8 Nabeul** (▶ 101), einer Keramikerstadt mit langer Tradition und setzen Sie anschließend Ihre Fahrt nach **9 Hammamet** (▶ 102) fort.

Abends

Verbringen Sie die Nacht im lebhaften Hammamet. Von der Terasse des Cafés Sidi bou Hdid vor den Stadtmauern kann man wunderbar den Hafen und den Sonnenuntergang sehen. Nach einem Abendessen im exzellenten Chez Achour (▶ 107) bietet sich ein Uferspaziergang oder gar ein Besuch einer der Diskos entlang der Avenue Moncef Bey an.

Zweiter Tag

Vormittags

Besichtigen Sie die Villa Dar Sebastian mit
dem Centre Culturel International de Hammamet. Von hier sind es 58 km nach 🗌 **Sousse**
(➤ 92f). Spazieren Sie dort durch die Medina mit ihren unzähligen Läden und machen
Sie eine Mittagspause im Restaurant des
Hotels Médina (➤ 106) oder im zwanglose-
ren Café el-Kasbah in der Rue Souk el Caid.

Nachmittags

Erkunden Sie die Große Moschee und den
ribat (Wehrkloster). Auch die Sammlung des
Musée de Sousse in der Kasbah lohnt sehr.

Abends

Nach einer 16 km langen Fahrt erreichen
Sie 🗌 **Monastir** (➤ 94f). Verbringen Sie
einen Abend am romantischen Hafen. Es
gibt mehrere gute Restaurants am Quai mit
internationaler Küche, aber Le Chandelier
(➤ 108) ist besonders zu empfehlen.

Dritter Tag

Vormittags

Brechen Sie früh zu einer Fahrt entlang der Küstenstraße 82 nach
🗌 **Mahdia** (➤ 103f) auf. Das Restaurant Le Lido (➤ 108) am Hafen
empfiehlt sich für ein mittägliches Fischessen.

Nachmittags

Die Route 87 führt Sie direkt nach 🗌 **El Djem** (➤ 96f), wo Sie sich genügend Zeit zur Besichtigung des beeindruckenden römischen Amphitheaters
(unten) nehmen sollten. Fahren Sie anschließend auf der Autoroute 1 weiter ins 60 km entfernte 🗌 **Sfax** (➤ 98f), wo Sie in Ihr Hotel einchecken.

Abends

Lassen Sie den Abend mit einem Essen im beliebten Restaurant
Le Baghdad oder im hervorragenden Fischrestaurant Le Petit Navire ausklingen (127 Rue de Haffouz; Tel. 74 21 28 90).

Ste Dawser
Rue Eckhaldouma
Sah Coul II
TN 4053 Sousse

◻ Sousse

Zahlreiche Hochhäuser im Stil der 1970er-Jahre und verkehrs-
reiche Straßen – so lässt sich diese Küstenstadt auf den ersten
Blick beschreiben. Doch für viele Besucher ist Sousse der Inbe-
griff einer typisch tunesischen Stadt: mildes Klima, traumhafte
Küstenabschnitte mit feinsandigen Stränden und glasklarem
warmem Wasser, eine lebhafte Neustadt mit jeder Menge
Hotels, Restaurants, Geschäften und wunderschöner Medina.

Obgleich Sousse ursprünglich von den Phöniziern gegründet
wurde, die ihr den Namen Hadrumetum gaben, entwickelte
sich die Siedlung unter römischer, byzantinischer und arabischer Herrschaft zu einem blühenden Handels- und Kulturzentrum. Ein ungewöhnliches Zeugnis der frühchristlichen
Geschichte des Ortes sind die **Katakomben** aus dem 2. bis
5. Jahrhundert: In einem 5,5 km langen, unterirdischen Gang-
system befinden sich rund 15 000 Gräber.

Medina
Die von engen Gassen durchzogene Medina senkt sich zum Hafen hin ab und wird von wehrhaften Stadtmauern umschlossen.

Im nördlichen Teil der Medina erheben sich der **Ribat** – ein islamisches Wehrkloster aus dem Jahr 822 und ältestes Monument
der Medina – und die **Grande Mosquée** (Große Moschee) aus
dem Jahr 851, die nie ein Minarett besessen hat – man vermutet
als Grund dafür den dominierenden Turm des nahen Klosters.
An den Innenwänden der Moschee verläuft eine eingemeißelte
Inschrift in altarabischer (kufischer) Schrift. Den von zwei Kuppeln überwölbten großen Gebetssaal dürfen nur Muslime betreten.

**Fischer landen
seit phönizi-
scher Zeit ihre
Fänge im Hafen
von Sousse an**

Zu den wenigen *hammams*, die für Damen und Herren geöffnet sind, zählt das **Grande Bain Maure Sidi Bouraoui**. Die Rue d'Angleterre führt zum Souk el Reba und zum überdachten Souk el Caïd. Die **Kasbah** von Sousse markiert die südwestliche Begrenzung der Medina. An der Befestigungsanlage wurde seit dem 9. Jahrhundert über mehrere Jahrhunderte hinweg gebaut. Heute ist darin das **Musée de Sousse**, ein archäologisches Museum, untergebracht, dessen Mosaiken mit jenen des Bardo-Museums in Tunis (➤ 60) keinen Vergleich scheuen müssen

KLEINE PAUSE

Einen Einblick in den Alltag der Menschen in der Medina im 19. Jahrhundert vermittelt das kleine **Musée Dar Essid** (65 rue des Remparts Nord; Tel. 73 22 05 29; im Sommer 10–13, 15 bis 18 Uhr; sonst 10–19 Uhr; preiswert) – in einem der ältesten Gebäude der Altstadt untergebracht und mit einem hübschen Café.

🇪 181 E2
✉ 143 km südlich von Tunis
🚉 tägl. ca. 10 Züge von Tunis
ℹ 1 avenue Habib Bourguiba
☎ (73) 22 51 57

Eingang für Riesen: das Tor zum Ribat aus dem 9. Jahrhundert

La Grande Mosquée
✉ rue el-Aghlaba, Medina
🕐 Sa–Do 8–14, Fr 8–13 Uhr
💶 preiswert

Musée de Sousse
✉ boulevard Maréchal Tito
☎ (73) 21 90 11
🕐 Di–So 9–12, 14–18 Uhr (Winter 8–12, 15–19 Uhr)
💶 mittel

Ribat
✉ rue des Martyrs, Medina
🕐 Di–So 8–19 Uhr (Winter 8–18 Uhr)
💶 preiswert

Grande Bain Maure Sidi Bouraoui
✉ rue el-Aghlaba, Medina
🕐 tägl. 6–13 Uhr (Herren), 13–19 Uhr (Damen)
💶 preiswert

Katakomben
✉ avenue des Catacombes
🕐 Di–So 9–12, 14–18 (Winter 8–12, 9–19 Uhr)
💶 preiswert

SOUSSE: INSIDER-INFO

Top-Tipp: Wer an einem Sonntag nach Sousse kommt, kann über den berühmten **Sonntagsmarkt** im Souk el Ahad bummeln. Vom Computer bis zum Kamel wird alles verkauft, was man sich nur vorstellen kann.

2 Monastir

In phönizischer Zeit trug die Siedlung den Namen Rous Penna, die Römer nannten sie Ruspinum. Sehenswerte Relikte der mittelalterlichen ummauerten Stadt (5 km vom modernen Monastir entfernt) sind die Medina, ein wuchtiger Ribat und ein hübscher Fischerhafen. Neben der hier ansässigen Industrie (Textilien, Salz, Seife und Olivenöl) ist der Tourismus ein wichtiger Wirtschaftsfaktor. Die Stadt entspricht dem Bild eines modernen touristischen Zentrums – modern und auf Hochglanz poliert.

Der Ribat

Am Stadtrand in der Nähe des großen Yachthafens ragen die sandfarbenen Mauern des mittelalterlichen islamischen Wehrklosters auf. Das 796 von Harthema ibn Ayyun gegründete Kloster beherrscht den Hafen. Wie der Ribat von Sousse stammt auch derjenige von Monastir aus der Zeit der Aghlabidendynastie und wurde seit seiner Gründung stetig erweitert und umgebaut – für manchen Geschmack vielleicht zu oft. Die schmucklose Architektur der Anlage diente mehrmals als Filmkulisse, so z. B. in Franco Zeffirellis *Jesus von Nazareth* oder in Monty Pythons *Das Leben des Brian*. Im oberen Stockwerk findet sich ein ehemaliger Gebetssaal, der heute ein Museum mit einer Sammlung islamischer Kunstwerke beherbergt. Die Wendeltreppe im Innern des runden Wachturms eröffnet einen weiten Blick über die Stadt.

Die vergoldete Kuppel des Bourguiba-Mausoleums

Nicht weit vom Ribat und ein absolutes Muss ist das monumentale **Mausoleum** der Familie des ersten Staatspräsidenten Habib Bourguiba. Monastir war der Geburtsort des Politikers, der das prunkvolle Grabmahl zu Beginn seiner Amtszeit 1963 erbauen ließ.

An der Rue de l'Indépendance findet man das **Musée du Costume Traditionnel** mit einer Sammlung prunkvoll bestickter Hochzeitsgewänder, die zum Teil 200 Jahre alt sind.

Viele beklagen den Verlust eines Teils der Medina für die Entwicklung der heutigen *zone touristique*, die sich in nördlicher Richtung bis zum 6 km entfernten internationalen Flughafen Monastir-Skanès erstreckt. Die Hotels entstanden in den Kindertagen des tunesischen Tourismus, viele Investitionen haben sich durchaus bezahlt gemacht. In der Hochsaison sind beliebte Hotels ausgebucht und die Strände mit sonnenhungrigen, dem heimatlichen Winter entfliehenden Europäern gefüllt.

KLEINE PAUSE

Gehen Sie die Route de la Corniche am Fuß der Stadtmauer hinab und hinüber zur Marina, wo Sie von einem der Eiscafés den Anblick der zahlreichen Yachten genießen können.

Festlicher Umzug anlässlich eines der zahlreichen Festivals in Monastir

☩ 181 F2
✉ 160 km südlich von Tunis
🛈 avenue de L'Indépendance
☎ (73) 46 04 34

Musée du Costume Traditionnel
✉ avenue de l'Indépendance
🕐 Di–So 9–13, 16–19 Uhr
💰 preiswert

Ribat
✉ oberhalb der route de la Corniche
☎ (73) 46 12 72 🕐 tägl. 8–19 Uhr
(Winter 8–17.30 Uhr) 💰 mittel

Mosquée Bourguiba
✉ rue de Sidi el Mezzeri
🕐 Mo–Do 2–18, Fr–Sa 9–18 Uhr
(Winter Mo–Do 14–16.30, Fr–Sa
9–16.30 Uhr) 💰 frei

MONASTIR: INSIDER-INFO

Außerdem: *Ribats* sind islamische Wehrburgen bzw. Grenzbefestigungen und wurden in Nordafrika zu Beginn der islamischen Expansion zur Verteidigung des islamischen Herrschaftsgebietes errichtet. Sie wurden zunächst von *murabitun*, Kriegermönchen, bewohnt, die einen Teil ihrer Zeit dem Gebet widmeten. Später dienten die Ribats als Herbergen für reisende Händler und Mitglieder muslimischer Bruderschaften oder Sufi-Anhänger. Aus den Murabitun gingen die sogenannten Marabouts hervor: islamische Heilige.

③ El Djem

Die Hauptsehenswürdigkeit von El Djem ist sein imposantes römisches Amphitheater – seit 1979 UNESCO-Weltkulturerbe –, das noch besser erhalten und nur wenig kleiner ist als das Kolosseum in Rom. Das größte römische Bauwerk der antiken Provinz Africa ist ein überwältigendes Beispiel für den Wohlstand und den Stolz der römischen Bürger im 3. Jahrhundert.

El Djem, landeinwärts zwischen Sousse und Sfax gelegen, wurde auf den Ruinen der antiken römischen Stadt Thysdrus gebaut. Die Umgebung ist eintönig und ausschließlich von Olivenbäumen bewachsen, die jedoch wesentlich zum ungewöhnlichen Reichtum des antiken Thysdrus beigetragen haben. Die Stadt entstand in der Zeit der Herrschaft des römischen Kaisers Severus Alexander (222–235) und wurde mit den Gewinnen aus der Olivenproduktion gebaut. Während der Regentschaft von Kaiser Maximinus Thrax (235–238) kam es zu einem Aufstand der Bewohner von

Die aufsteigenden Sitzreihen des Amphitheaters von El Djem (Thysdrus)

Thysdrus gegen die übermäßig hohe, von Rom auferlegte Steuerlast – er wurde niedergeschlagen und die Stadt geplündert.

Das kolossale **Amphitheater** ist 149 m lang und 124 m breit. Es wurde mit Steinblöcken aus 30 km entfernten Steinbrüchen erbaut. Ein mit einer 15 km entfernten Quelle verbundenes unterirdisches Aquädukt versorgte die Anlage mit Wasser. Die Sitzreihen überragten ursprünglich – von mächtigen Arkaden gestützt – die riesige ovale Arena um 36 m. Man vermutet, dass einst bis zu 35 000 Menschen im Theater Platz fanden, um makaberen Schauspielen beizuwohnen, bei denen Gladiatoren, Gefangene, zu denen auch Angehörige der ersten christlichen Gemeinden gehörten, und wilde Tiere tödliche Kämpfe austragen mussten. Heimische Löwen, Elefanten und andere Tiere wurden zu diesem Zweck in Käfigen gehalten. Die gewaltige Anlage diente zeitweilig auch als Festung und soll einst von der Berberführerin El Kahina im Krieg gegen die Araber verteidigt worden sein.

Ein Kontrastprogramm unserer Zeit sind die alljährlich stattfindenden Musikfestivals, für die das antike Theater eine festliche Kulisse bildet.

Außerhalb der Stadt liegt an der Straße nach Sfax das **Musée Archéologique**, für das man sich ausreichend Zeit nehmen sollte. Zur Sammlung gehören römische Kunstgegenstände und Mosaiken, die u.a. die Kämpfe der wilden Tiere thematisieren, aber auch den römischen Alltag in der afrikanischen Provinz dokumentieren.

Die von Arkaden durchbrochenen Außenmauern des Amphitheaters

KLEINE PAUSE

Auf El Djems größtem Platz in der Nähe des Bahnhofs befindet sich das gemütliche Restaurant **Le Bonheur**, das eine kleine, aber feine Auswahl traditioneller Gerichte bietet.

✚ 185 D5
✉ 70 km südlich von Sousse
🚂 tägl. 5 Züge von Tunis

Amphitheater
✉ im Ortskern von El Djem, südlich von Sousse an der Autoroute 1
🕐 tägl. 7–19 Uhr (Winter 8–17 Uhr)
💶 mittel

Musée Archéologique
✉ 1 km südlich des Amphitheaters an der Autoroute 1
🕐 tägl. 8–19 Uhr (Winter 8–17 Uhr)
💶 im Eintrittspreis für das Amphitheater enthalten

EL DJEM: INSIDER-INFO

Top-Tipp: In den letzten Juli- und ersten Augusttagen findet das **Internationale Musikfestival** (Tel. 73 63 16 21; www.festivaleljem.com) von El Djem statt und das antike Theater wird in eine spektakuläre Bühne für Symphoniekonzerte und andere musikalische Darbietungen umgewandelt.

4 Sfax

Die Medina der Küstenstadt, die auf Arabisch El-Safaqus heißt, wird von einer massiven Stadtmauer vollständig umschlossen. Zwischen Altstadt und Hafen legten die französischen Kolonialherren eine neue Stadt mit einem rechtwinklig ausgerichteten Straßennetz an, dessen Straßenzüge von arabisch-europäischen Hausfassaden geprägt werden. Als zweitgrößte Stadt Tunesiens herrscht sowohl in der Alt- wie Neustadt reges Treiben. Trotz interessanter Museen und einer reizenden Medina ist Sfax touristisch wenig erschlossen, und die Bewohner begegnen den Besuchern sehr freundlich und offen.

Die Stadt wurde 859 in der Nähe einer ehemaligen römischen Siedlung namens Taparura gegründet. Wichtigste landwirtschaftliche Produkte sowohl der mittelalterlichen wie auch der modernen Stadt sind Oliven und Fisch. 1881 wurde die Stadt Schauplatz eines blutigen Aufstandes gegen das französische Protektorat, der zahlreiche Todesopfer forderte. Heute ist Sfax die zweitgrößte Stadt Tunesiens und ein bedeutender Industriestandort.

Die in der Zeit der Aghlabidenherrschaft im 9. Jahrhundert entstandenen Stadtmauern umschließen eine lebhafte Altstadt mit labyrinthartigen Straßen und überdachten Souks. Man betritt

Hinter den eindrucksvollen Stadtmauern von Sfax aus dem 9. Jahrhundert verbirgt sich ein Gewirr aus lebhaften Straßen die Altstadt durch das Haupttor, **Bab Diwan**, sieht Möbeltischler, Juweliere und Schneider bei der Arbeit in ihren Werkstätten und kann zwischen der **Großen Moschee** (9. Jahrhundert) und der Rue des Forgerons (Straße der Eisenschmiede) durch überdachte Souks spazieren. Auf dem Weg passiert man wunderschön verzierte Eingangstüren zu Privathäusern oder kleinen Moscheen und dem **Minarett Sidi Amar Kammun** (rue Borj Ennar). Eine Kasbah wurde auf den Grundmauern eines *ribat* aus dem 9. Jahrhundert gebaut und beherbergt heute ein Museum traditioneller arabischer Baukunst.

Hinter dem ältesten Stadttor, dem Bab Jebli, verbirgt sich ein großer lebhafter Lebensmittelmarkt, der vor allem Fisch verkauft. Ein paar der Sehenswürdigkeiten der Souks sind vielleicht dem ein oder anderen schon aus dem Film »Der englische Patient« (1996) vertraut; die Medina von Sfax diente darin als Schauplatz für die Souks von Kairo.

Skulptur aus Olivenholz im Stadtzentrum von Sfax

Herrlich ist ein Spaziergang entlang der Prachtstraßen der **Ville Nouvelle** (Neustadt), die durch ihre Kolonialbauten an der Place de la République bestickt, wo sich die Avenue Hédi Chaker und Habib Bourguiba kreuzen. Zu den imposantesten Gebäuden aus jener Zeit gehört das Rathaus, in dessen Erdgeschoss das **Musée Archéologique** beherbergt ist. Von außen gibt es keinen Hinweis auf das kleine, sehenswerte Museum, das u. a. schöne Mosaiken aus der römischen Epoche der Stadt ausstellt.

KLEINE PAUSE

Nahe des südlichen Stadttors, Bab Diwan, ist das Café **Le Diwan**, in einem Festungsturm der Stadtmauer, ein ideales Plätzchen für eine Pause.

✚ 185 E4	**Musée Archéologique**
✉ 270 km südöstlich von Tunis	✉ Ecke avenue Habib Bourguiba und Hédi Chaker
🚆 tägl. 8 Züge von Tunis	☎ (74) 22 97 44
⛴ tagsüber regelmäßige Fähren zu den Îles Kerkennah	🕐 Di–Sa 9–15 Uhr (Winter 9–13, 15–18 Uhr)
	💶 preiswert

SFAX: INSIDER-INFO

Geheimtipp: Das Volkskundemuseum **Dar Jallouli** (Di–So 9.30–16 Uhr) wurde in einem prachtvollen Bürgerhaus aus dem 17. Jahrhundert an der Rue de la Driba eingerichtet, in dem teilweise Regierende der Stadt wohnten. Das Haus selbst vermittelt einen guten Eindruck vom Leben hinter den Mauern der Medina.

Nach Lust und Laune!

5 El Haouaria

An der äußersten Spitze der Halbinsel Cap Bon befindet sich außerhalb von El Haouaria der römische Steinbruch Ghar el-Kebir. Bereits in punischer Zeit wurde der begehrte rötlich-gelbe Kalkstein der Gegend zum Bau von Karthago verwendet. Später ließen römische und byzantinische Baumeister Steine aus den Höhlen und Schächten brechen. Auf diese Weise entstanden im Laufe der Jahrhunderte 24 eindrucksvolle Felshöhlen, die sogenannten *Grottes Romaines*.

Naturfreunde kommen gern in die Region, um Reiher, Möwen und Watvögel zu beobachten. Mit Falken und Sperbern verbindet den Ort eine lange Tradition. Die Vögel werden im Frühjahr gefangen und abgerichtet, um dann beim Falknerfestival (Juli) ihr Können zu zeigen. Danach werden die Vögel wieder in die Freiheit entlassen.

Weltkulturerbe erklärt wurde. Die punische Stadt wurde im 6. Jahrhundert v. Chr. gegründet und nach der Zerstörung Karthagos 146 v. Chr. aufgegeben.

Oben: Die Steinbrüche von Ghar el-Kebir bei El Haouaria

Unten: Die Ausgrabungsstätte von Kerkouane

🞧 181 F4 ✉ 14 km nördlich von Kerkouane 🕐 tägl. 8–19 Uhr (Winter 9–17 Uhr 🎟 preiswert

6 Kerkouane

An der lieblichen Ostküste von Cap Bon liegt die Ausgrabungsstätte Kerkouane, die von der UNESCO zum

Ein doppelter Mauerring umschloss einst die Siedlung mit mehreren Gruppen von Steinhäusern, zwischen denen breite Straßen und rechtwinklige Plätze angelegt wurden. Der Grundriss der Stadt verlief halbkreisförmig um ein Heiligtum und einen Tempel. Einige Wohnhäuser besaßen Badezimmer aus rosafarbenem Zement. Das antike Hafengebiet ist seit langem im Meer versunken; an seiner Stelle steht heute eine Mauer zum Schutz der Ruinen.

Ein interessantes Museum gewährt Einblicke in das Leben der etwa 2500 Einwohner der antiken Stadt. Man vermutet, dass sie mit der Herstellung und dem Handel des Farbstoffes Purpur beschäftigt waren, den sie aus der Purpur-

schnecke gewannen – ein langwieriger Vorgang, durch den der Purpur erst zu einem hoch geschätzten Luxusgut wurde. Er wurde in der Antike zum Färben verschiedener Kunstgegenstände verwendet.

✠ 181 F4 ✉ 14 km südlich von El Haouaria, 9 km nördlich von Kelibia, Route 27
☎ (72) 33 04 66
🕐 Di–So 9–19 Uhr (Winter 9–16.30 Uhr)
💰 preiswert

7 Kelibia

Die kleine Fischerstadt ist vom Tourismus noch unberührt. Ein herrlicher Sandstrand liegt 2 km nördlich bei Mansourah. Bei Tag herrscht Stille in der kleinen Stadt, bei Nacht sind einzig die Fischer unterwegs, die mit ihren Booten aufs Meer hinaus fahren und ihre Beute mit Lampen anlocken.

256 v. Chr. lagerten römische Truppen nach ihrem Sieg über die Karthager im Ersten Punischen Krieg auf einer nahen Anhöhe. Auf den älteren römischen Fundamenten errichteten die Byzantiner im 6. Jahrhundert eine mächtige Festung, deren Mauern über dem Hafen aufragen und das Stadtbild beherrschen. Die Festung bietet eine herrliche Fernsicht.

✠ 181 F4 ✉ 68 km nördlich von Hammamet, Route 27

8 Nabeul

Die phönizische Siedlung wurde 146 v. Chr. von den Römern zerstört, die sie jedoch wegen ihrer strategischen Lage bald wieder aufbauten und Neapolis

nannten. Wissenschaftler vermuten, dass es im antiken Verwaltungszentrum der Cap-Bon-Region eine Produktionsstätte zur Herstellung einer bei den Römern sehr beliebten Fischsauce (*garum*) gegeben hat.

Heute ist Nabeul ein Zentrum der Keramikindustrie mit einer langen Tradition in der Herstellung von Ziegeln und Steinmetzarbeiten.

Die Kuppeln und weißen Mauern der Grande Mosquée, deren hohes Minarett das Stadtbild prägt, überragen den hübschen, überdachten Souk. Im **Musée Archéologique** sind Mosaiken aus römischer Zeit mit Darstellungen aus Homers *Ilias*, einige

Thé à la menthe: die allgegenwärtige Erfrischung wird in Gläsern gereicht

punische Funde aus Kerkouane und andere faszinierende Kunstgegenstände der Region ausgestellt.

Viele Touristen aus den benachbarten Urlauberorten zieht es freitags auf den Wochenmarkt, der von Keramiken bis Stoffkamelen einfach alles bietet.

✠ 181 F3 ✉ 65 km südöstlich von Tunis

Musée Archéologique
✉ 44 avenue Habib Bourguiba (gegenüber dem Bahnhof) ☎ (72) 28 55 09 🕐 tägl. Di–So 9–13, 15–19 Uhr (Winter 9.30–16.30 Uhr) 💰 preiswert

🄾 Hammamet

Der beliebte Badeort liegt nur eine Fahrstunde vom Flughafen Monastir-Skanès entfernt. Das einstige Urlaubsparadies des Geldadels hat sich zu einem beliebten Strandbad und Ziel des Pauschaltourismus entwickelt. Die Strände, in deren Nähe sich zahlreiche

den Hafen und die Bucht blicken kann. In der Medina mit ihren verwinkelten Gängen liegt auch die Große Moschee.

Der rumänische Millionär Georges Sebastian ließ sich in den 1920er-Jahren in Hammamet eine Villa bauen, die der renommierte amerikanische Architekt Frank Lloyd Wright als »die

Teil der Medina von Hammamet

Hotels, Restaurants, Cafés und Diskotheken angesiedelt haben, gehören zu den schönsten der tunesischen Küste. Eine Hotelzone erstreckt sich in nördlicher Richtung bis nach Nabeul. Das regionale Klima ist mediterran – herrliche Sommer und relativ milde Winter wechseln einander ab.

Hammamet liegt zwischen den alten römischen Siedlungen Siagum und **Pupput**, Letztere war im 2. bis 4. Jahrhundert ein florierender Hafen. Einige römische Villen wurden freigelegt; Bäder, Innenhöfe mit Springbrunnen und unterirdische Zisternen lassen auf wohlhabende antike Bauherren schließen. Als Zeugnisse aus frühchristlicher Zeit sind Grabmosaiken erhalten geblieben.

Strahlend weiße Kuppeln und Bögen, enge Gassen und flache Dächer prägen das Bild der ummauerten Medina. Das Haupttor Bab es-Souk führt in einen von Souvenirläden gesäumten Durchgang. Die Medina vereint moderne Einkaufsstraßen mit traditionellen Wohnhäusern. Diese liegen im Schutz einer eindrucksvollen **Kasbah** aus der Zeit der Hafsidendynastie (13. Jahrhundert), von der aus man weit über die Stadt,

schönste der Welt« beschrieb. Im Dar Sebastian, in graziösem arabischen Stil und mit märchenhaftem Luxus erbaut, wurden Gäste wie Paul Klee und André Gide, Winston Churchill und Erwin Rommel (➤ 21) willkommen geheißen. Heute steht die Villa als **Centre Culturel International de Hammamet** der Allgemeinheit offen. Die Villa ist Veranstaltungsort des alljährlich im Juli und August stattfindenden Kulturfestivals von Hammamet.

✚ 181 E3 ✉ 60 km südöstlich von Tunis

Pupput
✉ 6 km südlich von Hammamet, Autoroute 1 🕐 tägl. 8–19 Uhr (Winter 9 bis 17 Uhr) 🎫 preiswert

Kasbah
☎ (72) 78 22 64 🕐 tägl. 8–20 Uhr (Winter 8–17 Uhr) 🎫 preiswert

Centre International Culturel
✉ avenue des Nations Unies ☎ (72) 28 04 10 🕐 tägl. 8–18 Uhr (Winter 8–17 Uhr) 🎫 preiswert

🔟 Port el Kantaoui

Port el Kantaoui (»möge alles gut werden«) ist ein im Norden von Sousse künstlich angelegter Ort mit einem Yachthafen. Die Ferienanlage, die Ende der 1970er-Jahre entstand, zieht mit ihren Parks und Palmen, Yachten, Diskotheken, Einkaufspassagen und Sporteinrichtungen zahlreiche Urlauber an.

Die Hotels und Restaurants (zum Teil mit Hafenblick) und die im Hafen ankernden Boote sind auf zahlungskräftige Gäste eingestellt; preisgünstige Alternativen gibt es hier fast keine. Weiße Villen und moderne Appartementhäuser inmitten von üppigem Grün, penibel gepflegte Rasenflächen und Swimmingpools bilden eine makellose und maßgeschneiderte Urlaubskulisse.

➕ 181 E2 ✉ 134 km südlich von Tunis

🔟 Mahdia

Die Hafenstadt an der Sahelküste liegt auf einer kleinen, weit ins Meer ragenden Landspitze. Die Stadt ist ein zunehmend beliebtes Urlaubsziel inmitten von Olivenhainen und Tomatenplantagen, die Hotels liegen jedoch außerhalb der Innenstadt in einer *zone touristique*. Der Ort konnte sich somit seine ursprüngliche Atmosphäre bewahren.

Die besondere Geschichte des Ortes beginnt jedoch mit seinem Status als Hauptstadt der Fatimidendynastie im 10. Jahrhundert. Die Stadt und der befestigte Hafen wurde vom ersten Kalifen der Dynastie, Obeïd Allah el-Mahdi, gegründet. Zugang zur Altstadt hat man über das gewaltige Tor Skifa el-Kahla, das von oben herrliche Ausblicke über die Stadt bietet. Hinauf gelangt man über das angrenzende **Museum**, welches einige tolle aus El Djem stammende Mosaiken und andere archäologische Funde aus dieser Umgebung ausstellt. In der Medina kann man in einem von Weinlaub beschatteten Café an der hübschen Place du Caire sitzen oder an der eleganten Fassade der Mustapha-Hamza-Moschee vorüber zu den Cafés der Rue des Fatimides spazieren. In der Nähe des Platzes steht zudem die Grande Mosquée, die in den 1960er-Jahren nach dem Vorbild der fatimidischen Moschee aus dem 10. Jahrhundert wieder aufgebaut

Parasailing in Port el Kantaoui

wurde. In der Medina finden sich mehrere Villen mit aufwändig gestalteten Eingangstüren mit Stein- und Holzschnitzereien, darunter das **Dar Sghir**, ein kleines Wohnhaus, in dem man traditionelle (Einrichtungs-)Gegenstände besichtigen kann sowie eine Sammlung von für Mahdia typischen Stickereien. Auf der Höhe der Landspitze thront die osmanische Festung Bordj el-Kebir (16. Jahrhundert), von der sich schöne Blicke über die Stadt und den Hafen öffnen. Beim Leuchtturm befindet sich ein Friedhof mit Gräbern von Phöniziern.

🏛 181 F1 ✉ 62 km südöstlich von Sousse 🚆 1 Zug pro Tag ab Tunis, tägl. 18 Züge ab Sousse

Museum
✉ Skifa al-Kahla, place de l'Indépendance 🕐 tägl. 9–13, 15–19 Uhr (Winter 9–16 Uhr) 💰 preiswert

Dar Sghir
✉ rue Mohammed Abdessalem, Borj erras, Medina ☎ (73) 69 18 78 🕐 tägl. 9–23 Uhr (Winter 9–18 Uhr) 💰 preiswert

Borj el-Kebir
✉ rue du Bordj 🕐 tägl. Di–So 9–12, 14–18 Uhr (Winter 9.30–16.30 Uhr) 💰 preiswert

🄬 Îles Kerkennah

Die Inselgruppe besteht aus sieben kleinen Inseln, zu denen Fähren von Sfax verkehren. Zwischen den beiden bewohnten Hauptinseln Chergui und Gharbi besteht seit römischer Zeit eine Straßenverbindung über einen Damm. Auf den Kerkennah-Archipel wurde nicht nur der Karthager Hannibal verbannt, auch Expräsident Habib Bourguiba lebte dort im Exil. Zwischen dem Fährhafen von Sidi Youssef im Süden von Gharbi und dem im Norden gelegenen El Ataya auf Chergui verläuft eine gut ausgebaute Straße.

Die Bewohner der Inselregion leben hauptsächlich vom Fischfang und Tourismus. Die Fischer von Kerkennah fischen im seichten Wasser auf traditionelle Art mit Körben, indem sie mit Palmwedeln auf die Wasseroberfläche schlagen und so ihre Beute in die Körbe treiben.

Bei den Gästen sind die feinsandigen Strände und der frische Fang des Meeres, vor allem Tintenfisch, beliebt. In der *zone touristique* von Sidi Fredj auf Chergui kann man Fahrräder ausleihen und zu den makellosen Stränden wie dem bei Sidi Fankhal fahren.

🏛 185 E3 ✉ 20 km östlich von Sfax
⛴ Abfahrten alle 2 Std. (im Winter tägl. 4 Fahrten (1 Std. Fahrzeit)

Ein osmanischer Aussichtsturm aus dem 16. Jahrhundert auf den Kerkennah-Inseln. Einst Ort der Verbannung – heute beliebtes Ausflugsziel mit schönen Stränden

Wohin zum ... Übernachten?

Die Urlaubsregion Cap Bon/Golfe de Hammamet erstreckt sich von der Halbinsel Cap Bon über Hammamet bis nach Sousse, Monastir und Mahdia – es ist die lebhafteste Touristenregion Tunesiens mit Unterkunftsmöglichkeiten in allen Kategorien. Auch weiter südlich, in Sfax und auf den Kerkennah-Inseln, findet man verschiedene komfortable Übernachtungsmöglichkeiten.

EL HAOUARIA

Hôtel l'Épervier €€

Im einfachen, aber angenehmen Hotel, dessen Name (»Sperber«) auf die örtliche Tradition der Falknerei verweist, sind regelmäßig Gruppen von Ornithologen zu Gast. Es liegt im Herzen des Dorfes und in Fußnähe zu den Grottes Romaines. Ein Innenhof wird von Orangenbäumen und einem großen Gummibaum beschattet. Alle Zimmer sind klimatisiert, im Preis ist ein Frühstück inbegriffen.

🚹 181 F4 🖂 3 avenue Habib Bourguiba 🕿 (72) 29 70 17; Fax (72) 29 72 58

EL DJEM

Hotel Julius €

Eine freundliche und preisgünstige Wahl, um die berühmten Sonnenuntergänge El Djems zu beobachten. Sie übernachten in einem von insgesamt 15 Zimmern, die einen Innenhof umschließen. Zu weiteren Annehmlichkeiten gehören eine Terrasse, eine Bar und ein Restaurant. Lärmempfindlichere sind in den Zimmern im Erdgeschoss, die nach hinten hinaus liegen, besser aufgehoben.

🚹 181 E1 🖂 nahe des Bahnhofs, an der Straße nach Sfax 🕿 (73) 63 00 44; Fax (73) 63 04 19

HAMMAMET

Alya €€

Der freundliche Familienbetrieb liegt angenehm zentral in der Nähe der kompakten Medina von Hammamet. Die Zimmerpreise schwanken je nach Saison beträchtlich, zum Ausgleich serviert die Familie im Sommer Grillspezialitäten mit Lammfleisch (mechoui) zu den Klängen traditioneller Musik auf der Dachterrasse. Alle Zimmer haben einen geräumigen Balkon und Klimaanlage.

🚹 181 E3 🖂 30 rue Ali Belhouane 🕿 (72) 28 08 18; Fax (72) 28 23 65

Dar Hayet €€€

Das Hayet ist eines der zahlreichen Luxushotels von Hammamet, unterscheidet sich aber von den anderen Häusern gleicher Kategorie durch seine relative Nähe zur Innenstadt. Das Hauptgebäude des eher kleinen Hotels ist im Stil einer traditionellen tunesischen Villa um einen Innenhof angelegt. Alle Zimmer sind elegant möbliert und mit Klimaanlage und Satellitenfernseher ausgestattet; einige verfügen über eine grandiose Sicht auf den Strand und das Meer. Desweiteren gehören ein Café in maurischem Stil und ein von schönen Bougainvilleen umgebener Pool zum Komfort.

🚹 181 E3 🖂 rue Aqaba, Hammamet Beach 🕿 Tel. und Fax (72) 28 33 99

Résidence Romane €€

Die Zimmer in diesem kleinen, familienbetriebenen Hotel sind großzügig geschnitten und einladend; jedes mit separatem Bad und kleinem Balkon. Gäste können sich am Swimmingpool im üppigen Garten entspannen und auch für die kleinen

Gäste ist mit einem Extrabecken gesorgt. Die Mitarbeiter sind freundlich und zuvorkommend.

⊞ 181 E3 ⊠ 8050 rue Assad ben Fourat ☎ (72) 26 31 03; rommene.sami@gnet.tn

ÎLES KERKENNAH

Le Grand €€

Das Hotel auf der Insel Chergui ist wohl die beste Unterkunft auf dem Archipel; zur hervorragenden Ausstattung gehören Tennisplätze, ein Swimmingpool und gute Restaurants und eine Bar. Das Hotel ist in der Hochsaison meist ausgebucht; in der Nebensaison stehen die Chancen günstiger, ein Zimmer zu bekommen.

⊞ 185 F3 ⊠ 800 m östlich von der Bushaltestelle Remla ☎ (74) 48 98 61; www.grand-hotel-kerkennah.com.tn

MAHDIA

Medina €

Das Stadthaus im Herzen der Medina bietet einen schlichten, freundli-

---

elegant eingerichtete Zimmer mit allen Annehmlichkeiten vorfindet.

⊞ 181 F2 ⊠ route de la Corniche ☎ (73) 46 00 33; Fax (73) 46 01 17; E-Mail: regency@fram.fc

NABEUL

Pension Les Oliviers €-€€

Die Pension unter französischer Leitung mit gepflegten Zimmern mit Bad, Balkon und Garten voller Olivenbäumen stellt eine geruhsame Variante zu den üblichen Resorthotels dar.

⊞ 181 E3 ⊠ 11 rue Abou el-Kacem Ecchebbi ☎ (72) 28 68 65/98 27 48 17; pensionlesoliviers@yahoo.fr

SFAX

Thyna €-€€

Kleines, gut geführtes Haus im Herzen der Ville Nouvelle und nur einen Katzensprung vom Hauptportal – Bab Diwan – der Medina entfernt. Thyna bietet komfortable, klimatisierte Zimmer mit Balkon zu günstigen Preisen. Empfehlenswert!

---

chen Service. Im Zimmerpreis ist ein Frühstück inbegriffen.

⊞ 181 F1 ⊠ bei rue Ali Bey, Medina ☎ (73) 69 46 64; Fax (73) 63 14 22

Le Phénix €€

Dies ist das einzige Luxushotel im Stadtzentrum. Es bietet vier Sterne und versprüht trotz des modernen Designs jede Menge Charme. Die französischen Fenster der blitzeblanken Zimmer mit zeitgemäßem und freundlichem Dekor eröffnen eine Sicht auf die Altstadt oder das Meer. Das hoteleigene Restaurant serviert gute internationale wie tunesische Küche, auch das Café im Innenhof ist sehr beliebt und eignet sich stets für eine Tasse Tee oder Kaffee.

⊞ 181 F1 ⊠ Ecke avenue Habib Bourguiba/avenue Bachir Sfar ☎ (73) 69 01 01; Fax (73) 69 01 08

MONASTIR

Regency €€€

Südlich des Ribat und unweit der Marina liegt das Hotel, in dem man

---

⊞ 185 E4 ⊠ place Marbourg ☎ (74) 22 53 17; Fax (74) 22 57 73; www.hotel-thyna.com

SOUSSE

Abou Nawas Boujaafar €€

Die Zimmer des zentral gelegenen Hotels in Strandnähe sind gut ausgestattet. Geschäftsreisende sowie Touristen erfreuen sich zudem am Angebot im Spa und den Restaurants.

⊞ 181 E2 ⊠ Ecke avenue Habib Bourguiba/place Boujafar ☎ (73) 22 60 30; Fax (73) 22 65 95 www.abounawas.com

Médina €€

Einfache, aber makellos gepflegte Bleibe bei der großen Moschee; von dem Aufrufen des Muezzin zum Gebet darf man sich allerdings nicht stören lassen. Die Zimmer verfügen jeweils über ein eigenes Bad. Die Hotelbar und das Restaurant in nächster Nähe zur Moschee überraschen. (Reservierung!)

⊞ 181 E2 ⊠ 15 rue Othman Osman ☎ (73) 22 17 22; Fax (73) 22 17 94

Wohin zum ...
Essen und Trinken?

Preise
Die Preise gelten pro Person für ein Drei-Gänge-Menü (ohne Getränke und Service):

€ unter 15 TD   €€ 15–30 TD   €€€ über 30 TD

Le Barberousse €€
Vor allem in den Sommermonaten ist das Restaurant (mit Alkoholausschank), wenn seine Dachterrasse mit zauberhaftem Weitblick über die Medina voll zum Einsatz kommt, besonders beliebt. Die Küche ist teils international (mit italienischem Schwerpunkt), teils tunesisch, auf der Karte stehen aber auch kleine Gerichte wie Fish and Chips, Steaks und Grillhähnchen.

✚ 181 E3 ⊠ in der Medina
☎ (72) 28 00 37 ⏰ tägl. 12–24 Uhr

Chez Achour €€€
Der hervorragende Ruf des in einer Seitenstraße versteckten Restaurants lockt Einheimische und Gäste gleichermaßen herbei. Spezialitäten des Hauses sind frischester Fisch wie *loup de mer* (Seebarsch) und Meerestiere, die an warmen Abenden auf der herrlichen Terrasse serviert werden.

✚ 181 E3 ⊠ rue Ali Belhouane,
☎ (72) 28 01 40 ⏰ tägl. 11–14.30, 18 bis 23.30 Uhr; (Reservierung empfohlen)

Dar Lella €€
Das alteingesessene Restaurant erfreut sich bei Ortsansässigen wie Besuchern etwa gleicher Beliebtheit. Spezialitäten des Hauses sind u. a. Couscous, Hähnchen und köstliche arabische Vorspeisen (*mezze*).

✚ 181 E3 ⊠ rue Patrice Lumumba, bei avenue de Quwayt ☎ (72) 27 91 28
⏰ tägl. 10–15, 18.30–24 Uhr

Gelimer Plage €€–€€€
Das Gelimer in mediterran-asiatischem Ambiente direkt am Strand mit traumhaften Sitzgelegenheiten im Freien ist wegen seines Mix unterschiedlicher internationaler Gerichte das angesagteste Speiselokal der Stadt. Basis der »Fusion Cuisine« sind Fisch und Meeresfrüchte. Die Speisen sind frisch, leicht und köstlich, vor allem das Carpaccio.

✚ 181 E3 ⊠ Dar Hayet Hotel, avenue el-Aqaba ☎ (21) 40 34 30
⏰ tägl. 19–24 Uhr

La Scala di Milan €€
Das gemütliche italienische Restaurant der gehobenen Klasse befindet sich in einer Seitenstraße der Avenue des Nations Unies. Die Speisen sind

hervorragend und das Lokal beliebt, sodass Sie vorbestellen sollten.

✚ 181 E3 ⊠ 72 avenue el-Aqaba
☎ (72) 28 07 68 ⏰ tägl. 11.30 bis 14.30, 18–23 Uhr (im Winter geschl.)

Les Trois Moutons €€–€€€
Das freundliche Restaurant gilt allgemein als eines der Spitzenhäuser von Hammamet. Die Speisekarte ist umfangreich, den Schwerpunkt bilden Fisch- und Fleischspezialitäten. Es gibt eine preisgünstige Abendkarte und eine gute Auswahl an Weinen.

✚ 181 E3 ⊠ Centre Commercial, avenue Habib Bourguiba ☎ (72) 28 09 81 ⏰ tägl. 11.30–14.30, 18–23 Uhr

Cercina €€
Das Restaurant gilt als das beste an der Nordküste der Insel Chergui. Meerestiere sind Spezialität des Hauses; sehr beliebt ist eine würzige, gehaltvolle Suppe mit Tintenfisch (*tchich*). Eine Auswahl an Weinen und Bieren ist erhältlich.

KELIBIA

El-Mansoura €€

Das reizende Strandrestaurant ist auf Fisch und Meeresfrüchte spezialisiert. Die hübsche Terrasse bietet einen schönen Blick aufs Wasser, und es bedienen Sie aufmerksame und freundliche Mitarbeiter. Hier können Sie beim Mittagessen ausgiebig entspannen und anschließend eine Runde im Meer schwimmen. Die Spezialität des Hauses sind frische Meeresrtiere, ebenso ein Fisch-Couscous.

☐ 185 F3 ✉ Sidi Frej, 8 km von Remla, Chergui Island ☎ (74) 48 99 53 ⏰ tägl. 11–14.30, 17.30–23 Uhr

MAHDIA

Le Lido €€

Mit Blick auf den Hafen hat man die Wahl zwischen Gerichten à la carte und dreigängigen Menüs, auch Wein und Bier werden angeboten.

☐ 181 F1 ✉ boulevard Farhat Hached ☎ (73) 68 13 39 ⏰ tägl. 11–14.30, 18–23 Uhr

MONASTIR

Dar Chakra €€

Dieses Restaurant (ohne Alkoholausschank) ist in einem herrlich restaurierten Haus untergebracht, dessen Innenhof bunte Fliesen zieren, und verfügt – verglichen mit anderen Häusern in der Region von Monastir – über einen ganz eigenen Charme. Die Küche ist tunesisch und besteht hauptsächlich aus Fisch- und Meeresfrüchtegerichten, bietet aber auch eine ordentliche Auswahl an Grillfleisch und Eintöpfen. Die traditionellen regionalen Gerichte bedürfen einer zeitaufwändigen Zubereitung und müssen deshalb einen Tag im Voraus bestellt werden – zu warten lohnt sich!

☐ 181 F4 ✉ nahe der (ausgeschilderten) Festung ☎ (72) 29 51 69 ⏰ Mittag- und Abendessen; Ramadan geschl.

NABEUL

Slovenia €€–€€€

Slovenia etabliert sich schnell. Mit tunesischen Speisen, leicht mediterran-asiatisch abgewandelt, zieht es die Gäste in sein gemütliches Ambiente drinnen oder auf die Terrasse. Chefkoch Rafik Tlati bedient sich dabei stets frischer regionaler Zutaten. Ein Besuch lohnt sich.

☐ 181 F2 ✉ avenue de l'Indépendance, hinter der Touristeninformation ☎ (73) 46 05 28 ⏰ Mittag- und Abendessen; Ramadan geschl.

Le Chandelier €€

Das altmodisches Hafenrestaurant bietet einen großartigen Service, dazu ausgezeichnete Speisen aus einem breiten Angebot internationaler wie tunesischer Küche, die sich jedoch vor allem an Fisch und Meeresfrüchten orientiert. Kerzenlicht am Abend schafft auf der Terrasse mit Blick auf die Marina eine besonders romantische Atmosphäre.

☐ 181 F2 ✉ an der Marina ☎ (73) 46 22 32

☐ 181 E3 ✉ Hotel Les Jasmins, nahe avenue Hedi Nouria ☎ (72) 28 53 43 ⏰ tägl. 12–15, 18–23 Uhr

SFAX

Le Corail €€€

Das elegante Restaurant gilt als das beste Restaurant der Stadt. Eine große Auswahl an Speisen wird à la carte angeboten, dazu gibt es köstliche Salate, kühles Bier und verschiedene Weine.

☐ 185 E4 ✉ 39 rue Habib Mazoun ☎ (74) 22 73 01 ⏰ tägl. 11.30–14, 17.30–23 Uhr

SOUSSE

Le Lido €€€

Eines der besten Restaurants der Stadt, das von Tunesiern und Touristen gleichermaßen besucht wird, die sich auf köstliche Fischgerichte, wie z. B. eine Fisch-tajine oder auf Hummer Thermidor, freuen dürfen.

☐ 181 E2 ✉ avenue Mohammed V ☎ (73) 22 53 29 ⏰ tägl. 11–14.30, 17.30–23 Uhr

Wohin zum … Einkaufen?

KERAMIK

Nabeul ist zu Recht als das größte Keramikzentrum des Landes berühmt. Die Töpferwaren werden in verschiedenen Fachgeschäften zum Kauf angeboten: bei **Céramique Slama** (190, avenue Farhat Hached) und im staatlichen Geschäft der **ONAT/SOCOPA** in der Hauptstraße Avenue Habib Thameur Richtung Hammamet. Weitere empfehlenswerte Bezugsquellen sind die Läden der **Société Socen** (Tel. 72 27 22 00) und **Société Kerkeni** (Tel. 72 22 18 08), beide ebenfalls an der Avenue Habib Thameur.

Das traditionsreiche Töpferhandwerk bringt alle nur vorstellbaren Formen und Muster hervor: Töpfe und Teller, Vasen, Kacheln und Krüge werden mit überschwänglichen, verspielten Mustern verziert. Dabei verwenden die Handwerker die Methode der Bleiglasur, die von den andalusischen Glaubensflüchtlingen im 17. Jahrhundert eingeführt wurde.

Jeden Freitag wird in Nabeul ein **Viehmarkt** abgehalten – auch wenn man keines der großen, mürrischen Dromedare kaufen möchte, ist das Treiben interessant zu beobachten.

SOUKS

Im Souk von **Hammamet** werden überwiegend Souvenirs zum Kauf angeboten; die Verkaufsläden wirken insgesamt kommerziell und an ausländischen Touristen orientiert, das gilt vor allem für die Gegend um die Kasbah und den Strand.

Fella, am Eingang der Altstadt von Hammamet, bietet hochwertige Jellabas und Kaftane sowie Schmuck und interessante Accessoires.

In der Altstadt von **Sousse**, die man am besten über die Rue d'Angleterre erreicht, finden sich mehrere Souks, einige davon mit überdachten Gassen, in denen ein faszinierendes Waren aller Art gehandelt wird, darunter Teppichen sowie viel Schmuck aus Gold und anderen Edelmetallen. Überall in der Medina sprießen Souvenirhops; für Parfum, Textilien, Teppiche und Schmuck eignen sich der **Souk el Reba** und der **Souk el Quaid** am besten, während die Galerie **Loukala** tunesisches Kunsthandwerk – von bunten Keramiken über handgefertigte Puppen bis zu mundgeblasenem Glas – verkauft. Einladende Cafés gewähren eine willkommene Pause im Gedränge. In **Sousse** wie in **Monastir** findet man überall Souvenirläden, auch dort, wo man sie nicht unbedingt erwarten würde. Wer sich über das touristische, häufig überteuerte Sortiment mancher Händler ärgert, kann sein Glück auf den alten Marktstraßen versuchen, wo auch Einheimische gern einkaufen.

EINKAUFSZENTREN

Das Angebot des großen **Einkaufszentrums Soula** nördlich der Großen Moschee an der Place Sidi Yahia in **Sousse** ist unerschöpflich. Sperrige Artikel werden an die Heimatadresse geliefert und die Zahlung mit Kreditkarten akzeptiert. Olivenholzschnitzereien, Schmuck, Glas, Keramik, Lederwaren, Kissen, Teppiche, Decken und Möbel stehen auf vier Etagen zur Auswahl. Ein ähnlich großes Einkaufszentrum, das **Yasmina-Center**, befindet sich in **Monastir** an der Rue Sakka, Houmt Chraka. In Monastir findet man auch ein **ONAT-Geschäft** mit Festpreisen; in Sousse gibt es ein Geschäft der **SOCOPA** im Hotel Abou Nawas Bou Jaafar.

ANTIQUITÄTEN

In **Mahdia** werden viele schöne alte Gegenstände – antike und weniger antike – angeboten. Man findet die sehenswerten Geschäfte zwischen dem Stadttor und der Place du Caire.

Wohin zum ... Ausgehen?

NACHTLEBEN

Das Nachtleben von **Hammamet** spielt sich größtenteils in den großen Hotelarealen am Strand, der sogenannten *zone touristique*. Empfehlenswerte Lokalitäten sind die Clubs **Tropicana** im Hotel Hammamet Regency (Tel. 72 22 67 76) und **Marina** im Hotel Marina Palace in Yasmine Hammamet (Tel. 72 24 87 48).

Abgesehen von den Hotelclubs findet man auch andernorts beliebte Diskos, z. B. gilt der **Calypso Club** (Tel. 72 22 75 30; www.calypsotunisia.com) an der Avenue Moncef Bey als einer der angesagtesten. Der **Latino Club** an der Route Touristique ist ebenfalls bekannt, nicht zuletzt für seine gute Musik, insbesondere der aktuellen arabischen Hits.

Die **Discothèque Manhattan** (Tel. 72 22 62 26) veranstaltet eine Lasershow und das **Restaurant Elysée** Bauchtänze. Im **Café Sidi Bou Hdid** können Sie unter Einheimischen etwas trinken gehen und den Sonnenuntergang beobachten.

In **Sousse** sorgen im **Bora Bora** (avenue 7 Novembre; Tel. 22 02 00 20; www.boraboratunisia.com), einer Open-Air-Disco am Strand im Ibiza-Stil DJs aus aller Herren Länder für Stimmung. In derselben Straße findet man auch **Living Samara** (Samara Hotel; Tel. 21 40 27 14). Die Route Touristique in der Nähe von Kantaoui wartet mit **Maracana** (Hotel Tej Marhaba; Tel. 73 22 98 00) und **Rediguana** (Tel. 96 24 02 50/73 24 60 00) auf, eine kleinere Disko, in der ebenfalls internationale DJs auflegen.

In **Mahdia** ist der Nachtclub **Samba** im Hotel El Mehdi an der Route de la Corniche (Tel. 73 67 12 87) ein topaktueller Treffpunkt.

Sfax, die zweitgrößte Stadt Tunesiens, ist keine touristische Hochburg; das Nachtleben der Stadt, an dem hauptsächlich Einheimische teilhaben, spiegelt diesen Umstand wider. Im **Restaurant Alexander** im gleichnamigen Hotel (21, rue Alexandre Dumas; Tel. 74 22 16 13) finden jeden Samstagabend traditionelle Musikveranstaltungen statt. Zu vorgerückter Stunde geht es hoch her.

SPORT

Es gibt einige gute 18-Loch-Golfplätze in der Umgebung von **Hammamet**, u. a. **Yasmine** (Tel. 72 22 70 01; www.golfyasmine.com) und **Citrus** (Tel. 72 22 65 00; www.golfarus.com). In Port el Kantaoui wurde ein großer 27-Loch-Golfplatz – **Golf el-Kantaoui** (Tel. 73 34 87 56; www.kantaoui golfcourse.com.tn) – gebaut; in Skanès liegt der 18-Loch-Golfplatz

Palm Links (Tel. 73 52 13 10; www.golf-palmlinks.com). Segeln, Tauchen und weitere Wassersportarten bieten das **Cap Monastir Underwater Diving Center** (Tel. 73 46 11 56) und das **International Diving Center** (Tel. 73 24 17 99) in Port de Plaisance/Port el Kantaoui an.

FESTIVALS

Auf der Halbinsel Cap Bon werden verschiedene regionale Festivals veranstaltet. Im Juni finden in El Haouaria das **Falknerfestival**, in Grombalia das **Weinfestival** und im Juli/August das alljährliche **Internationale Kulturfestival** im Centre Culturel International de Hammamet statt. Weiterhin stehen das **Internationale Festival von Sousse** (an verschiedenen Stätten im Juli und August) sowie das **Internationale Festival der symphonischen Musik** im grandiosen Amphitheater von El Djem (Juli) auf dem jährlichen Veranstaltungskalender. Programme sind in den örtlichen ONTT-Büros (▶ 35) erhältlich.

Zentraltunesien und der Hohe Tell

Erste Orientierung

Das Landesinnere präsentiert sich mit weiten, abwechslungs-
reichen Landschaften von immenser Schönheit, die touristisch lange nicht so erschlossen sind als die der
Küste. Südlich des Medjerdatals wird die Region
von grünem Bergland dominiert. Je weiter
sie sich nach Süden erstreckt, desto
trockener ist sie und wird nun
von Oasen und Salzseen
(Chotts) geprägt, ehe
sie schließlich der
Sahara weicht. In
Tunesiens Mitte
liegen die interes-
santesten römi-
schen Ausgra-
bungsstätten des
Mittelmeerraumes
sowie die heilige
Stadt Kairouan.

Die wichtigste Stadt im
flacheren, zur Küste hin
abfallenden Osten ist
Kairouan, die heiligste
Stadt Tunesiens und zu-
gleich eine der verehr-
testen in der gesamten
islamischen Welt. Größte
Sehenswürdigkeit der Stadt
ist ihre alte Moschee, die als
die bedeutendste Nordafrikas
gilt, sowie die wunderbare
Medina mit einer Vielzahl architek-
tonischer Sehenswürdigkeiten sowie
einer farbenprächtigen Teppichindustrie.

Viele römische Ausgrabungsstätten erinnern an die Zeit, als das heutige Tunesi-
en Teil der römischen Provinz Africa war; zu den wichtigsten römischen Städten
der Region zählen Dougga und Thuburbo Majus im Norden und Sbeïtla im Landesinneren. Die einstmals bedeutenden antiken Städte sind heute zum Teil zwar
verwittert, aber noch immer großartig und rufen mit ihren Foren, Amphitheatern
und Bädern ein nostalgisches Bild des römischen Lebens vor 2000 Jahren hervor.
    Zentraltunesien ist so reizvoll, dass Sie unbedingt auf Entdeckungstour gehen
sollten. Selbst historisch weniger Interessierte werden von den Ruinen in Dougga
und Sbeïtla beeindruckt sein. Wer gerne wandert, ist in der beliebten Wanderregion
gut aufgehoben, u. a. lockt der mit 1544 m höchste Berg Tunesiens: Djebel Chambi.

Vorhergehende Seite: Die gut erhaltenen Ruinen rund um das Kapitol von Dougga

★ Nicht verpassen!

1 **Dougga** ➤ 116
2 **Sbeïtla** ➤ 118
3 **Kairouan** ➤ 120

Nach Lust und Laune!

4 Le Kef ➤ 123
5 Haïdra ➤ 124
6 Kasserine ➤ 125
7 Makthar ➤ 125
8 Zaghouan ➤ 126
9 Thuburbo Majus ➤ 126

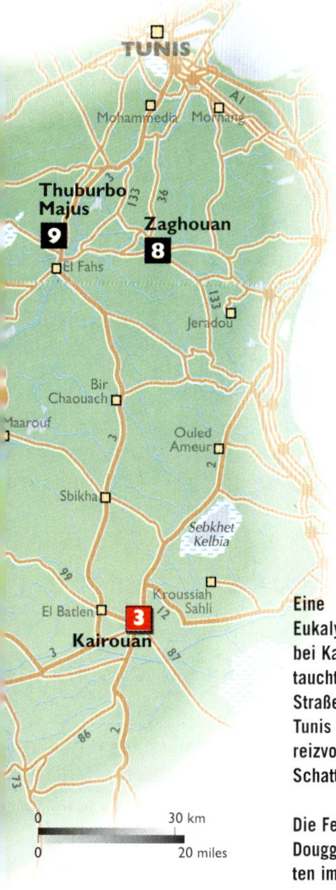

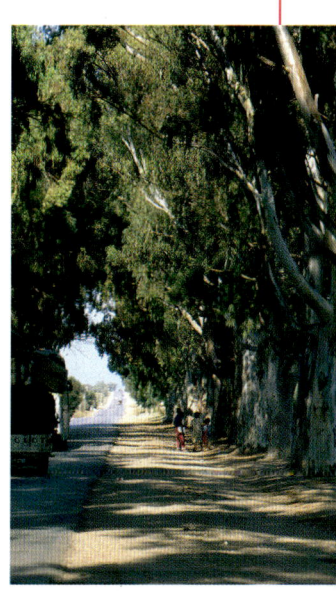

Eine Eukalyptusallee bei Kairouan taucht die Straße nach Tunis in ein reizvolles Schattenlicht

Die Felder bei Dougga leuchten im goldenen Spätnachmittagslicht

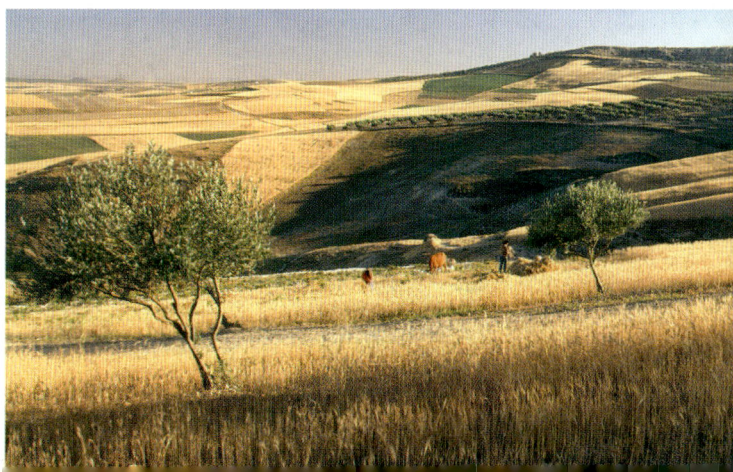

Großartige römische Städte, faszinierende Moscheen und abenteuerliche Festungen sind die Highlights auf dieser Tour durch das staubige und gebirgige Zentraltunesien.

Zentraltunesien und der Hohe Tell in drei Tagen

Erster Tag

Morgens

Von Tunis führt die Autoroute 5 nach Südwesten in die 100 km entfernte Stadt Teboursouk. Dort sollte man sich mit reichlich Wasser eindecken, bevor es zur römischen Stadt Dougga geht.

Nachmittags

Für die beeindruckenden Ruinen von **①Dougga** (➤ 116) sollten Sie sich mindestens drei Stunden Zeit nehmen. Machen Sie ein Picknick und spazieren Sie durch die Ruinenstätte, um einen Eindruck davon zu bekommen, wie fortschrittlich die römische Gesellschaft vor 2000 Jahren war. Auf der Autoroute 5 geht es anschließend weiter nach **④Le Kef** (unten; ➤ 123).

Abends

Übernachten Sie in Le Kef, besichtigen Sie den Schrein Aïn el-Kef im Zentrum und genießen Sie dann ein Abendessen bei Chez Vénus (➤ 128).

Zweiter Tag

Vormittags

Steigen Sie zu den Zwillingsfestungen auf einem Felsen hoch über der Stadt hinauf und besuchen Sie das Musée Régional des Arts et Traditions Populaires mit seinen Exponaten zur Kultur der örtlichen Berber. Weiter geht es nach **⑥Kasserine**, wo Sie das Mausoleum des Flavius Secundus und Petrouan (rechts; ➤ 125) besichtigen. Nächstes Ziel ist **②Sbeïtla** (➤ 118), wo Sie sich mit einem Mittagessen bei den römischen Ruinen für die Erkundung des Ortes stärken können.

Nachmittags

Danach geht es durch Wälder und Schluchten Richtung Norden nach **⑦Makthar** (➤ 125), das weitere Ruinen bietet. Tagesziel ist Kairouan.

Abends
In **3 Kairouan** (bekannt für seine handgeknüpften Teppiche, oben; ➤ 120) führt ein Spaziergang durch das faszinierende Labyrinth der Medina. Die Pizzeria Piccolo Mondo (➤ 128) an der Avenue Ibn el-Jazzar bietet sich für ein Abendessen, das Café Maure im Hotel Kasbah für eine Minze (➤ 127) an.

Dritter Tag

Vormittags
Für die vielen Sehenswürdigkeiten von Kairouan sollte man sich genügend Zeit nehmen. Die wichtigste ist die Grande Mosquée de Sidi Oqba. Ein Kombiticket gewährt Einlass zu sieben der Hauptsehenswürdigkeiten der Stadt. Alternativ bietet sich der entspannende Besuch eines *hammams* in der Medina an.

Nachmittags/abends
Nach einem Mittagessen geht es zurück in das 150 km entfernte Tunis. Die Autoroute 2 führt über die Küstenstraße nach Hammamet (➤ 102), als Alternative bietet sich die Autoroute 3 an, die mit einem kleinen Abstecher nach **8 Zaghouan** (➤ 126) direkt nach Norden führt. In Zaghouan stehen die eindrucksvollen Ruinen des römischen Aquäduktes von Zaghouan nach Karthago. Auf einem Hügel lohnt der Temple des Eaux (Wassertempel) einen Besuch. Einer Legende zufolge kehren Besucher immer wieder nach Tunesien zurück, wenn sie von dem Wasser des Tempels gekostet haben.

❶ Dougga

Dougga – die spektakulärste, größte und am besten erhaltene römische Stadt Tunesiens – wurde von der UNESCO zum Weltkulturerbe erklärt. In den Straßen haben die Räder der römischen Wagen tiefe, noch heute gut sichtbare Furchen hinterlassen. Antike Foren, Märkte, Kolonnaden, Säulen, Tempel, Bäder und private Villen sind so gut erhalten, dass sie einen anschaulichen Eindruck vom städtischen Leben im römischen Imperium vor 2000 Jahren vermitteln.

Wenn man von Norden über Djebba und Teboursouk anreist, eröffnet sich ein wunderbarer Ausblick über die Hügel des Medjerda-Flusstales. Die römischen Eroberer erbauten die beeindruckende Stadt auf den Grundmauern der altehrwürdigen karthagischen Stadt Thugga, in der einst der numidische König Massinissa residiert hatte.

Der römische Kaiser Septimius Severus (193–211 n. Chr.) ernannte Dougga zum *municipium*, zur Freistadt – der 205 n. Chr. errichtete Triumphbogen erinnert an dieses Ereignis. Ein weiterer Triumphbogen wurde zur Verleihung der Stadtprivilegien durch Alexander Severus (222–235 n. Chr.) erbaut. Dieser Bogen ist noch weitgehend intakt und eine der wichtigsten Sehenswürdigkeiten der Stadt.

Das prächtige **Kapitol**, auf dessen Giebel die Statue von Kaiser Antoninus Pius (138–161 n. Chr.) zu erkennen ist, wurde 166 n. Chr. vollendet. Die großen Säulen und die 10 m hohen Steinmauern wurden akribisch restauriert. Das angrenzende **Forum** mit seinen Säulen und dem Säulengang wurde vom byzantinischen Kommandeur Solomon teilweise zerstört, als dieser hier eine Festung errichtete.

Das für 3500 Zuschauer geplante **Theater** zeigt sich in einem hervorragenden Zustand. Es wurde 188 n. Chr. aus einer Felswand gehauen und wird auch heute noch in den Sommermonaten für Aufführungen und Konzerte genutzt. Ein wichtiger Tempel war der karthagischen Gottheit Baal Hamon gewidmet, 195 n. Chr. wurde an dieser

Oben: Die Säulen des Junotempels aus dem 3. Jahrhundert

Unten: Dougga ist eine der beeindruckendsten Ruinenstädte des Mittelmeerraums

Stelle ein **Saturntempel** errichtet. Zwei Fußabdrücke im Pflaster sollen einen Besuch des Gottes Saturn in diesem Heiligtum dokumentieren. Der **Platz der Windrose** war einst ein Marktplatz, sein Name geht auf die Windrose zurück, auf der die Namen aller zwölf Winde eingemeißelt sind.

Das **Bad des Licinius** wurde im 3. Jahrhundert errichtet und ist immer noch in recht gutem Zustand: Zu sehen sind unterschiedliche Räume für heiße und kalte Bäder sowie das Heizungssystem. Das *palaestra* oder Gymnasium befindet sich nebenan. An der Zugangsstraße zum Bad liegt das **Haus der Mundschenke**, das nach einem hier gefundenen Mosaik benannt wurde. Wie so viele andere Mosaiken aus Dougga befindet es sich nun im Musée du Bardo (➤ 60) in Tunis.

KLEINE PAUSE

Wenn es nicht allzu heiß ist, ist Dougga wie geschaffen für ein **Picknick**. Alternativ verkauft ein kleines Café neben dem Theater Snacks.

➕ 180 B3
✉ 110 km südwestlich von Tunis an der Autoroute 5
☎ (78) 46 66 36 🕐 tägl. 8–19 Uhr (Winter 8.30–17.30 Uhr)

🚌 stündlich Busse von Tunis nach Le Kef, die ca. 3 km von der Römerstadt entfernt in Nouvelle Dougga halten
💰 preiswert

DOUGGA: INSIDER-INFO

Top-Tipps: Nehmen Sie sich mindestens **drei Stunden** Zeit für die Besichtigung der Ruinen und kommen Sie am besten **am frühen Morgen** oder **am späten Abend**, denn dann ist man zumeist allein und vermeidet die mittägliche Hitze.
Zur Ausrüstung sollten **Wanderschuhe, ein Hut, Sonnencreme und Wasser** nicht fehlen.
• Beim Dougga-Festial ist das Theater der ideale Schauplatz für klassische Dramen.

2 Sbeïtla

Sbeïtla – in der eher unwirtlichen Region in den Ausläufern des Hohen Tell gelegen – ist die südlichste der römischen Städte und nach Dougga außerdem die zweitgrößte römische Ruinenstätte des Landes. Ihren Reichtum verdankte sie dem Anbau von Olivenbäumen, die hier einst im Überfluss gediehen. Heute ist der Ort als Archäologischer Park unter Schutz gestellt, bietet aber nichtsdestotrotz ein Einkaufszentrum mit zahlreichen Cafés.

Am Eingang zu den Ruinen steht ein gewaltiger römischer Triumphbogen, der auch **Porte d'Antonin** genannt wird. Ein Stück weiter Richtung Stadt befinden sich zwei gut erhaltene byzantinische Festungsbauten, die an die Grenzlage der Stadt, die immer wieder in Schlachten mit den unabhängigen Berberstämmen des Südens verwickelt war, erinnern. Hinter der Festung unweit der gepflasterten Hauptstraße befindet sich die best erhaltene römische Olivenpresse des Landes. Auch sind die prächtigen öffentlichen Bäder gut erhalten. Insgesamt hat man in Sbeïtla bis jetzt fünf separate Badekomplexe frei gelegt: Schwimmbecken, Mosaike und das unterirdische Heizungssystem (Hypokaustum) sind leicht zu erkennen. Am Hang unterhalb liegt das Theater, einige der Bühnensäulen stehen noch vor den beschädigten Zuschauersitzreihen. Wieder auf der Haupstraße kommt man zur **St.-Servus-Kirche**, die in einen bereits bestehenden Tempel geschlagen wurde.

Imposante Reste der Minerva-, Jupiter- und Juno-Tempel

Das **Forum**, 139 n. Chr. zur
Blütezeit der Stadt gebaut, fas-
ziniert durch die drei den Göttern Minerva, Jupiter und
Juno geweihten Tempel, die
zwar kein Dach mehr haben,
aber ansonsten weitgehend
intakt sind. Über zwei Treppen
erreicht man diese erhöht
errichteten Tempel des Kapi-
tols. Während der byzantinischen Epoche entstand nördlich des Forums ein christli-
cher Kirchenkomplex (6. Jahrhundert). Folgt man diesem
Weg nach Norden, steuert
man direkt die **Bellator-Basi-
lika** an (eine Bischofskirche;
eine Inschrift trägt den Namen
des Bischofs). Der Chor der
Bellator-Kirche ist mit Mosaiken geschmückt. Von der
einstigen Taufkapelle, die später die Kapelle zu Ehren des
Bischofs Jucundus wurde, sind

die Säulen und das Taufbecken erhalten. Neben der Kirche finden **Steinernes**
sich die Überbleibsel des größten Gotteshauses dieses Komplexes, **Bildnis eines**
die **Vitalis-Basilika** – erbaut Ende des 5. Jahrhunderts in Geden- **römischen**
ken an den 286 getöteten Märtyrer. Die fünf von doppelten **Adligen**
Säulenreihen gestützten Schiffe sind noch gut zu erkennen, ebenso
die wunderschön mit Mosaiken verzierten Taufbecken. Weiter
nordwestlich liegen die Ruinen des **Septimus-Severus-Bogens**,
das **Haus der Jahreszeiten**, benannt nach dem hier gefundenen
Mosaikenmotiv, das heute im Bardo-Museum (▶60f) zu sehen ist,
und Reste eines Amphitheaters.

KLEINE PAUSE

Gegenüber der Ruinen können Sie sich im
Restaurant **Le Capitole** (▶128) stärken.

➕ 183 E5
✉ 117 km westlich von Kairouan an der Autoroute 3
☎ (77) 46 58 13 🕐 tägl. 7–19 Uhr (Winter 8.30–17.30
Uhr) 🚌 tägl. drei Busse von Kairouan 💶 preiswert

SBEÏTLA: INSIDER-INFO

Top-Tipp: Der **spektakulärste Anblick** der Ruinen bietet sich **im Licht der Morgensonne.**
• Bei einem abendlichen oder winterlichen Besuch von Sbeïtla sollte man **warme
Kleidung** nicht vergessen. Die Ruinen liegen auf einer Höhe von mehr als 1000 m,
hier können die Nächte schon empfindlich kühl werden.

Außerdem: Im örtlichen Museum sind einige Mosaiken und andere Exponate zu
sehen, darunter kleine **Grabstelen** von nahen Friedhöfen mit gemeißelten Figuren
der Verstorbenen. Die besten Mosaiken wurden allerdings in das Musée du Bardo
(▶60) nach Tunis gebracht.

3 Kairouan

**Die gesamte Stadt wurde zum UNESCO-Weltkulturerbe er-
klärt, zu Recht: Kairouan ist die älteste arabische Stadt Tunesiens und nach Mekka, Medina und Jerusalem die viertheil-
ligste Stätte der islamischen Welt. Innerhalb der von Stadtmauern eingefassten Medina befinden sich über 50 Mosche-
en, die bedeutendste ist die Grande Mosquée de Sidi Oqba.**

Kairouan liegt an einer alten Handelsroute durch die trockene
tunesische Steppenregion, über die einstmals Kamelkarawanen
nach Durchquerung der Sahara auf dem Weg nach Tunis zogen.
Hier plante Uqba ibn Nafi die arabische Eroberung Nordafrikas
670 n. Chr. Die Stadt blühte unter dem Namen Al-Qayrawan auf,
nachdem sie um 800 vom Aghlabiden-Herrscher zur Hauptstadt
erkoren wurde. Auch unter den Fatimiden- und Ziriden-Herr-
schern blieb sie ein wichtiges politisches Zentrum des Landes.

Innerhalb der Medina

Die alte, rund 30 ha große Medina hat die Form eines unregel-
mäßigen Rechtecks und wird von 7 km langen Mauern umgeben.
Ein Rundgang durch die lebendige Altstadt ist eine Reise in die
Vergangenheit. 12 000 Familien sind mit der Herstellung von
Teppichen beschäftigt; angesichts des Konkurrenzkampfes über-
rascht die aggressive Verkaufstaktik mancher Händler wenig.

Das Haupteingangstor zur Medina ist das Bab ech-Chouhada
(Märtyrer-Tor). Von dort führt die Hauptverkehrsstraße Avenue 7
Novembre zum Stadttor Bab Tunis an der Nordwestmauer.
Westlich davon liegen die Souks. In den zum Teil überdachten
engen Gassen finden Sie auch Geschäfte, die weniger auf
Touristen ausgerichtet sind. Hinter dem Bab ech-Chouhada

*In Kairouans
überdachten
Souks aus dem
17. Jahrhundert
lassen sich
viele Schnäpp-
chen machen*

befindet sich in einer rechts liegenden Seitenstraße die **Zaouia Sidi Abid el-Ghariani**, das Mausoleum von Sidi Abid el-Ghariani aus dem 14. Jahrhundert. Der kunstvoll verzierte Schrein steht auch Nicht-Muslimen offen, seitdem die sterblichen Reste des Heiligen eine andere letzte Ruhestätte gefunden haben.

Weiter in Richtung Zentrum der Medina liegen die **Mosquée el Bey** sowie der Brunnen **Bir Barouta**, der mit der Quelle Zamzam in Mekka verbunden sein soll. Ein Kamel muss hier Wasser pumpen, das als heilig gilt.

In nördlicher Richtung befindet sich die **Mosquée**

Kolonnaden säumen den Hof der Mosquée de Sidi Oqba

des Trois Portes (Moschee der drei Türen) aus dem 9. Jahrhundert. Die schöne Fassade ist mit steinernen arabischen Kalligrafien verziert. Die drei Türen markieren separate Eingänge für Männer, Frauen und Kinder.

Grande Mosquée de Sidi Oqba

Im Norden der Altstadt steht die Große Moschee, die von Uqba ibn Nafi 671 errichtet wurde, in ihrer jetzigen Form jedoch größtenteils auf die Zeit der Aghlabidenherrscher im 9. Jahrhundert zurückgeht.

Die Moschee ist beeindruckend, vornehm und anmutig zugleich. Ihr Hof, die mächtigen Zederntüren unter den hufeisenförmigen Steinbögen und vor allem der riesige Gebetssaal mit 400 Säulen sind ein einzigartiges Monument arabischer Baukunst. Viele der Säulen sind aus unterschiedlichen Gesteinsarten und in unterschiedlichen Farben gearbeitet und stammen teilweise aus den römischen Ruinen von El Djem und Karthago. Der Zutritt zum Gebetssaal ist Nicht-Muslimen untersagt, doch kann man durch offene Türen einen Blick auf die herrliche Inneneinrichtung werfen. Die Gebetsnische (*minbar*) stammt aus dem 9. Jahrhundert und soll die älteste noch existierende der Welt sein. Sie ist mit 250 geschnitzten Holzpaneelen verziert. Außen ragt ein von einer Kuppel gekröntes 35 m hohes Minarett in drei Ebenen empor. 128 Stufen führen auf die Turmspitze, die mit christlichen Grabsteinen bedeckt ist.

Außerhalb der Medina

Nördlich der Medina liegen die Aghlabiden-Bassins, die einst die Stadt mit Wasser versorgten, das über ein Aquädukt aus Djebel Cherichera hergeleitet wurde. Die **Zaouia Sidi Sahab** oder »Barbiermoschee« nahebei beherbergt das Grab von Abou Zamaa el-Balaoui, dem Gefährten (*sahab*) Mohammeds. Die Moschee aus dem 17. Jahrhundert ist kunstvoll mit Kacheln und Mosaiken geschmückt und wird von anmutigen Kolonnaden umgeben.

KLEINE PAUSE

Das Hotel-Restaurant **La Kasbah** (►128) hat sich auf Buffets spezialisiert und darf auch Wein und Bier ausschenken. Ein Swimmingpool sorgt für die nötige Kühlung.

✚ 181 D1
✉ 70 km westlich von Sousse
🚌 regelmäßige Verbindungen zwischen Tunis und dem Süden
✉ Touristeninformation: place des Martyrs, Tel. (77) 23 18 97; Verkauf von Kombitickets beim Syndicat d'Initiative gegenüber vom Hotel Continental, in der Nähe der Aghlabiden-Bassins, Tel. (77) 27 04 52

Grande Mosquée de Sidi Oqba
✉ boulevard Ibrahim ibn Aghlab, Haupteingang am Boulevard Brahim ben Lagheb
🕐 Sa–Do 7.30–14 Uhr (Winter 8–14.30 Uhr), Fr 8–12 Uhr

Zaouia Sidi Sahab
✉ avenue Zamaa el-Belaoui
🕐 tägl. 7.30–18.30 Uhr

Mosquée el-Bey
✉ avenue du 7 Novembre
🕐 tägl. 8–17.30 Uhr

Mosquée des Trois Portes
✉ rue de la Mosquée des Trois Portes
🕐 tägl. 8–16 Uhr

Zaouia Sidi Abid el-Ghariani
✉ rue Sidi el-Ghariani
🕐 Sa–Do 8.30–13, 15–18 Uhr (Fr Nachmittag geschl.)

Bassins des Aghlabides
✉ avenue de la République
🕐 tägl. 8–12, 15–19 Uhr (Winter 8.30–17.30 Uhr)

KAIROUAN: INSIDER-INFO

Top-Tipps: Das Syndicat d'Initiative an der Place des Bassins des Aghlabides verkauft **Kombitickets**, die Zugang zu den sieben Hauptsehenswürdigkeiten der Stadt gewähren.
• Vom Dach des Syndicat d'Initiative hat man einen exzellenten Ausblick auf die **Bassins des Aghlabides**. Die Wasserbecken waren im 9. Jahrhundert Teil einer ausgeklügelten Wasserversorgung für die Stadt. Das Wasser wurde über 35 km aus dem Gebirge hierher geleitet.

Nach Lust und Laune!

4 Le Kef

Le Kef (»Der Fels«) liegt auf dem 780 m hohen Felsen Djebel Dyr, der zum tunesischen Hohen Tell gehört. Nach Kairouan ist Le Kef die wichtigste Stadt Tunesiens im Landesinneren.

ten Weltkrieges bot Le Kef der Widerstandsgruppe Français Libres (Freie Franzosen) Unterschlupf.

In der Umgebung von Le Kef lässt es sich wunderbar wandern oder die römischen Ruinenstätten erkunden. Domi-

Das osmanische Fort thront über der Altstadt von Le Kef

Die Karthager bauten hier eine Festung, doch waren sie nicht die ersten Siedler, wie ältere Steinwerkzeuge aus der Region zeigen. Eine vorhandene Wasserquelle in **Aïn el-Kef** spielte dabei eine wichtige Funktion und hatte vielleicht sogar eine religiöse Bedeutung. Der Schrein für Lalla Ma, »Heilige des Wassers«, wird auch heute noch so wie schon vor einigen Jahrhunderten verehrt. Es gibt Cafés und einen Garten in der Senke, in der die Quelle entspringt. Auch einige original römische Steineinfassungen sind zu besichtigen: Für die Römer hatte Le Kef eine besondere Bedeutung, weil sie im nahe gelegenen Zama Hannibal geschlagen hatten. Die Byzantiner bauten in Le Kef eine Kirche und die Osmanen unterhielten eine bedeutende Festung. Während des Zwei-

niert wird die Stadt von der Kasbah: Die beiden Festungstürme, die über eine Brücke miteinander verbunden sind, thronen eindrucksvoll über der Altstadt. Die kleinere Bastion stammt aus der osmanischen Epoche, während die größere auf byzantinischen Fundamenten im Jahr 1601 errichtet wurde. Von der Festung fällt der Blick auf die **Mosquée Sidi Bou Makhluf**, die im 17. Jahrhundert erbaut wurde und nach dem Schutzheiligen von Le Kef benannt ist. Ihr rein-weißes Aussehen und das schöne, achteckige Minarett mit herrlicher Kachelverkleidung geben ihr ein elegantes Aussehen. In einem der insgesamt neun *zaouias* (Mausoleen) des

Ortes, der Zaouia Sidi Ali Ben Aissa, ist das **Musée Régional des Arts et Traditions Populaires** untergebracht. Im Museum erfährt man Interessantes über die Kultur der Berber-Nomaden. An der Place Sidi bou Makhlouf befindet sich die **Basilika**, deren Museum sich der Antike widmet. Etwas weiter, nahe der Hauptstraße der Altstadt, an der Rue Farhat Hatched, findet sich die **al-Ghriba-Synagoge** einer einst florierenden jüdischen Gemeinde in Le Kef.

➕ 180 A2 ✉ 170 km südwestlich von Tunis

Aïn el-Kef
✉ place de l'Indépendance (gegenüber des Hotels Sicca Veneria) 🕐 freier Zutritt
💵 frei

Kasbah
✉ rue el-Kasbah 🕐 Di–So 8–19 Uhr
💵 frei

Musée Régional des Arts et Traditions Populaires
✉ place ben Aissa 🕐 tägl. 9.30–16.30 Uhr (Winter 9–13, 16–19 Uhr) 💵 preiswert

bastion und die mächtigen Mauern sind Teil einer der ausgedehntesten byzantinischen Festungsanlagen ganz Afrikas. Sie erinnern an mächtige Reiche, die sich schon vor der Ankunft der Araber im 7. Jahrhundert in Auflösung befanden. Auch fünf Kirchenruinen aus vorislamischer Zeit blieben erhalten.

Haïdra war schon zu phönizischer und römischer Zeit besiedelt, die Römer gründeten unmittelbar an der Grenze zwischen dem römischen Africa und dem Numiderreich die Siedlung Ammaedara. Am Eingang der archäologischen Stätte steht ein Triumphbogen, der zu Ehren des »afrikanischen« Kaisers Septimius Severus errichtet wurde. Ein dahinter im Feld liegendes Mausoleum, das zu den besterhaltenen Gebäuden auf dem noch weitgehend unerforschten Gelände zählt, ahmt die Form eines Tempels nach.

Nördlich von Haïdra ragt ein großer, kahler, nach oben flacher werdender Berg empor, der aufgrund seiner Form auch Le Table de Jugurtha (Jugurthas Tisch) genannt wird. Jugurtha war ein-

⑤ Haïdra
Ruinen einer byzantinischen Siedlung liegen rund um eine mächtige Festung verstreut in diesem abgeschiedenen und etwas trostlos wirkenden Flecken an der algerischen Grenze. Die große Rund-

Schafe weiden um die Ruinen von Haïdra

numidischer König, der sich entschieden den Römern widersetzte. Wanderern mit guter Kondition empfiehlt sich der zwei- bis dreistündige Aufstieg (ausreichend

Wasser mitnehmen!), Startpunkt ist
der Ort Kalaat Es-Senan.

🞢 180 A1 ✉ **zwischen Le Kef und**
Kasserine an der Route 4
🕓 **freier Zugang** 🖐 **frei**

❻ Kasserine

Der Marktort im Süden des bei Wanderern wie Jägern beliebten Hohen Tell
liegt unweit des 1544 m hohen Djebel
Chambi. Der Ort ist ein bedeutender
Straßen- und Eisenbahnknotenpunkt
der Region; bewässerte Getreidefelder,
Olivenplantagen sowie Weideland für
die umherziehenden Schaf- und Rin-
derherden prägen das Landschaftsbild.
1943 war der Ort Schauplatz verlust-
reicher Kämpfe der Alliierten Armeen
gegen die deutsche Armee (➤ 21).

Der Name Kasserine bedeutet
»zwei Burgen« und bezieht sich auf
die zwei hier stehenden römischen
Mausoleen. Gut erhalten ist das hoch
aufragende, zu Ehren von Flavius
Secundus errichtete Gebäude, das
man beim Verlassen des Ortes gen
Süden zur Rechten sieht.

🞢 180 D5 ✉ **40 km südwestlich von**
Sbeïtla an der Autoroute 13, 110 km süd-
lich von Le Kef an der Autoroute 17

❼ Makthar

Das 8000 Einwohner zählende Städtchen auf einem Hochplateau liegt inmitten einer der schönsten Landschaften Tunesiens: Eindrucksvolle Schluchten und weitläufige Wälder liegen in
der Umgebung, 17 km östlich lohnt an
der Straße nach Kairouan das Berber-
Bergdorf Kesra einen Besuch. Die Römer entrissen die Stadt 46 v. Chr. der
Herrschaft der Numider und nannten
ihre Stadt Mactaris. Im 2. Jahrhundert

Gut erhaltene Kolonnaden umrahmen die
schola juvenum **in Makthar**

n. Chr. erlebte Mactaris seine wirtschaftliche Blüte, litt später jedoch
unter den wiederholten Angriffen von
Vandalen, Byzantinern und Arabern.

Ein Amphitheater, ein Forum und
ein Triumphbogen zu Ehren von Kaiser Trajan erinnern an die römische
Blütezeit. Die Bäder aus dem 2. Jahrhundert mit wellenförmigen Mosa
iken wurden ob ihrer Größe später in
ein byzantinisches Fort integriert. An
der gepflasterten Straße zu den Bädern passiert man die Ruinen einer
Kirche, die nach einem Mann namens

Eine Berberfrau bei der Weizenernte

Hildegun benannt ist, der am Kircheneingang begraben liegt. Dem alten Forum gegenüber steht ein Bacchus-Tempel sowie eine *schola juvenum*, ein Treffpunkt junger Männer. Die unter schattigen Bäumen liegenden Ruinen wurden teilweise in eine Kirche umgewandelt. Am Zugang zum Gelände zeigt ein kleines Museum punische, römische und christliche Exponate.

✚ 180 B2 ✉ 115 km westlich von Kairouan an der Autoroute 12 auf halbem Weg nach Le Kef ☎ (78) 78 76 51 🕐 tägl. 8–18 Uhr (Winter 8.30–17.30 Uhr) 💶 mittel

8 Zaghouan

Die kleine, malerische Stadt hat 10 000 Einwohner und liegt an der fruchtbaren Nordseite der schroffen Bergspitzen des 1295 m hohen Djebel Zaghouan. Von Zigus – so der römische Name des Ortes – aus versorgte ein rund 70 km langes Netzwerk von Aquädukten und Kanälen (die genaue Länge ist unter Wissenschaftlern umstritten) das römische Karthago mit Wasser; Teile davon stehen noch an der Straße nach Tunis.

Größte Sehenswürdigkeit des Ortes ist der auf einem Hügel gelegene und um 130 n. Chr. von Kaiser Hadrian erbaute Tempel zur Ehren der Nymphe der Quelle. Architektonisch ungewöhnlich ist eine Reihe von zwölf halbkreisförmig über dem Wasserbecken angelegten Nischen. Die ursprünglich darin stehenden Statuen symbolisierten einst die zwölf

Der Temple des Eaux in Zaghouan

römischen Monate. Der Legende nach kehrt jeder nach Tunesien zurück, der Wasser aus dieser Quelle trinkt.

✚ 181 D3 ✉ 60 km südlich von Tunis, 30 km westlich von Hammamet 🕐 freier Zugang 💶 frei

9 Thuburbo Majus

Pinkfarbene Marmorsäulen erwarten die Besucher der römischen Bäder der Stadt. An der Stelle der in einem Tal zwischen den Hügeln gelegenen Stadt gab es wahrscheinlich schon vor der Gründung durch die Karthager eine Berbersiedlung. Der zu Zeiten Kaiser Hadrians regional bedeutende Marktort wurde 407 durch Vandalen zerstört.

Das Gelände selbst beeindruckt durch seine Mauern und die noch erhaltenen Säulen. Das weitgehend zerstörte zentrale Forum wird von Säulen und Geschäften umgeben. Der Kapitolstempel wurde 168 n. Chr. errichtet und gehört mit seinen vier massiven Säulen zu den größten Tempeln Afrikas. Teile der riesigen, 7 m hohen Jupiterstatue befinden sich im Musée du Bardo (► 60) in Tunis. Einer der insgesamt fünf Badekomplexe, die Winterbäder, liegt erhöht am Berghang. Sehenswert ist auch die Palaestra Petronii, einst eine Sportstätte.

✚ 181 D3 ✉ 60 km südwestlich von Tunis an der Autoroute 3 🕐 tägl. 8–19 Uhr (Winter 8.30–17.30 Uhr) 💶 mittel

Wohin zum ... Übernachten?

Preise

Für ein Doppelzimmer gelten folgende Preise:

€ unter 80 TD €€ 80–160 TD €€€ über 160 TD

KAIROUAN

La Kasbah €€€

Das luxuriöseste Hotel Kairouans wurde im alten Fort eingerichtet und liegt günstig für einen Besuch der Souks und der Hauptsehenswürdigkeiten der Stadt. Im Inneren führt eine eindrucksvolle Lobby zu den komfortablen Zimmern. Einige davon haben einen kleinen Balkon und öffnen sich zum beheizten Pool im Innenhof. Das gute Restaurant bietet häufig Buffets an, da es viel von Reisegruppen besucht wird. Wer es sich leisten kann, sollte hierher kommen.

⊞ 181 D1 ⊠ avenue Ibn al-Jazzar
☎ (77) 23 73 01; Fax (77) 23 73 02;
www.goldenyasmin.com

Splendid €

Das freundliche Hotel richtet sich vor allem an preisbewusste Reisende. Alle jüngst renovierten Zimmer verfügen über Heißwasser, das Frühstück ist im Preis inbegriffen. Die hilfsbereite Hausleitung organisiert Ausflüge und Besichtigungen. Das Splendid ist ruhig in einer kleinen Seitenstraße unweit vom Tor zur Medina gelegen.

⊞ 181 D1 ⊠ rue 9 Avril
☎ (77) 23 00 41; Fax (77) 23 08 29

LE KEF

Dar Chennoufi €€–€€€

Nur eine kurze Entfernung zur Altstadt von Le Kef befindet sich eine recht vornehme Bed & Breakfast-Unterkunft, die in einem modernen Landhaus untergebracht ist. Für Wanderer, die den Berg Le Table de Jugurtha (▶124) erklimmen oder die Umgebung erkunden möchten, ist dies die ideale Ausgangsbasis. Auch sind die hiesigen römischen Stätten zu Fuß zu erreichen. Die makellos sauberen Zimmer verfügen jeweils über ein separates Bad. Abendessen kann zudem vereinbart werden.

⊞ 180 A2 ⊠ Semana Quarter
☎ (71) 86 55 28; (Fax) 71 32 06 82;
www.dar-chennoufi.com

Résidence Vénus €

Vielleicht die beste Unterkunft in der Innenstadt, aber nicht die teuerste. Das in der alten Kasbah gelegene kleine Gasthaus im Familienbesitz ist sauber, einladend und bietet ein solides Frühstück. Alle Zimmer haben ein eigenes Badezimmer und Klimaanlage.

⊞ 180 A2 ⊠ rue Mouldi Khamessi
☎ (78) 20 46 95;
www.hotel-lespins.com

SBEÏTLA

Sufetula €€

Dies ist das beste Hotel im Umkreis von Sbeïtla und bietet am Hang gelegen eine schöne Aussicht auf die antiken Ruinen. Die großen Zimmer verfügen alle über Klimaanlage, bieten ansonsten aber nur wenig Extras. Vollpension ist an diesem abgelegenen Ort nahezu ein Muss.

⊞ 183 E5 ⊞ 1,5 km nördlich von
Sbeïtla an der rue Kasserine
☎ (77) 46 53 17; Fax (77) 46 55 82

TEBOURSOUK

Thugga €€

Dem modernen und einigermaßen ordentlichem Standardhotel (Frühstück ist inklusive, Halbpension kostet extra) mangelt es zwar an Charme, es ist aber der beste Ort, um nahe der Ruinen von Dougga zu übernachten

⊞ 180 B3 ⊠ Route Tunis-Le Kef
☎ (78) 46 66 47; Fax (78) 46 67 21

Wohin zum ...
Essen und Trinken?

Preise

Die Preise gelten pro Person für ein Drei-Gänge-Menü (ohne Getränke und Service):
€ unter 15 TD   €€ 15–30 TD   €€€ über 30 TD

KAIROUAN

La Kasbah €€

Das Hotelrestaurant La Kasbah hat sich auf Buffets spezialisiert, doch werden auf Bestellung auch lokale Gerichte serviert. Die typisch tunesischen Gerichte sind oft schärfer gewürzt als andernorts. Auf der Karte stehen Weine, diverse Biere und verschiedene importierte Spirituosen. Von den bequemen Sitzen blickt man auf den Hotelpool im Innenhof.

✚ 181 D1 ⬛ avenue Ibn el-Jazzar
☎ (77) 23 73 01; Fax (77) 23 73 02
🕐 tägl. 11.30–14.00, 18–23.30 Uhr

Piccolo Mondo €–€€

Wenn Sie Ihren Gaumen zur Abwechslung mit dem Geschmack italienischer Gerichte verwöhnen möchten, ist diese Pizzeria der perfekte Ort dafür. Neben überwiegend Pizzen stehen auch Pasta- sowie andere internationale Speisen auf der Karte. Vor allem junge Leute zieht es in die »kleine Welt« des quirligen Italieners, bei dem Sie – umgeben von frischem und zeitgemäßem Ambiente – gutes Essen serviert bekommen.

✚ 181 D1 ⬛ avenue Ibn el-Jazzar, in der Nähe der Aghlabiden-Bassins

Sabra €

Genau wie im nahe gelegenen Roi de Couscous serviert das bei den Einheimischen populäre Restaurant tunesische Spezialitäten und verschiedene internationale Gerichte wie Steaks und Pommes frites, Hühnchen und einige hervorragende Salate. Es gibt im Sabra einfache Tagesgerichte, aber auch Drei-Gänge-Menüs.

✚ 181 D1 ⬛ avenue de la République 🕐 tägl. 10.30–13, 17.30–21.30 Uhr

LE KEF

Chez Vénus €€

Das zentral gelegene Lokal mit Café-Atmosphäre bietet in der Stadt Le Kef nach Ansicht vieler Besucher vermutlich die beste Auswahl und Qualität. Neben einem festen Touristenmenü findet sich auch eine große Auswahl an A-la-carte-Menüs, die sowohl tunesische, französische als auch italienische Gerichte umfassen.

✚ 181 D1 ⬛ avenue Ibn el-Jazzar, in der Nähe der Aghlabiden-Bassins

Salle Rose €

Das Restaurant im ersten Stock des Hotels Sicca Veneria serviert gute regionale und internationale Gerichte in einer angenehmen Atmosphäre. Die Lamm- und Rind-Kebabs sind zart und schmackhaft, genauso wie Couscous mit Huhn. Auch die Lasagne verdi, ähnlich zubereitet wie eine Spinatlasagne beim Italiener, ist zu empfehlen. Interessant für Vegetarier: Das Salle Rose bietet eine größere und abwechslungsreichere Auswahl an Gemüsen als die meisten anderen vergleichbaren tunesischen Lokale an.

✚ 180 A2 ⬛ place de l'Indépendance ☎ (78) 20 23 89
🕐 tägl. 11.30–14, 17.30–22.30 Uhr

SBEÏTLA

Le Capitole €€

Gegenüber der antiken, in einem Park gelegenen Ruinen befindet

✚ 180 A2 ⬛ rue Farhat Hached
☎ (78) 20 46 95 🕐 Mo–Do
8.30–13.30, 17.30–23 Uhr

sich das Restaurant in einem großen Gebäude, in dem auch Eintrittskarten verkauft werden. Von hier oben lassen sich die Ruinen in aller Ruhe begutachten. Auf der Karte stehen Grillgerichte, aber auch Omelettes.

ⓘ 183 E5 ✉ gegenüber den Ruinen, Sbeitla ☎ (77) 46 68 80 ⌚ tägl. 8.30–17.30 Uhr

TEBOURSOUK

Thugga €

Das Thugga (mit Alkoholausschanklizenz) ist sowohl bei Einheimischen als auch bei Touristen sehr beliebt, hat allerdings im weiten Umkreis auch kaum Konkurrenz. Die Speisekarte ist abwechslungsreich und dürfte jeden Besucher zufriedenstellen. Zu empfehlen sind örtliche Spezialitäten wie marcassin (junges Wildschwein) oder Tauben (wenn verfügbar).

ⓘ 180 B3 ✉ rue Tunis-Le Kef ☎ (78) 46 66 47 ⌚ tägl. 11.30 bis 14.30, 18–23 Uhr

Wohin zum ... Einkaufen?

Kairouan ist die größte Stadt im Landesinneren und bietet folgerichtig die besten Einkaufsmöglichkeiten. Die Souks sind voller verlockender Waren, die von Gold über Silber bis zu handgewebten Decken reichen.

Das Bummeln und Schauen alleine macht schon Spaß, leider trifft man jedoch immer wieder auch auf allzu aufdringliche Händler, die Touristen wortreich in ihre Läden locken wollen. Um ein Gefühl für das Preisgefüge zu bekommen, lohnt sich der Besuch eines ONAT-Ladens, der außerhalb der Medina in der Avenue Ali Zouaoui liegt. Als Faustregel gilt, dass die Festpreise der ONAT-/SOCOPA-Läden immer etwas höher als diejenigen in den Souks liegen.

Ebenfalls in der Avenue Ali Zouaoui liegt das ONAT-Teppichmuseum (Juni-Sept. Mo-Sa 7.30–13.30 Uhr; Okt.–Mai Mo–Do 8.30–13, 15–17.45, Fr–Sa 8.30–13 Uhr) mit einer wunderschönen Teppichsammlung. Teppiche zählen zu den wichtigsten Produkten der Region; die Weber von Kairouan produzieren schöne wollene mergoums und handgeknüpfte Teppiche. Das vielleicht beste Geschäft ist das Centre des Traditions et des Métiers d'Art de Kairouan in einer engen Seitenstraße unmittelbar nördlich von Bir Barouta am Souk el-Blaghija, das ebenfalls zu Festpreisen verkauft. Der Laden wurde von der ONAT zur Unterstützung des örtlichen Kunsthandwerks gegründet. Im Erdgeschoss befinden sich die Verkaufsflächen, im oberen Stockwerk Exponate zur traditionellen Stickerei, Weberei und Teppichherstellung.

Weitere Spezialitäten Kairouans sind **Kupferwaren** sowie makhroud, ein Dattelgebäck mit Sesam, die in den geschäftigen Souks im Herzen der alten Medina angeboten werden.

Le Kef verfügt ebenfalls über einige Souks, die jedoch eine andere Atmosphäre als diejenigen in Kairouan ausstrahlen. Auch die Waren unterscheiden sich ein wenig: Eine örtliche Spezialität ist **Silber- und Goldschmuck**. Mehrere Schmuckläden finden sich im Zentrum an der Place de l'Indépendance. Beliebt sind Goldkettchen in der Art, wie sie die einheimischen Bräute tragen, aber auch versilberte Kästchen und Spiegelrahmen mit ziseliertem Dekor.

Wer ein typisches regionales Souvenir möchte, sollte nach einem burnus mit Kapuze aus Kamelhaar Ausschau halten. Viele Einheimische tragen diese recht schwere Kopfbekleidung auch bei heißen Temperaturen. Wem es nach einer Flasche Wein dürstet, kann diese im **Weinladen** an der Westseite der Place Tahar ben Brahim im Südosten der Stadt kaufen.

Teboursouk bietet abgesehen von Postkartenständen nur wenige Einkaufsmöglichkeiten. Ähnliches gilt für **Sbeitla**, wo viele Touristen auf dem Weg zu den Ruinen bei Sufetula übernachten.

Wohin zum ...
Ausgehen?

NACHTLEBEN

Das Nachtleben in Zentraltunesien ist notgedrungen recht mager, dafür bieten sich mehr Möglichkeiten, das tunesische Alltagsleben zu entdecken, was den eigentlichen Reiz der Region ausmacht: Unterhaltung an den örtlichen Abenden in den örtlichen Cafés, wo man süßen türkischen Kaffee oder Pfefferminztee statt Alkohol trinkt. Wer es den Einheimischen gleich tun möchte, raucht dazu die traditionelle *chicha*, eine Wasserpfeife, und spielt eine Runde Schach oder Backgammon.

Kairouan ist die größte und heiligste Stadt der Region, hier fasste der Islam im Maghreb zuerst Fuß. So überrascht es wenig, dass sich der Ort eher konservativ, wenn nicht gar puritanisch gibt. Zu den wenigen

Ausnahmen zählt das **Hotel Amina** an der Route de Tunis mit einer Art »Nachtclub«. Es wird Alkohol ausgeschenkt und dazu traditionelle Musik gespielt, auch abendliche »Kultur-Shows« werden veranstaltet. Einladende Bars und ein reizendes Café in maurischem Stil finden sich auch im **Hotel La Kasbah** (▶ 127), dem besten Hotel Kairouans.

Einfacher, aber freundlich ist die Bar im **Le Splendid** an der Avenue 9 Avril 1939 (Tel. 77 22 75 22). In der von einheimischen Gästen gut besuchten Bar kann es recht laut werden. **Le Kef** ist kleiner als Kairouan und hat abends noch weniger zu bieten. Nur im **Sicca Veneria** an der Place de l'Indépendance (Tel. 78 22 15 61) wird Alkohol ausgeschenkt. Ähnlich sieht es in **Sbeïtla** aus, auch wenn die Bar im **Hotel Sufetula** (▶ 127) viel at-

traktiver wirkt. Weniger ansprechend und anonymer ist das schlicht **Bar/Restaurant** benannte Lokal an der Avenue Habib Bourguiba. Mehr Bar als Restaurant, kann man hier abends einen Drink in dem sonst weitgehend alkoholfreien Hinterland nehmen.

BADEN

Baden scheint mitten in der tunesischen Wüste ein ungewöhnlicher Zeitvertreib zu sein. Doch in **Hammam Mellegue**, 15 km westlich von Le Kef, bietet sich die einmalige Gelegenheit, sich in einem authentischen römischen Bad zu vergnügen. Das Bad stammt aus dem 2. Jahrhundert n. Chr. und liegt am Fuß einer dramatischen Steilwand über dem Oued Mellegue. Auch 1800 Jahre nach seinem Bau präsentiert sich das heiße *caldarium* noch unverändert und voll funktionsfähig. Steintreppen führen zu einem Schwimmbecken hinunter, das von den natürlichen heißen Quellen in einer unterirdischen Kammer beheizt wird. Die Bäder mit

recht günstigem Eintritt sind vormittags für Männer und nachmittags für Frauen geöffnet. Wo sonst kann man in die antike Geschichte wortwörtlich eintauchen?

FESTIVALS

Jeden Sommer findet in der großen Kasbah von **Le Kef** ein Festival zu Ehren des örtlichen Heiligen **Sidi Bou Makhlouf** statt. In **Sbeïtla** (dem römischen Sufetula) wird in der letzten Juliwoche das **Festival der Sieben Abdullahs** veranstaltet. Damit wird an den Sieg der arabisch-muslimischen Armee über die christlich-orthodoxe Streitmacht des Präfekten Gregor von Sufetula im Jahre 647 erinnert. Diese Schlacht bedeutete den Triumph des Islam im Maghreb. Schließlich findet im Juli/August in **Dougga** immer ein großes **Festival des Klassischen Theaters** statt. Informationen gibt es beim ONTT, dazu eine Website betreibt: www.tourismtunisia.com Auch das offizielle tunesische Tourismusamt hilft weiter (▶ 35).

Der Süden

Erste Orientierung

Die rauen, fast niederschlagslosen Gebiete des tunesischen Südens unterscheiden sich in vielerlei Hinsicht vom Rest des Landes. Am Rande der Sahara versprechen grüne Oasenstädte Erholung von der glühenden Wüstensonne. Die riesigen Salzseen (Chotts) sind unzweifelhaft der landschaftliche Höhepunkt im Süden Tunesiens. Mit schönen Stränden und einer breiten Palette an Hotels lockt die berühmte Ferieninsel Djerba.

Auf dem Weg nach Süden ist Gafsa die erste einer Reihe von ausgedehnten Palmenoasen, die jahrhundertelang die Kamelkarawanen versorgt haben. Den heutigen Besuchern gewährt sie mit ihren kühlen Brunnen und tropischen Palmen allen gewünschten Komfort. Die Oasenstädte Südtunesiens liegen rund um die endlosen und spektakulären Chotts. Dämme verbinden die Oasenstädte untereinander und ermöglichen den Be-

5 Gafsa

El Guettar

Metlaoui Jebel M'Dilla

563m
Jebel Sehib

812m
Jebel bou Jerz

Melah

Jebel Krefane

Jebel el Asker

El Hamma
du Jerid Ouled Majed

Borj
Es Segui

Degache

Nefta **I** **Tozeur**

Chott el Fedjaj

6

Qasr el-Aïn

Zaoula

Menchia
Souk

Bechri

Chott el Djerid

El Baiazi

I

Kebili **7** Bazma

Blidü

Douz **8**

El Faouar

Vorhergehende Seite: Ksar Ouled Soltane – der am besten erhaltene *ksar* Tunesiens

Rechts: Der Eingang zum Bordj el Kebir in Houmt Souk

★ Nicht verpassen!

Nach Lust und Laune!

**Oben: Ein
Schafhirte bei
Ghomrassen**

suchern, diese einzigartige Landschaft bequem zu bereisen. Auch im Südosten Tunesiens finden sich abwechslungsreiche Landschaften. Auf der Oliveninsel Djerba und im Urlaubszentrum Zarzis garantieren weiße Sandstrände und Luxushotels Erholung pur. Medenine und Tataouine liegen dagegen inmitten einer hügeligen Wüstenregion. Attraktive Unterkünfte wurden dort in den *ksour* geschaffen. Die trutzigen Speicherfestungen der Berber dienten einst als Getreidespeicher, Wohnung und Rückzugsort.

Der Ausflug in den Süden, für den man sich am besten ein Allradfahrzeug mieten sollte, ist rund 600 km lang. Die dreitägige Autofahrt führt zu endlosen Salzseen, zu tropischen Oasenstädten, zu malerischen Speicherfestungen und abschließend an die Mittelmeerküste.

Der Süden in drei Tagen

Erster Tag

Vormittags

Startpunkt ist am frühen Morgen die Oasenstadt **5 Gafsa** (➤ 146) mit einem Besuch der Piscines Romaines (Römische Bäder). Von Gafsa geht es Richtung Westen nach Metlaoui und Moulares. In der ariden Region durchquert eine berühmte Eisenbahnlinie die berühmten Gorges de Selja (➤ 164). Auf der Route 201 erreichen Sie **Tamerza** (unten; ➤146), wo das Le Soleil (➤152) zu einem Mittagessen oder die Hotelterrasse des luxuriösen Tamarza Palace (➤152) zu einer Erfrischung einlädt.

Nachmittags

Zwei weitere Bergoasen lohnen einen Abstecher: **Midès** (➤ 146) und Chebika. Auf der Route 16 passiert man den ersten Salzsee, Chott el Gharsa, und erreicht 60 km weiter südlich **1 Tozeur** (➤ 136ff). Die Oasengärten, die man wunderbar bei einem Spaziergang oder mit dem Fahrrad erkunden kann, gleichen mit ihren natürlichen Quellen und grünen Palmen einem Paradies. Um das schräg einfallende Abendlicht zu genießen, sollten Sie eine Stunde vor Sonnenuntergang zur Fahrt über den **1 Chott el Djerid** (➤ 136f) Richtung **7 Kebili** (➤ 147) aufbrechen. Das wechselnde Farbenspiel der Salzkristalle auf dem Salzsee, den Sie auf der Route 16 überqueren, ist bei Sonnenuntergang einfach atemberaubend.

Abends

Einen schönen Ausblick über den Chott bietet das bescheidene Restaurant des Hotels Fort des Autruches (➤ 150) in Kebili.

Zweiter Tag

Vormittags
Kontrollieren Sie vor dem Aufbruch in die Wüste Reifen, Wasser, Öl und Benzin. Dann geht es auf der Route 104 nach Osten. Die Straße ist normalerweise in gutem Zustand und mit einem Allradfahrzeug problemlos zu befahren. Bis

8 Matmata (links; ►142f), wo die Skywalker Bar zu einem Imbiss einlädt, sind es 100 km. Der Ort wurde durch die Höhlenwohnungen aus dem Kinofilm *Star Wars* weltweit bekannt.

Nachmittags
Auf der Route 104 geht es weiter nach **10 Metameur** (►148), wo man hervorragend die Bauweise der **4 *ksour*** (►144) studieren kann: Die spektakulären Speicherburgen, in denen einst Getreide gelagert wurde, boten den Bauern ausreichend Schutz vor feindlichen Räubern. Von Metameur sind es nur wenige Kilometer bis Medenine.

Abends
Genießen Sie eine Nacht in einem *ksar*. Eine dieser rustikalen Unterkünfte finden Sie in **Ksar el Hallouf** (►145), ca. 50 km westlich von Medenine entfernt.

Dritter Tag

Vormittags
Von Ksar el Hallouf führt die Route nach Tataouine, wo Sie den geschäftigen Markt besuchen sollten. Über die Autoroute 19 geht es nördlich nach Medenine und dann weiter östlich auf der Route 118 zur Küste.

Nachmittags
Nach der Ankunft in **9 Zarzis** (►148) können Sie am Strand eines der vielen Restaurants oder Cafés für ein kleines Mittagessen aufsuchen. Die **2 Insel Djerba** (►139f) erreichen Sie über den El-Kantara-Damm auf der Route 117, die östliche Küstenstraße führt nach Houmt Souk (rechts; ►140f), die bedeutendste Stadt auf der Ferieninsel.

Abends
Nach 600 km Autofahrt lockt als Belohnung ein herrliches Abendessen in einem der zahlreichen guten Restaurants der Insel (►151ff).

❶ Chott el Djerid und Tozeur

Es gibt kaum etwas Spektakuläreres als eine Fahrt über den Salzsee Chott el Djerid: Diese endlos erscheinende, fast vegetationslose Ebene ändert im Sonnenlicht ständig ihre Farbe, die dabei entstehenden Spiegelungen verblüffen immer wieder aufs Neue.

Trotz der Abgelegenheit dieser Region darf man sich am Ende des Tages auf die lebhafte Stadt Tozeur freuen und werden den Abend unter Palmen beschließen. Zwar ist der Ort von Touristen zunehmend überlaufen, doch strahlt Tozeur mit einer reizenden Medina einen gewissen Charme aus.

Chott el Djerid

In Tunesien gibt es drei große Salzseen (arabisch: Chott): Im Westen der kleine Chott el Gharsa, im Zentrum der riesige Chott

el Djerid und im Osten der lang gestreckte Chott el Fedjaj. Alle drei Seen liegen unterhalb des Meeresspiegels und werden von Wüste und niedrigen Hügelketten umgeben – eine zwar unwirtlich heiße, aber dennoch eindrucksvolle Landschaft.

Der Chott el Djerid – eine rund 5000 km² große, endlose Ebene aus glitzernden Kristallen – wird von einem 90 km langen Damm durchschnitten, der von Tozeur nach Kebili führt. Oftmals kann man bei der Fahrt über den schnurgeraden Straßendamm die berühmten Fata Morganas – flimmernde Spiegelbilder – beobachten. Je nach Wetterlage, Jahreszeit und den jeweiligen Mine-

Fahrt über den Chott el Djerid, den größten der tunesischen Salzseen

ralen wechseln die Farben: Auf der einen Straßenseite kann es tiefblau schimmern, auf der anderen jedoch hellrosa. Beim Vorbeifahren leuchten die Salzkristalle in der Sonne wie Diamanten.

Nur nach größeren Regenfällen füllen sich die Seen und werden kurzzeitig zu Binnenseen.

Die Oase Tozeur ist die größte und bedeutendste der Region

Tozeur

Tozeur ist die bedeutendste einer Reihe von Oasenstädten inmitten der nordsaharischen Salzseen. Schon während der Steinzeit vor 10 000 Jahren lebten hier Menschen; jahrhundertelang bot die Oase Karawanen und Händlern auf dem Weg durch die Sahara den notwendigen Schutz. 1996 erlangte Tozeur als Drehort für einen Teil des Filmes *Der Englische Patient* internationale Bekanntheit.

Im Stadtzentrum liegt die Medina Ouled el-Hadef, die nach dem Stamm benannt wurde, der die Oase gründete. Viele der kleinen, gewundenen Gassen sind Sackgassen. Die Medina ist in ganz Tunesien für ihre Gebäude aus dem 14. Jahrhundert berühmt. Markant sind die kleinen, gelb gebrannten und reich verzierten Ziegel aus dem örtlichen Ton, die Muster der regionalen Berbertextilien aufgreifen. Hier, in der ruhigen Oase, kann man dem Trubel auf den Souks entfliehen.

Außerhalb der Oase wurde eine *zone touristique* mit Blick auf die **Palmeraie** (Palmengärten) geschaffen. Nach wie vor sind die Oasengärten mit ihren 200 Quellen und rund 266 000 Palmen ein malerischer Ort für Spaziergänge und Radtouren. Im Herzen der Palmeraie liegt der Chak-Wak-Park, eine großflächige und ziemlich kitschige Touristenattraktion, die die Geschichte der Erde und Menschheit auf spielerisch Weise erklärt.

Wer nur Zeit für eines der zahlreichen Museen von Tozeur hat, sollte das **Musée Dar Cheraït** besuchen, das an der sogenannten *Route Touristique* liegt und u. a. lokale Kleidung, Schmuckgegenstände und Möbel zeigt. Das Museum gliedert sich in verschiedene Themenräume, die Szenen aus dem tunesischen Alltagsleben zeigen. Unter dem lyrischen Namen *»Tausend und eine Nacht«* läuft eine Licht-und-Ton-Show. Weiter südlich befinden sich die Belvédère-Felsen, welche eine phantastische Sicht auf die Palmengärten und Salzseen eröffnen.

KLEINE PAUSE

Für ein leichtes, wenn auch etwas exotischeres Mittagessen, bietet sich **Le Minaret** (➤ 152) an. Hier bekommen Sie – stets frisch – vorzügliches Carpaccio oder Kamelfilet, serviert mit hervorragenden Salaten.

Das Minarett der Moschee el-Farkous in Tozeur

Tozeur
- ✚ 182 B2
- ✉ 450 km südlich von Tunis
- ✈ tägl. Linienflüge ab Tunis

Palmeraie
- ✉ 2 km südlich der avenue Abdulkacem Chebbi
- 🕐 freier Zutritt

Belvédère
- ✉ 3 km südwestlich der Stadt
- 🕐 freier Zutritt

Musée Dar Cheraït
- ✉ Route Touristique
- ☎ (76) 45 21 00
- 🕐 tägl. 8–24 Uhr
- 💶 mittel

CHOTT EL DJERID UND TOZEUR: INSIDER-INFO

Top-Tipps: Man sollte sich für die Fahrt in den Süden unbedingt ein **Allradfahrzeug** mieten. Obwohl der Fahrdamm (Autoroute 16) geteert ist, sind viele der umliegenden Straßen nur Feldwege.

• Stellen Sie sicher, dass der **Benzintank und der Kühlwasserbehälter** aufgefüllt sind.

• **Romantisch** erlebt man die Oase und ihre Oasengärten auf einer Fahrt in einer von Pferden gezogenen *calèche*; eine schöne, aber nicht ganz billige Alternative ist eine Fahrt im Heißluftballon (➤ 154).

Muss nicht sein! Trotz seines Namens ist der Zoo du Paradis in Tozeur enttäuschend, daran ändert auch die herrliche Lage an der Palmeraie nichts. Noch schlimmer ist der zweite Tierpark der Oase: Zoo Tijani.

2 Île de Djerba

Djerba ist eine idyllische Insel, die mit dem Festland über einen 7 km langen Fahrdamm verbunden ist. Die Insel wird auch als das »Reich der Lotophagen« bezeichnet: Der griechische Held Odysseus wurde hier an Land gespült und wollte sie nicht mehr verlassen. Heute noch verfallen Einheimische wie Touristen dem besonderen Reiz der Mittelmeerinsel. Neben einem internationalen Flughafen bietet die Ferieninsel eine große Auswahl an Hotels, Sandstränden und ein ganzjährig angenehm warmes Klima.

Die Île de Djerba war schon immer ein beliebter Siedlungsort: Bereits die Karthager und Römer unterhielten hier Siedlungen; 655 wurde die Insel zusammen mit dem restlichen Nordafrika von den Arabern erobert und fiel in den darauf folgenden Jahrhunderten immer an den jeweiligen Landesherren Tunesiens. Normannen aus Sizilien wie auch später Spanier versuchten die Insel zwischenzeitlich zu erobern. Im 15. Jahrhundert war Djerba eine Piratenhochburg und im frühen 16. Jahrhundert Teil des Imperiums des Korsars Barbarossa (▶ 14).

Die Insel ist flach, im milden Klima wachsen Datteln, Oliven und Wein hervorragend. Das Meer liefert Fische, Schwämme und Austern, während in den Manufakturen Decken aus Schafswolle hergestellt werden.

Die westliche Inselhälfte ist felsig und wirkt durch ihre geringere touristische Entwicklung ursprünglicher als die von fantastischen Stränden gesäumte Ostküste, deren Strände sich jenseits des Fahrdammes bis nach Zarzis (▶ 148) und zur libyschen Grenze hin fortsetzen. Hotels säumen nun weite Küstenabschnitte, Houmt Souk an der Nordküste ist die wichtigste Stadt der Insel und ihr wirtschaftliches Zentrum, während Adjim im

Silhouette im glitzernden Wasser: Ein Fischer wirft sein Netz aus

Süden über den bedeutendsten Hafen verfügt.

Die Insel ist bekannt für ihre 345 Moscheen, von denen jede für einen Tag im muslimischen Jahr steht. Berühmt ist auch die antike jüdische Synagoge in **La Ghriba**, die bereits 2500 Jahre alt sein soll. Die Architektur der Inselmoscheen ist äußerst abwechslungsreich, allen gemeinsam aber sind die zumeist komplett weiß getünchten Außenwände, die nur von einer blauen Tür durchbrochen werden. Die Minarette unterscheiden sich oftmals im Stil und zählen zu den beliebtesten Fotomotiven des Inselparadieses.

Wer nicht direkt mit dem Flugzeug anreist, kann vom Festland auch mit einer Fähre nach **Adjim** übersetzen. Der Ort hat einen lebendigen Fähr- und Fischerhafen, von dem aus Taucher auf Schwammsuche gehen. Zeitlich länger ist die Strecke über den **El-Kantara-Damm**. Der ursprünglich von karthagischen Baumeistern als ingenieurtechnische Meisterleistung erbaute 7 km lange Damm wurde 1551 vom türkischen Pirat Dragut zerstört und erst 1953 wieder aufgebaut.

Oben: Zwei tunesische Frauen schlendern über den Lebensmittelmarkt in Houmt Souq

Houmt Souk

Die Stadt liegt 6 km östlich des internationalen Inselflughafens. Obwohl Teile von Houmt Souk eine französische Kolonialatmosphäre verbreiten, ist das Stadtzentrum doch eindeutig arabisch: Ein dichtes Netz von einladenden, kleinen, weiß getünchten Plätzen und Straßen bildet den örtlichen Souk.

Hauptattraktion der Stadt ist der **Bordj el-Kebir** (Große Turm), ein beeindruckendes Fort, das über den Hafen wacht. Schon im

Unten: Nüchtern wirkt die Festung Bordj el-Kebir (Großer Turm) in Houmt Souk

13. Jahrhundert baute der Sizilianer Roger de Lauria hier eine Festung, die von späteren Herrschern weiter ausgebaut wurde. 1560 starben unzählige Christen bei der Verteidigung des Forts gegen den Piraten Dragut. Die Festung wirkt imposant und durch ihre fast fensterlosen Mauern, die von mächtigen Türmen überragt werden, sehr streng.

Wie in vielen tunesischen Städten gibt es auch in Houmt Souk ein **Musée des Arts et Traditions Populaires** (Volkskundemuseum), das sich der einzigartigen Kultur der Bewohner Djerbas widmet. Sehenswert ist auch eine angeschlossene Töpferwerkstatt. An der nahe gelegenen Place d'Algérie liegt die Moschee Djami' et-Turuk. Nichtmuslime dürfen sie nicht betreten, können jedoch das wunderbare osmanische Minarett von außen bewundern.

Ein orthodoxer Jude in der Ghriba-Synagoge

KLEINE PAUSE

Die Place Hédi Chaker von Houmt Souk bietet etliche ausgezeichnete Seafood-Restaurants. Das **Restaurant de l'Île** (►152) mit Terrasse und Spitzenweinen ist wohl das beste.

186 B5 ⊠ 506 km südlich von Tunis ✖ bis zu sieben Flüge tägl. ab Tunis
ℹ avenue de l'Environnement, in der Nähe des Forts ☎ (75) 62 26 66

La Ghriba
⊠ Er-Riadh, 8 km von Houmt Souk
🕐 So–Do 9.30–12.30, 14.30–17, Fr 9.30–14 Uhr 💰 preiswert

Musée des Arts et Traditions Populaires
⊠ avenue Abdelhamid el Kadhi ☎ (75) 65 05 40 🕐 Sa–Do 9–19 Uhr (Winter 9.30–16.30 Uhr) 💰 mittel

Borj el-Kebir
⊠ rue Taieb Mehiri, (in Hafennähe)
🕐 Sa–Do 8–19 Uhr (Winter 9.30–16.30 Uhr) 💰 preiswert

El-Kantara Causeway
⊠ 30 km südwestlich von Houmt Souk
🕐 freier Eintritt 💰 frei

ÎLE DE DJERBA: INSIDER-INFO

Top-Tipp: Wer nicht in der *zone touristique* wohnt und dennoch einen Tag am weißen Sandstrand verbringen möchte, sollte zum **herrlichen öffentlichen Strand** 10 km südöstlich von Houmt Souk fahren.

③ Matmata

Matmata liegt 43 km südlich von Gabès. Einige der so genannten Troglodyten-Häuser (Höhlenwohnungen) in Matmata wurden wahrscheinlich schon im 4. Jahrhundert v. Chr. in die Felsen gehauen; viele werden noch immer von den ortsansässigen Berberfamilien bewohnt. Die unterirdische Lage garantiert ihren Bewohnern ähnlich wie einst den Römern der Villen in Bulla Regia (▶ 76ff) während der heißen Sommermonate angenehme Kühle und im Winter die notwendige Wärme.

Höhlenbewohner (griech. Troglodyten) leben schon seit Jahrhunderten in Nordafrika, da es zunächst leichter für die Menschen war, Höhlen zu bauen, als Steinblöcke aus dem bröckelnden Fels heraus zu schlagen. Die Höhlen boten Schutz vor der sengenden Hitze, da in ihnen ganzjährig angenehme 17 °C herrschen. Die Räume sind in der Regel auf verschiedenen Ebenen in die Felsen gehauen und eher schlicht eingerichtet, einzige äußerliche Verzierung sind gelegentlich Torbögen oder weiße Einfassungen bei Fenstern oder Türen. Auch eine blaue »Hand der Fatima« als Glücksbringerin sieht man ab und zu.

Solide gemauerter Eingang einer Höhlenwohnung in Matmata

Die Bewohner von Matmata haben sich an die täglichen Besichtigungsfahrten gewöhnt und empfangen die Touristen teilweise sogar im eigenen Wohnzimmer. Wer auf eigene Faust unterwegs ist, muss mit dem Besitzer einer Höhlenwohnung verhandeln oder das kleine von einheimischen Frauen geleitete Museum hinter dem Hotel Sidi Driss besuchen, um einen Einblick ins Höhlenleben zu bekommen. Alternativ bietet sich eine Übernachtung in einer der Hotel-Höhlenwohnungen, die durch die Zusammenfassung mehrerer Innenhöfe entstanden sind, an. Das **Marhala** gehört zur Kette des Touring Club de Tunisie, das **Hôtel Sidi Driss** (▶ 150) wurde berühmt durch seine Skywalker Bar, als drittes Hotel empfiehlt sich das **Les Berbères**. Eine Übernachtung in einem Höhlen-Hotel ist sicher für jeden Reisenden ein unvergessliches Erlebnis.

Umgebung von Matmata

Südlich von Matmata erreicht man über kleinere Straßen einige reizvolle Bergdörfer. In **Toujane** an der Straße nach Medenine stehen viele Häuser verlassen da; in einigen Läden werden jedoch bunte Teppiche verkauft.

Tamezret ist ein kleines Bergdorf westlich von Matmata, das sich um das Grabmal des örtlichen Heiligen Sidi Haj Yusuf

entwickelt hat. Die Land-
schaft ist sehr schön, im
Osten beginnt die Region
mit den berühmten
Höhlenwohnungen.

KLEINE PAUSE

Das **Hôtel Sidi Driss**
(►150) ist ein Muss, denn
es wurde als »eines der ver-
rücktesten Hotels der Welt« ausgezeichnet. Die Bar war Drehort
der berühmten Szene im »Alien Jazz Club« im Kultfilm *Star Wars*.
Machen Sie es sich bei einem Star-Wars-Cocktail bequem.

Eine Frau mahlt Getreide in einer renovierten Höhlenwohnung

✚ 184 C1
✉ 45 km südlich von Gabès an der Route 107
🚌 bis zu zehn Busse tägl. von Gabès

MATMATA: INSIDER-INFO

Top-Tipp: Nicht alle Bewohner von Matmata profitieren vom Tourismus, auch
mag es nicht jeder, ständig fotografiert und umlagert zu werden. Deshalb sollte
man sich immer bewusst machen, dass es sich bei den Höhlenwohnungen um
Privatwohnungen handelt. Oftmals verkehrt sich das augenscheinlich unfreund-
liche Verhalten mancher Bewohner – vor allem der Kinder – nach einer Zeit der
Annäherung auch ins Positive um.

4 Ksour

Die Berge des Höhenzuges Monts des Ksour liegen verstreut um die Stadt Tataouine – der französisch-arabische Name bedeutet wörtlich »Berge der Festungen«. Die Landschaft ist bekannt für ihre zahlreichen aus Lehm errichteten *ksour* – Kornspeicher der hier lebenden Berberstämme, die nicht nur errichtet wurden, um das Getreide zu lagern, sondern auch, um die Vorräte vor rivalisierenden Stämmen zu schützen. Angeblich sollen einige der ältesten *ksour* (Singular: *ksar*) bis zu 800 Jahre alt sein.

Das Klima in dieser Region ist oft unerträglich heiß, was die gewissenhafte Lagerung einer guten Getreideernte dringend notwendig machte, um mögliche Missernten in Dürrejahren ausgleichen zu können. Die ortsansässigen Berber bewachten ihr Korn deshalb in den großen Stein- und Lehmburgen äußerst scharf. Die Burgen erwiesen sich als ideal für die Aufbewahrung von Getreide. Die gewölbten Kammern erstreckten sich manchmal über drei oder vier Ebenen und waren durch Treppen miteinander verbunden. Die Kammern (*ghorfa*, arabisch für »Raum«) gingen auf einen oder mehrere Innenhöfe hinaus und wurden von einem

Ghorfa des **Ksar Hadada nordwestlich von Tataouine**

befestigten Wachhaus überragt. Später wurden die *ghorfa* zu Wohnhäusern umgebaut und vielfach verlassen, als das Leben im Land so sicher wurde, dass man nicht mehr hoch oben in einem *ksar* leben musste.

Ksar Ouled Soltane
Die am besten erhaltene und malerischste Speicherfestung ist Ksar Ouled Soltane südlich von Tataouine, die auf einem Hügel oberhalb eines felsigen Tales liegt. Beim Betreten der Burg stößt man auf zwei Höfe, von denen einer aus dem 16. Jahrhundert, der andere aus dem 19. Jahrhundert stammt. Die Fassade der Innenhöfe ist überwältigend: Mehrere *ghorfas* türmen sich bis zu vier Stockwerke übereinander.

Weitere *ksour*
Wer die alten Speicherburgen erkunden möchte, benötigt für die schlechten Wüstenstraßen einen Geländewagen mit Allradantrieb. Am besten über-

nachtet man in Medenine oder Tataouine, mehr als ein Dutzend der alten Speicherburgen liegen verstreut in der ausgedörrten Landschaft. Ksar el Hallouf soll aus dem 3. Jahrhundert stammen und liegt im Westen bei Djebel Mogor. Ein Teil der Speicherfestung wurde in eine schlichte, aber freundliche Pension umgewandelt. Ksar Hadada

war genau wie Matmata (➤ 142f) Drehort einer Episode von *Star Wars*. Seither ist das sehenswerte Labyrinth aus Gängen und Höfen ziemlich verfallen.

Ein Zimmermann arbeitet vor einem der wenigen verbliebenen *ksour*

KLEINE PAUSE

Die Einrichtungen der *ksour* sind bestenfalls spartanisch. Gönnen Sie sich daher auf dem Weg zu den Stätten eine ordentliche Mahlzeit in Medenine oder Tataouine. In Medenine führt der Weg zum Restaurant de Paris (85 Avenue Habib Bourguiba, in Tataouine ist das Hôtel Sangho (➤ 152) mit Pool empfehlenswert.

Ksar Ouled Soltane
✚ 186 A2
✉ 20 km südöstlich von Tataouine
🎫 freier Zutritt

Ksar el Hallouf
✚ 186 A4 ✉ 40 km westlich von Medenine an der Route 114
☎ (75) 64 70 37 🎫 freier Zutritt

Ksar Hadada
✚ 186 A3
✉ 25 km nordöstlich von Tataouine an der Route 207
🎫 freier Zutritt

KSOUR: INSIDER-INFO

Top-Tipp: In Medenine oder Tataouine gibt es **keinen Autoverleih**. Die nächstgelegenen Autovermietungen finden sich auf der Insel Djerba (➤ 139ff).

Nach Lust und Laune!

5 Gafsa

Die größte tunesische Oase ist ein regionales Zentrum mit rund 80 000 Einwohnern. Rund um die Oase liegen Dattelhaine und Obstbaumplantagen ebenso wie Getreidefelder, Espartograswiesen und Olivenhaine.

Die Stadt bestand bereits in der Steinzeit. Die ersten Funde machte man im nahe gelegenen El Mekta. Später entstand hier eine beachtlich große Berberstadt, die allerdings von den Römern 106 v. Chr. zerstört wurde. An ihre Stelle trat die römische Kolonie Capsa. Heute ist Gafsa nur eine Durchgangsstation auf dem Weg zu den Oasen, den Salzseen und der Wüste im Süden.

Die Kasbah aus dem 15. Jahrhundert wird von mächtigen Mauern geschützt. Ganz in der Nähe liegen die eindrucksvollen **Piscines Romaines**, die Römischen Bäder mit zwei Becken und einem *hammam*. Unweit der Bäder befindet sich ein bescheidenes Museum mit Exponaten zum Abbau von Feuersteinen sowie römische Funde.

Wellige Dünenkulisse in der Wüste bei Douz

Auf dem Weg zur algerischen Grenze liegen in den Bergen zwei malerische Oasendörfer: Vom nördlicher gelegenen **Midès** schweift der Blick über eine großartige Schlucht. Ein-Zimmer-Behausungen der Berber, von denen viele verlassen sind, wurden in spektakulärer Lage am Hang erbaut. Die Palmenoase ist ein schattiges Paradies mit Dattelpalmen, Orangen-, Granatapfel- und Feigenbäumen. Einige Häuser wurden als Touristenherbergen restauriert oder dienen als Verkaufsläden für örtliche Kunsthandwerksprodukte.

Südöstlich von Midès liegt die Oasenstadt **Tamerza**, zu deren Hauptsehenswürdigkeiten ein Wasserfall, eine schneeweiße Moschee und das Grabmal eines *marabout* zählen. Nach einer verheerenden Überschwemmung 1969 hat der Großteil der ehemaligen Bewohner Tamerzas den Ort verlassen – die stillen Straßen hinterlassen einen unheimlichen Eindruck.

✛ 183 D3 ✉ 93 km nordöstlich von Tozeur

Piscines Romaines

✉ avenue Habib Bourguiba 🕐 Di–So 8–12, 15–19 (Winter 9.30–16.30 Uhr) 💶 frei

Midès

➕ 182 B3 ✉ 75 km westlich von Gafsa, an der Route 201 🕐 freier Zugang

Tamerza

➕ 182 B3 ✉ 75 km westlich von Gafsa 5 km südöstlich von Midès 🕐 freier Zugang 💶 frei

⑥ Nefta

Die Stadt Nefta teilt die Oase in zwei Hälften. Im Norden grenzt sie an die sogenannte »Corbeille«, einen riesigen mit Palmen bestandenen Talkessel, der mit einer noch größeren Oase im Süden verbunden ist, zu der ein 1000 ha großer Palmengarten gehört. Am Rande des Chott el Djerid (▶ 136f) wachsen hier rund 230 000 Palmen, die von 152 Quellen und Brunnen, deren Wasser zum Teil heiß und schwefelhaltig ist, mit dem notwendigen Nass versorgt werden. Selbst einen Badeteich gibt es hier am Rande der Sandwüste, den man von den Terrassen einiger Cafés überblickt. Leider trocknen viele der Quellen aus, wofür die Einheimischen auch den Tourismus und die Swimmingpools der Hotels verantwortlich machen. Um die noch vorhandene Schönheit der Corbeille zu erhalten, wurde ein Projekt gestartet, das die Bewässerung effektiver steuern soll.

Nefta ist ein bedeutendes religiöses Zentrum der Sufi-Anhänger. Über die ganze Stadt verteilt stößt man auf Moscheen und die markanten, von weißen Kuppeln gekrönten Schreine der *marabouts*. Der Schrein Zaouia de Sidi Brahim ist das Zentrum des lokalen Sufi-Ordens. Südlich der alten Stadtteile Ouled ech-Cherif liegt im Herzen der Neustadt die Place de la Libération mit der die Palmenhaine überblickenden Mosquée de Sidi M'Khareg und den kleinen Museen Dar Djerid und Dar Houidi, zwei traditionellen Privathäusern, die einen Einblick in das Leben in einer Oase geben.

➕ 182 B2 ✉ 25 km westlich von Tozeur, Autoroute 3 🕐 freier Zugang 💶 frei

⑦ Kebili

Die schöne Berberoase war einst ein wichtiger Sklavenmarkt, später französischer Garnisonsstandort und einer der Exilorte Präsident Habib Bouguibas (▶ 18ff). Die Palmenhaine werden durch eine Quelle nördlich der Stadt bewässert. Ewas außerhalb Richtung Douz liegt ein römisches Bad und ein *hammam*, das sein Wasser aus einem tiefen Bohrloch erhält.

➕ 183 D1 ✉ 100 km östlich von Tozeur, 100 km südlich von Gafsa, 100 km östlich von Cabès 🕐 freier Zugang 💶 frei

⑧ Douz

Douz ist die südlichste der großen Oasen am nördlichen Sahararand. Einige Kilometer südlich der Stadt stößt man auf die »Große Düne«, an der man ein Quadbike mieten oder einen kurzen Kamelritt machen kann. Seit Kurzem verbindet eine gute Wüstenstraße Douz mit dem 100 km entfernten Matmata; die Straße führt durch eine karge Hügellandschaft, in der die wenigen Palmen zu Landmarken werden. Wichtigste Einnahmequelle der Oase war bisher der Dattelanbau, doch spielt der Tourismus mit neuen Geschäften, die in der Hauptstraße schöne Teppiche und Decken verkaufen, eine immer größere Rolle. Das interessante **Musée du Sahara** stellt Schirrzeug für Kamele, ein Beduinenzelt, regionale Kleidungsstücke und Schmuck aus.

Eine herrliche Auswahl an Getreide und Hülsenfrüchten auf dem Markt in Douz

+ 183 D1 ⊠ 35 km südlich von Kebili

Musée du Sahara

⊠ avenue des Martyrs ◉ Di–So 7–11,
16–19 Uhr (Winter 9.30–16.30 Uhr)
💰 preiswert

Zarzis' saubere Strände sind sehr beliebt

🎱 Zarzis

Der auf einer Halbinsel südöstlich der
Insel Djerba gelegene Urlaubsort hat
lange Sandstrände, die zum Bau einer
zone touristique mit großen luxuriösen Hotelkomplexen beitrugen.

Zarzis entstand als französische
Garnisonsstadt. Die Grande Mosquée
(Große Moschee) steht auf den
Grundmauern der einstigen osmani-
schen Festung. Die Stadt besitzt nur
als zollfreie Zone eine gewisse
Attraktivität.

+ 186 C4 ⊠ 50 km südlich von Houmt
Souk an der Route 109
◉ freier Zugang 💰 frei

🔟 Metameur

Der hiesige gut erhaltene *ksar* – die
erste wirklich beeindruckende Speicherburg auf dem Weg nach Süden –
soll rund 600 Jahre alt sein. Die
gewölbten Steinkammern erheben
sich rund um einen recht verfallenen
Hof bis zu drei Etagen hoch.
Ein Teil wurde in ein Hotel
umgewandelt, dessen Besitzer
– Berber – Touren zu den ent-
legeneren Speicherfestungen
organisieren (▶ 144f). Hinter
dem *ksar* befindet sich eine
schöne Moschee.

+ 186 A4 ⊠ 8 km nordwestlich
von Medenine, an der Route 104
◉ freier Zugang 💰 frei

🔟 Ghomrassen

Ghomrassen ist eine rasch
wachsende im Flusstal gelegene kleine Handelsstadt. Auch
Teile der neu gebauten Häuser
wurden wie in alten Zeiten in
den Felsen gehauen. Am
Fuße des Felsens befinden sich einige
alte, zum Teil verfallene, zum Teil
noch bewohnte Gebäude, über denen
der sich in einem gefährlichen Zustand des Zerfalls befindende Felsen
empor ragt. Oben auf der Spitze hilft
die weiße *koubba* (Grabmal) des
marabout Sidi Moussa ibn Abdallah,
die Menschen unten in der Stadt zu
beschützen.

+ 186 A3 ⊠ 25 km nordwestlich von
Tataouine an der Route 221
◉ freier Zugang 💰 frei

**Ein weiß ge-
tünchtes Grab-
mal bei Ghom-
rassen**

Wohin zum ... Übernachten?

Preise

Für ein Doppelzimmer gelten folgende Preise:
€ unter 80   €€ 80–160   €€€ über 160 TD

Der Süden liefert eine gute Auswahl an ansprechenden Hotels und ist berühmt für seine *marhalas* – preiswerte Unterkünfte in renovierten traditionellen Häusern wie z. B. Karawansereien.

DOUZ

Mehari €€€

Eingebettet in schönen Gärten inmitten der Wüste befindet sich dieses Luxushotel, das großen Wert auf ein tunesisches Ambiente legt und eine entsprechend interessante Architektur bietet. Die großzügig geschnittenen Zimmer sind mit regionalen Kunsthandwerken und Textilien geschmückt. Zu den Annehmlichkeiten gehören ein großer Pool und eine schwefelhaltige Heilquelle.
♦ 183 D1 ⊠ Zone Touristique ☎ (75) 47 10 88; Fax (75) 47 15 89; www.goldenyasmin.com

Saharien Paradise €€

Ein alleinstehendes Hotel mit kleinen, sauberen Bungalows und einem Pool. Das Hotel besticht vor allem durch seine traumhafte Lage in einem ausgedehnten Palmengarten im Südwesten der Stadt. Der neuere Südflügel ist der modernere und komfortablere Teil des Hotels.
♦ 183 D1 ⊠ rue de la Palmeraie ☎ (75) 47 13 37; Fax (75) 47 03 39; www.sdts.tourism.tn

GAFSA

Gafsa €

Das preisgünstige Hotel in zentraler Lage zum Basar und der Fußgängerzone bietet eine saubere Unterkunft, doch fehlt es etwas an Flair. Alle Zimmer haben Klimaanlage, einige auch Satellitenfernsehen. Das Frühstück ist im Übernachtungspreis inbegriffen.
♦ 183 D3 ⊠ rue Ahmed Snoussi ☎ (76) 22 40 00; Fax (76) 22 47 47

Gafsa Palace €€

Nur zwei Kilometer von Gafsas Innenstadt entfernt befindet sich dieses große und moderne Hotel. Von ihm aus bieten sich eine großartige Sicht auf die Berge und den Parc Orbata. Es verfügt über gut ausgestattete Zimmer, einen ordentlich großen Swimmingpool sowie einen Fitnessraum mit einem Hammam.
♦ 183 D3 ⊠ Straße nach Tunis, km 2 ☎ (76) 21 76 00; Fax (76) 21 76 70; www.gafsapalace.com

ÎLE DE DJERBA

Dar Faiza €

Der mit Bougainvilleen, Obstbäumen und Palmen üppig bewachsene Garten umgibt dieses ansprechende und beliebte Hotel im maurischen Stil, das in einem Haus aus der Kolonialzeit untergebracht ist. Die Zimmer sind sehr gepflegt und im Garten steht den Gästen ein Pool und eine Pizzeria zur Verfügung. Es empfiehlt sich, im Voraus zu buchen.
♦ 183 D3 ⊠ 6 rue de la République, Houmt Souq ☎ (75) 65 00 83; Fax (75) 65 17 63; www.dar faizadarsalem.com

Erriadh €€

Der umgebaute *funduq* mit klimatisierten, liebevoll eingerichteten Zimmern empfiehlt sich für alle, die ein leicht arabisches Flair und die Atmosphäre einer längst vergangenen Zeit suchen. Die Kachelverkleidung gibt Zimmern wie auch den Außenwänden ein farbenprächtiges Erscheinungsbild. Buchen Sie im Voraus.

✛ 183 D3 ⊠ rue Mohamed el-Ferjani, Houmt Souk ☎ (75) 65 07 56; Fax (75) 65 26 91; E-Mail: mounir.herbergue@gret.tm

KEBILI

Fort des Autruches €€

Populäre Unterkunft (mit Pool und Terrasse) in einem ehemaligen Fort im Südosten der Stadt, in dem die Erinnerungen an die Zeit der französischen Fremdenlegion lebendig wird. Von der Bar überblickt man die Oase und die fernen Salzseen. Das Management organisiert Wüstentouren.

✛ 183 D1 ⊠ route de Douz ☎ (75) 43 02 33; Fax (75) 72 82 58

MATMATA

Sidi Driss €€

Als Drehort für den außerirdischen »Alien Jazz Club« im Film *Star Wars* wurde das Hotel berühmt, die Bar läuft nun unter dem Namen Skywalker Bar. Als typische Troglodyten-Wohnung verfügt das Haus über Säle, Durchgänge, Treppen, Innenhöfe sowie Zimmer, die wie auch die Bar in den Felsen gehauen wurden. Die leicht klaustrophobische Atmosphäre wirkt eher interessant als einladend, einen Drink in der Bar sollte man sich aber auf jeden Fall gönnen.

✛ 184 C1 ⊠ Zentrum von Matmata ☎ (75) 24 00 05; Fax (75) 24 00 05

NEFTA

Dar Zargouni €€–€€€

Diese prächtige Villa über den Palmeraie der Corbeille von Nefta kann vollständig oder zimmerweise gemietet werden und lohnt einen einwöchigen Aufenthalt. Das Haus mit seiner für diesen Ort typischen Lehmziegelarchitektur und einem Pool im Garten, wurde um zwei ruhige Innenhöfe angelegt. Für das Dekor bediente man sich regionaler, großteils aus Palmenholz gefertigter Kunsthandwerke.

✛ 182 B2 ⊠ Corbeille ☎ keine Tel.; www.darzargouni.com

TAMERZA

Les Cascades €

Die Hütten mit Palmendächern (samt Pool) liegen in wunderbarer Lage mitten im Ort oberhalb eines kleinen Wasserfalls und Flüsschens. Die Zimmer sind einfach, aber sauber; das nahe gelegene Restaurant Chedli bietet gute tunesische und franko-tunesische Küche.

✛ 182 B3 ⊠ rue de les Cascades ☎ (76) 48 53 32; Fax (76) 48 53 32

Tamerza Palace €€€

In puncto Luxus kann kein Hotel in dieser abgelegenen Region mit dem Tamerza Palace konkurrieren. Die Architektur ist bizarr, die Inneneinrichtung kühl und geschmackvoll; zudem ist die Terrasse mit Pool und Blick auf den Wadi und das Ruinendorf gegenüber ein ideales Plätzchen für ein Mittagessen.

✛ 182 B3 ⊠ direkt außerhalb von Tamerza, ☎ (76) 48 53 44; Fax (76) 48 53 44, www.tamerza-palace.com

TOZEUR

Dar Cheraït €€€

Dieses Haus bietet Luxus auf jedem seiner Quadratzentimeter. Der Palast ist mit vergoldeten Spiegeln, diversen Kunstobjekten und Gemälden im Überfluss ausgestattet. Die eleganten, großen Zimmer verfügen über luxuriöse Badezimmer sowie komfortable Betten und umschließen ruhige Patios. Ein Pool im Garten, Restaurants und Bars sind weitere Pluspunkte.

✛ 182 B2 ⊠ Route Touristique ☎ (76) 45 48 88; Fax (76) 45 44 72; www.darcherait.com.tn

Résidence Karim €

Das Karim bietet zu günstigen Preisen gemütliche Zimmer, die einen bepflanzten Innenhof säumen. Die Badezimmer sind sauber. Zudem gibt es eine hübsche Dachterrasse. Auch ohne Klimaanlage (gegen Aufpreis) sind die Räume angenehm kühl.

✛ 182 B2 ⊠ avenue Aboulkacem ech-Chebbi ☎ (76) 45 45 74/23 34 59 17; Fax (76) 46 31 63; www.residencekarim.com

Wohin zum ...
Essen und Trinken?

Preise
Die Preise gelten pro Person für ein Drei-Gänge-Menü (ohne Getränke und Service):
€ unter 15 TD €€ 15–30 TD €€€ über 30 TD

La Rosa €

Das beliebte Restaurant serviert einfache und preisgünstige tunesische sowie internationale Gerichte. Während der Sommermonate wird als besondere Attraktion ein Schatten spendendes Beduinenzelt für die Gäste aufgeschlagen. Für ein Rührei-Frühstück mit Baguette oder einem herzhaften Snack am Abend ist La Rosa eine gute Adresse, das Café gegenüber gehört dazu.
🛈 184 A1 ⊠ avenue du 7 Novembre ☎ (75) 47 16 69 🕐 8.30–22 Uhr

Restaurant Ali Baba €

Das attraktive Café (ohne Alkoholausschank) bietet schattige Sitzplätze im Hof. Es gibt Lokales wie scharfe merguez-Würstchen, Couscous, Omeletten und Pizzen, dazu eine Tasse Minztee.
🛈 184 A1 ⊠ 5 avenue Habib Bourguiba ☎ (75) 47 24 98 🕐 tägl. 7 bis 19.30 Uhr; Ramadan geschl.

Les Ambassadeurs €€

Kulinarische Highlights in Gafsa sind rar gesät. Umso erfreulicher ist ein Besuch im Les Ambassadeurs. Hier isst man in einem eleganten Speisesaal französisch-tunesische Spezialitäten wie koucha (Lammeintopf, im Voraus zu bestellen) sowie steak au poivre (Pfeffersteak).
🛈 183 D3 ⊠ rue Ahmed Senoussi ☎ (76) 22 40 00 🕐 Mittag- und Abendessen

Haroun €€€

Ebenfalls einen eleganten Speisesaal bietet dieses reizende Restaurant, das als das beste auf der Insel gilt. Die angenehm luftige Terrasse öffnet sich zum Hafen hin. Im Innern dienen Fischernetze und Amphoren, die zum Fang von Tintenfischen erfolgreich eingesetzt werden als Deko. Der hervorragende Fisch lockt viele einheimische Familien an; reservieren Sie besser auch hier einen Tisch.
🛈 185 E2 ⊠ Am Hafeneingang, Houmt Souk ☎ (75) 65 04 88 🕐 tägl. Mittag- und Abendessen

Le Moulin €€

Dieses Restaurant ist für seine einfachen, aber guten und überwiegend regionalen Gerichte und Seafood berühmt – in entspannter Atmosphäre fern des in der zones touristique sonst herrschenden Highlifes. Besonders erfreut sich der Gaumen an Couscous mit Meeresfrüchten. Die Karte variiert je nach dem Tagesangebot auf den Märkten.
🛈 185 E2 ⊠ Zone Touristique ☎ (75) 75 83 36 🕐 Mittag- und Abendessen

Patisserie M'hirsi La Viennoise €€

Wie viel man in dieser attraktiven Patisserie ausgibt, hängt stark davon ab, wie sehr man französische Plätzchen und Kuchen liebt. Zu den Highlights zählen Schokoladen-, Käse- und Obstkuchen sowie Éclairs. Für das zweite Frühstück empfehlen sich frische Baguettes und Croissants.
🛈 185 E2 ⊠ avenue Abdelhamid al-Kadhi, Houmt Souk ☎ tägl. 7–13, 14.30–20 Uhr

Restaurant de l'île €€

Dem Ruf nach zu urteilen ist dies eines der besten Lokale, das sich auf die Zubereitung von Fisch und Meeresfrüchten spezialisiert hat; jedoch ist das Angebot an tunesischen Köstlichkeiten ebenfalls reichlich. Genießen Sie in gelassener Atmosphäre den Blick von der Terrasse im ersten Stock auf den geschäftigen Platz.

➕ 1185 E2 ⊠ place Hédi Chaker, Houmt Souq ☎ (75) 65 06 51
🕐 tägl. 10–22 Uhr

Restaurant du Sud €€

Ein freundliches und empfehlenswertes Lokal mit italienischem Einschlag, das aber auch tunesische Makkaroni, Meeresfrüchtegerichte (Fisch-Couscous) und eine gute Auswahl an Salaten serviert. Neben gekühltem Bier finden sich tunesische und manchmal auch ausländische Weine auf der Karte.

➕ 185 E2 ⊠ nahe der place Hédi Chaker, Houmt Souk ☎ (75) 65 04 79
🕐 tägl. 11–14.30, 17.30–23 Uhr

Restaurant La Mamma €

Sowohl bei Einheimischen wie auch bei Individualtouristen sehr beliebtes Restaurant, das sich auf schlichte, lokale Gerichte wie die Kichererbsensuppe *lablabi* oder tunesische Makkaroni spezialisiert hat. Fisch-Couscous und frisch zubereitete Sandwiches sind ebenfalls empfehlenswert.

➕ 185 E2 ⊠ rue Habib Bougatfa
🕐 11–14, 17.30–21.30 Uhr

TATAOUINE

Sangho €€

Das Hotelrestaurant, etwas außerhalb des Ortes Richtung Chenini, ist mit Antiquitäten, Pseudo-Antiquitäten und tunesischem Wüstennippes eingerichtet. Den Gästen wird neben kaltem Bier eine gute Auswahl an französisch-tunesisch-italienischen Gerichten geboten. Eine lokale Spezialität ist Couscous mit überraschend zartem Kamelfleisch.

➕ 186 A3 ⊠ rue Chenini km 3
☎ (75) 86 01 24; Fax (75) 86 21 77
🕐 11.30–14, 17.30–22.30 Uhr

NEFTA

Dar Houidi €€

Das herrlich renovierte Haus aus dem 17. Jahrhundert in der Medina ist nicht nur ein Museum und Bed & Breakfast-Hotel, sondern bietet auf Wunsch auch noch ein von den beiden einheimischen Hausherrinnen zubereitetes Mittags- oder Abendmenü. Die gute alte Hausmannskost sieht z. B. *meloukhiya* (spinatähnlicher Eintopf) oder Taube vor. Für kleinere Gruppen gibt es auch Folkloreshows.

➕ 182 B2 ⊠ Ouled el-Khalef, Medina
☎ (76) 43 25 11/(76) 43 16 95

ab. Die Ehegattin des Besitzers legt bei der Zubereitung der Speisen selbst Hand an und verwendet dabei nur die allerfrischesten Zutaten.

➕ 182 B3 ⊠ von Chebika kommend, zur Linken nahde der Moschee
🕐 tägl. Mittag- und Abendessen

TOZEUR

Le Minaret €–€€

Vor Kurzem von einem französischen Pärchen eröffnet, das sich in die Idylle, die dieser Ort ausstrahlt, verliebte. Das Liebespaar kreiert exzellente tunesische Gerichte mit einem Hauch europäischen Einflusses, wie z. B. Kamel-Carpaccio. Das im arabischen Stil gehaltene Haus – mit niedrigen Tischen und Bänken unter Palmen – steht in einem modern gestalteten Garten, bietet aber auch innen ein reizendes Ambiente. Die variierende Tageskarte umfasst meistens fangfrischen Fisch von der Küste (kein Alkohol).

➕ 182 B2 ⊠ avenue Habib Bourguiba ☎ (23) 52 42 03 🕐 tägl. Mittag- und Abendessen

TAMERZA

Le Soleil €–€€

Die Küche dieses einladenden Restaurants in einem wunderschön sanierten alten Haus in der Nähe der Moschee hebt sich deutlich von jener der tunesischen Standard-Restaurants

Wohin zum ...
Einkaufen?

SOUKS

In **Houmt Souk** nehmen die farbenfrohen Basare fast die gesamte Altstadt ein und sind herrlich anzusehen. Behalten Sie aber ihr Portemonnaie im Auge. **Teppiche** stehen hoch in der Gunst, darunter farbenprächtige und fein gemusterte Kelims. An den Schmuckständen werden Gold und Silber verkauft. Korallenstücke und Muscheln sowie andere geschützte (oder möglicherweise geschützte) Naturprodukte werden zwar ebenfalls feilgeboten, doch sollte man sie nicht kaufen (▶ 174). Eine gute Auswahl an tunesischen Kunsthandwerksartikeln bietet **Michèle Art et Tradition** in der Rue de Bizerte (Tel. 75 65 25 32), in deren Parallelstraße Rue Habib Bougatfa Sie bei **Foundouk el-Goulla** (Tel. 75 65 44 33) ausgesuchte Keramiken finden. Empfehlenswert sind Töpferwaren aus Guellala im Süden Djerbas. Besonders schön sind Teller, Schalen, Vasen oder Kacheln. Außerdem gibt es ein ocer zwei sehr gute, allerdings auch recht teure **Antiquitätenläden**.

Wem das Feilschen mit den beharrlich auf ihrem Preis bestehenden Händlern in Houmt Souk nicht liegt, der sollte zum **SOCOPA**-Laden an der Ecke Avenue Habib Bourguiba und Rue Jamaz Echeik gehen (8.30–12.30, 15–18 Uhr). Houmt Souk ist der beste Platz in Südtunesien für einheimische Waren. **Internationale Zeitungen** werden an 100 m südlich des SOCOPA-Ladens verkauft. An der Avenue Abdelhamid el-Kadhi kann man im Supermarkt **Monosouq** ganz gut einkaufen. Für importierte Nahrungsmittel und Weine bietet sich auch der Supermarkt in der Rue Mohammed Badra an. In derselben Straße wird jeden Montag- und Donnerstagvormittag sowie Sonntag- und Mittwochnachmittag ein guter Markt abgehalten. In jedem Fall lohnt ein Besuch des täglich stattfindenden Fischmarkts im nordöstlichen Teil des Marché Central statt.

Guellala ist das Zentrum des Töpferhandwerks, die besten Läden dafür sind das Atelier of Younes el-Ghoul (Route de el-Kantara) und El-Ghoul Bouich ganz in der Nähe. In der Nähe von **Tamerza** befindet sich ein **Markt am Wasserfall**, den man über die Straße Richtung Chebika erreicht und der ebenfalls Töpferwaren, aber auch Wustenrosen, Glas und Schmuck sowie kleine Kelims bekommt.

TEPPICHE

Verschiedene Städte des Südens sind Hochburgen der Teppichherstellung. Die Teppichläden im größten Touristensouk von **Houmt Souk** sind zwar sehr verlockend, aber auch sehr teuer. Das kleine Dorf **Toujane** südöstlich von Matmata ist da vielleicht die bessere Alternative. Die Preise der schönen Teppiche in den verschiedenen Läden sind allgemein niedriger als in Houmt Souk, vor allem wenn man etwas ausgiebiger feilscht. In **Gafsa** werden ebenfalls schöne Teppiche und gewebte Decken verkauft. Unmittelbar an den berühmten Piscines Romaines betreibt Mansoor Daab in der Avenue Habib Bourguiba einen bekannten und geschätzten Teppichladen mit einer großen Sortiment. In **Douz** befinden sich mehrere gute Läden in der Hauptstraße, während **Oudref** für seine Kelims und Decken bekannt ist.

Aus dem Süden des Landes stammen aber auch hochwertige Lederwaren, die man in den Souks von Houmt Souk und Gafsa erwerben kann. Wer köstliche Datteln – ein Grundnahrungsmittel der Wüstenbewohner – probieren möchte, sollte dies auf den Oasenmärkten von Douz, Tozeur oder Gafsa tun.

Wohin zum ... Ausgehen?

Die größeren Touristenhotels bieten zwar gepflegte Abendunterhaltung, darüberhinaus fällt das Nachtleben allerdings eher dürftig aus.

NACHTLEBEN

In der *zone touristique* von **Djerba** bietet das riesige Hotel **Dar Jerba** viele Bars und eine große Disko. Zum Hotel **Hasdrubal** (▶ 152) gehört ebenfalls eine gute Bar am Pool und eine Disko. **Die Disco Rym Beach** in der Nähe des Leuchtturms von Taguernes lädt im Sommer auf eine Tanzfläche am Strand ein. Eine der bekanntesten und größten Diskotheken ist die des Hotels **Royal Garden** in Sidi Alkkour in der *zone touristique*.

In **Gafsa** konzentriert sich das Nachtleben einzig und allein auf das Hotel La Lune und das **Restaurant ar-Rachid** im Hotel Maamoun (beide an der Rue Jamel Abd en-Naceur). Letzteres bietet allabendlich orientalische Musikshows, die überwiegend eine männliche Zuhörerschaft ansprechen. Beliebte Orte zum Ausgehen sind auch **Le Splendid** an der Rue Ennisrine, nahe des Marktplatzes, und das Restaurant **Petit Prince**, am Eingang der Palmeraie. Eine Bar sticht als »Muss« jedoch ganz besonders hervor: Die in einer Höhle liegende **Skywalker Bar** im Hotel Sidi Driss (▶ 150) in **Matmata** wurde durch die erste Episode von *Stars Wars* berühmt.

Douz ist Gastgeber für das fotogene **Festival du Sahara** im späten Dezember. Berber in prächtigen Kostümen spielen traditionelle Musik und zeigen ihre reiterische Geschicklichkeit auf Kamelen und Pferden. Ebenfalls im Dezember findet in Tozeur das **Festival de l'Oasis** statt. Im März steigt das **Festival des Ksour** in **Tataouine**. Nähere Infos gibt es jeweils in den örtlichen Touristenbüros (▶ 35) oder auf der Internetseite www.tourismtunisia.com

Der **Aeroasis Club** (Tel. 76 45 23 61) bietet in **Tozeur** Fahrten mit einem Heißluftballon an. Die Touristenbüros und einige Hotels erteilen zudem Auskunft über Sandsegeln und Saharatouren. Die Schlucht zwischen **Tamerza** und **Mides** ist ideal für einen Eselsritt oder eine Wanderung, wenn man die größte Hitze vermeidet und genügend Wasser mitnimmt. Die Hotels in Tamerza vermitteln Esel und Führer. **Nefta** und **Tozeur** bieten Kameltouren an, und in allen Touristenorten werden geführte Touren angeboten.

Im tunesischen »Tor zur Sahara« – **Douz** – ist **Kameltrekking** angesagt. Die Touren variieren zwischen einem einstündigen Ritt und Ausflügen mit ein oder mehreren Übernachtungen. Eine Zeltübernachtung unter einem klaren, mit Sternen übersäten Wüstenhimmel und das Kochen am Lagerfeuer machen einen solchen Ausritt zu einem unvergesslichen Erlebnis! Verschiedene Büros in der Stadt arrangieren Kameltouren: Empfehlenswert ist **Voyages Douz** (3 Avenue Taïeb Mehiri; Tel. 75 49 53 15).

Im **Parc Djerba Explore** (Tel. 75 74 52 77; www.djerbaexplore.com) gibt es ein Museum und eine Krokodilfarm, im **Buggy Explore** (Tel. 75 74 51 62) kann man Quadbikes oder strandtaugliche kartähnliche Allradfahrzeuge mieten. Der **Djerba Golf Club** (Tel. 75 74 50 55; www. djerba golf.com) bietet zwei Golfplätze.

Spaziergänge & Touren

1 MEDINA VON TUNIS

Spaziergang

Die Medina von Tunis schützt allein durch ihren Grundriss die traditionelle arabische Lebensart der Altstadt, und Fahrzeuge kommen nur schwer in den Irrgarten aus Durchgängen und Gässchen. Stattdessen sind die Menschen zu Fuß unterwegs, kaufen ein oder reden miteinander. Zum Stimmengewirr tragen die hämmernden Kupferschmiede das ihre bei, betörende Düfte gehen von den unzähligen Parfüm- und Gewürzläden aus. Der Spaziergang führt quer durch die verwinkelten Souks zu den wichtigsten architektonischen Sehenswürdigkeiten der Altstadt.

1–2

Startpunkt ist das östliche Stadttor Bab el-Bhar an der Place de la Victoire. Die Straße teilt sich

LÄNGE: 2 km **DAUER:** 3 Stunden
START/ZIEL: Bab el-Bhar ✚ 178 C3

hinter dem Tor in die links abgehende Rue Djamaa ez-Zitouna und die rechts abzweigende Rue de la Kasbah. Die Rue Djamaa ez-Zitouna führt geradewegs zum Souk el Fekka vor der Großen Moschee **Djamaa ez-Zitouna** (▶ 60). Sollten Sie am Vormittag hier sein, können Sie den Innenhof der Moschee besichtigen.

2–3

Gehen Sie rechts entlang der

Moschee und dann links in den überwölbten Souk et Attarine. Nach kurzer Zeit erreicht man den Souk el Blaghija, den Basar der Sandalenmacher, der nach rechts abgeht. Gehen Sie geradeaus in den Souk el Trouk, den Türkenmarkt, wo vor allen Dingen Weber und Schneider arbeiten. Rechterhand befindet sich das bekannte Café M'rabet (▶ 65), von dessen Restaurant im ersten Stock sich ein herrlicher Ausblick auf die Medina bietet. Die Straße führt weiter zum Souk el Berka, dem früheren Sklavenmarkt, auf dem heute vor allem

Map labels: el Mekhtar · Dar Othman · RUE DES TEINTURIES · B · HAMBA · Djamaa el-Djedid · **6** · RUE SIDI KACEM · Musée des Arts et Traditions Populaires · **5** · Tourbet el Bey · Tourbet el Bey · Rue des juges

Schmuck verkauft wird. Der Spaziergang führt jedoch nach rechts in den Souk el Bey. Rechts sieht man das Haus des osmanischen Beys – **Dar el Bey** –, folgen Sie der Straße weiter zur Ecke Rue de la Kasbah.

3–4

Biegen Sie links in die Rue de la Kasbah ein, wo Sie alsbald auf die Place du Gouvernement stoßen. Der hübsche Platz mit seinen Brunnen wird vom Sitz des Premierministers und anderen Ministerien umrahmt. Sie befinden sich nun am westlichen Eingang der Medina.

Bummeln Sie über den Platz, bis sie im Süden auf die Rue Sidi ben Ziad stoßen. Auf der rechten Seite passiert man das Hôpital Aziza Othmana. Das achteckige Minarett der **Mosquée de Sidi Youssef Dey** ist eines der Wahrzeichen der Medina.

4–5

An der Ecke des Souk el Leffa, dem Basar der Teppichknüpfer, geht es links zur Rückseite der Großen Moschee. Biegen Sie rechts in den Souk

Der wuchtige Turm der Djamaa ez-Zitouna wurde 1894 erbaut

Die Medina – nur scheinbar ein Gassengewirr

Das Labyrinth der Soukgassen wirkt nur scheinbar willkürlich, sind doch die einzelnen Souks/Gassen einer tradierten Anordnung unterworfen: Die »ehrbaren Gewerbe« liegen am nächsten zur heiligsten Stätte der Medina, der Djamaa ez-Zitouna. Direkt vor der Moschee verkaufen die Händler im Souk el Fekka getrocknete Früchte. Auf der Nordseite der Moschee nimmt der Souk el Attarine (Parfumsouk) ebenfalls eine zentrale Rolle ein. Weniger geachtete Gewerbe befinden sich in Seitenstraßen und ungeliebte, die wie die Gerber schlechte Gerüche verbreiten, sind in die Außenbezirke der Altstadt verbannt.

des Femmes ein und gehen Sie weiter gerade-aus in den südlichen Teil der Medina. Die Straße mündet direkt in die Rue Tourbet el Bey. Zur Rechten erhebt sich die Masjid el Koubba mit ihrer Kuppel. Hier soll Ibn Khaldoun, der große arabische Geschichtsforscher und Bürger von Tunis, gebetet haben. Keine 300 m weiter befindet sich eine der Hauptattraktionen von Tunis, das königliche Mausoleum **Tourbet el Bey.**

5–6

Nach der Besichtigung des Tourbet el Bey geht es zunächst rechts um das Gebäude herum, beachten Sie dabei die schön gestaltete Fassade. Wenn Sie die Rückseite des Gebäudes passiert haben, biegen Sie links in die Rue Sidi Kacem ein. Der Straße folgend kommen Sie zum Palais **Dar Ben Abdallah,** in dem sich das Musée

Ein Handwerker fertigt eine *chechia*, einen traditionellen roten tunesischen Filzhut

des Arts et des Traditions Populaires (➤ 52) befindet. Am Ende der Straße sehen Sie auf der linken Seite neben dem Souk el Bela (Souk der Süßigkeiten) die Moschee Djamaa el-Djedid (Färbermoschee). Sie sind nun in der Rue des Teinturiers, von der Sie in Höhe der Moschee nach links und dann nach rechts auf einen kleinen Platz abbiegen. Hier befindet sich der Eingang zum sehenswerten Palais **Dar Othman** (➤ 52), in dem sich nun die Büros der Conservation de la Médina, der örtlichen Denkmalschutzbehörde, befinden.

6–7

Auf dem Weg zurück nach Norden Richtung Djamaa ez-Zitouna halten Sie Ausschau nach einer kleinen Straße auf der linken Seite, die Rue de la Medersa es-Slimania. Wenn Sie von dieser Straße sofort wieder rechts abbiegen, blicken Sie in den Hof der **Medersa du Palmier,** eine von drei berühmten Koranschulen (*medresen*) der Stadt. Gegenüber steht das berühmte Hammam Kachachine.

Ein Schmuckladen in der belebten Rue Djamaa ez-Zitouna

Rechts geht es um die Koranschule herum zur östlichen Mauer der Medina. Biegen Sie links ab und folgen Sie dem Souk el Belat bis zur Rue Djamaa ez-Zitouna, dort wieder rechts zurück zum Bab el-Bhar.

Kleine Pause

Für eine Kaffeepause oder ein Mittagessen bietet sich das **Café M'rabet** (➤ 65) an, ein altes osmanisches Café im Souk el Trouk.

2 RUINEN DES ANTIKEN KARTHAGO

Spaziergang

Die mächtige phönizische Stadt Karthago wurde 146 v. Chr. von römischen Legionen zerstört. Was während der römischen Besatzungszeit aus den Ruinen erstand, findet sich heute verstreut in Carthage, einem Vorort von Tunis. Ein ausgedehnter Spaziergang führt zu den wichtigsten römischen Sehenswürdigkeiten Karthagos und verdeutlicht ein wenig die einstige Größe und Schönheit der antiken Stadt.

LÄNGE: 5 km **DAUER:** 4 Stunden
START/ZIEL: Métro-Station Carthage-Hannibal ✚ 181 E4

1–2

Die meisten Besucher kommen von Tunis nach Carthage: Wer die Métro-Linie (TGM Tunis Marine; ▲ 57) ab der Ville Nouvelle im Zentrum von Tunis genommen hat, beginnt den Spaziergang am besten an der Métro-Station Carthage-Hannibal. Am Ausgang der Station befindet man sich auf der Avenue Habib Bourguiba und sieht direkt vor sich die Cathédrale de St-Louis auf dem **Byrsa-Hügel** (▲ 56). Überqueren Sie die Straße und biegen Sie rechts ab. Nach 300 m auf der Avenue de l'Amphithéâtre geht es links den Berg hinauf.

Oben angekommen warten zwei der wichtigsten Sehenswürdigkeiten von Carthage auf Sie: das **Musée National de Carthage** (▲ 56) und die **Cathédrale de St-Louis**, jetzt ein Kulturzentrum. Von oben überblickt man das moderne Carthage und die Küste und versteht sofort, warum die Karthager diesen wunderbaren Aussichtspunkt als ihr Stadtzentrum erwählten.

2–3

Landeinwärts fällt der Blick Richtung Westen auf das ovale Stadion des Amphithéâtre des Martyrs. Über die kurvige Rue Pasteur geht es

Ein Ticket – sieben Sehenswürdigkeiten

Wenn Sie ausreichend Zeit für den Besuch aller Sehenswürdigkeiten Karthagos haben, sollten Sie sich das Kombiticket kaufen, das Ihnen Eintritt zu der sieben wichtigsten Attraktionen verschafft: zum Musée National de Carthage; zum Amphithéâtre des Martyrs, zum Théâtre d'Hadrian, zum Parc Archéologique des Villas Romaines, zum Tophet, zum Musée Océanographique und zu den Thermes d'Antonin Pius. Das Kombiticket erhalten Sie an allen sieben Kasseneingängen.

Eine römische Skulptur von Silenus und Maenad im Nationalmuseum von Karthago

hügelabwärts nach Westen, am **Parc Archéologique de Byrsa** vorbei zur Avenue de l'Amphithéâtre. Biegen Sie links ab und folgen Sie dem Zaun des Archäologischen Parks. Überqueren Sie die Rue de Carthage und gehen Sie zur 150 m entfernten Kreuzung mit der Avenue 7 Novembre. Biegen Sie links ab, dann erreichen Sie nach weiteren 100 m das **Amphithéâtre des Martyrs**.

3–4

Nach einer Besichtigung des Geländes geht es über die Avenue 7 Novembre zurück bis zur Rue de Carthage. Biegen Sie links ab und laufen Sie zu den 200 m entfernten **Citernes de la Malga**, in denen vor 2000 Jahren die Wasservorräte der antiken Stadt gesammelt wurden. Die Zisternen wurden über ein Aquädukt, das Wasser aus den rund 55 km entfernt liegenden Bergen bei Zaghouan hierher transportierte, gespeist – eine phantastische Leistung der römischen Ingenieure!

Map labels:

- Thermes d'Antonin Pius **6**
- Parc Archéologique des Villas Romaines **5**
- AVENUE HABIB BOURGUIBA
- Carthage Hannibal Metro Station
- **7**
- KENNEDY
- RUE DU PRÉSIDENT
- **1**
- Théâtre d'Hadrian
- RUE ALI BELHAOUANE
- AVENUE 7 NOVEMBRE
- RUE FLORUS
- Musée National de Carthage
- RUE MOHAMMED ALI
- 300 metres / 300 yards — 0
- AVENUE DE L'AMPHITHÉÂTRE
- Parc Archéologique de Byrsa
- RUE PASTEUR
- Cathédrale de St-Louis **2**
- Byrsa-Hügel
- RUE DE CARTHAGE
- Citernes de la Malga **4**
- AVENUE 7 NOVEMBRE
- AVENUE HEDI CHAKER
- Amphithéâtre des Martyrs **3**
- RUE TAHA HOUSSINE

Kleine Pause

Wer den Weg komplett gelaufen ist, kann sich mit einem hervorragenden Meeresfrüchtegericht in einem nahe gelegenen Restaurant belohnen: **Le Neptune** liegt sowohl in der Nähe der Antoninischen Bäder wie auch der Métro-Station Carthage-Hannibal. Wegen seiner Aussicht aufs Meer ist es eines der schönsten Restaurants vor Ort und sein Geld auf jeden Fall wert.

5–6

Nach dem Besuch der Römischen Villen geht es zurück auf die Avenue 7 Novembre. Biegen Sie links ab, überqueren Sie die Avenue Habib Bourguiba und Sie befincet sich vor der am besten erhaltenen römischen Anlage Karthagos: den **Thermes d'Antonin Pius** (▶ 57). Ein Weg durch den Garten führt bergab Richtung Meer. Halten Sie die Kamera bereit: Die Römischen Bäder zählen zu den malerischsten Sehenswürdigkeiten des antiken Karthago.

6–7

Kehren S e zur Avenue Habib Bourguiba zurück, wo Sie links abbiegend nach 200 m die Métro-Station Carthage-Hannibal erreichen.

Nach 500 m überquert man eine Kreuzung, die Straße heißt nun Avenue 7 Novembre. Nach weiteren 200 m steht man am Eingang des **Théâtre d'Hadrian**. Vom einstigen römischen Theater ist nur wenig erhalten geblieben, im neu errichteten Theater werden häufig Konzerte und Theateraufführungen veranstaltet. Ein kurzes Stück

Die Cathédrale de St-Louis beherbergt heute ein Kulturzentrum

4–5

Überqueren Sie die Rue de Carthage, dort gabelt sich die Straße, der Weg folgt der rechts abgehenden Rue Mohammed Ali.

jenseits des Einganges liegt auf gleicher Straßenseite die Rue Arnobe, die links abbiegerd zum **Parc Archéologique des Villas Romaines** führt. Hinter den Villen befindet sich die nur bruchstückhaft restaurierte und deshalb nicht unbedingt sehenswerte Basilika Damous el Karita.

3 PARC NATIONAL DE L'ICHKEUL

Tour/Wanderung

Der wichtigste Nationalpark Tunesiens liegt am wunderschönen Lac Ichkeul im Norden des Landes. 1980 wurde das Biosphärenreservat von der Unesco auf die Welterbeliste gesetzt. Der See und das umliegende Feuchtgebiet unter dem 511 m hohen Gipfel des Djebel Ichkeul sind ein idealer Zwischenstopp für Zugvögel, die in den Sümpfen und im See reichlich Nahrung wie Aale, Frösche und Meeräschen finden. Die Nationalparkverwaltung hat verschiedene Wanderrouten ausgewiesen; die Hauptroute folgt dem Seeufer mit einigen Abstechern ins Hinterland, wenn es die Sümpfe notwendig machen.

1–2

Von Tunis geht es über die Route 7 rund 75 km nach Nordwesten bis **Mateur**, das in ganz Tunesien für seinen Käse bekannt ist. Die Stadt war im Zweiten Weltkrieg ein wichtiges Ziel der vorrückenden US-Truppen – und

LÄNGE: 93 km **DAUER:** 4 Stunden
START: Tunis ✚ 181 D4
ZIEL: Parc National de l'Ichkeul ✚ 180 C5

Schauplatz einer wichtigen Schlacht gegen die deutsche Besatzungsarmee.

2–3

Von Mateur folgen Sie der Route 11 rund 10 km nach Norden, bis Sie auf die Ausschilderung des Nationalparks stoßen. Wer von Bizerta kommt, fährt 30 km auf der Route 11 nach Süden, um dann nach den oben genannten Schildern der Abzweigung zu schauen, die 9 km hinter **Tinja** liegt.

3–4

Der Eingang zum **Nationalpark** ist nach 5 km erreicht und liegt auf der südöstlichen Seite des Lac Ichkeul. Nach einer Registrierung durch die Parkranger wird der Besucher zum Parkplatz geleitet. Es gibt **keine Restaurants oder Hotels** im Nationalpark, auch das Zelten ist nicht erlaubt. Die Besucher werden zum Schutz des bedrohten Ökosystems des Parks aufgerufen und immer wieder darauf hingewie-

Besucher des Umweltmuseums beobachten das außergewöhnliche Vogelleben auf dem Lac Ichkeul

sen, keinen Müll zu hinterlassen oder sonstige »Souvenirs« aus dem Park mitzunehmen.

4–5

Rund 3 km vom Parkplatz entfernt liegt auf einem steilen Hügel ein kleines **Umweltmuseum**, das über die Tierwelt und die ökologische Bedeutung des Sees informiert. Hier beginnt auch der staubige Pfad rund um den See. Bunte Eisvögel und Scharen rosa Flamingos fliegen über die Sumpflandschaft und immer wieder darauf hingewie-

Kleine Pause

Der Park ist ideal für ein Picknick, im Park finden sich mehrere **Picknicktische**, aber keine Restaurants, Cafés oder Läden. Wer durch Mateur fährt, sollte sich mit dem berühmten Käse der Stadt eindecken.

Umweltmuseum

🕐 tägl. 8–17 Uhr 🎟 preiswert

rung. Vogelbeobachter werden aber auch schwalben, Schwalben und Mauerschwalben sowie Graureiher, Silberreiher und Weißstörche sichten, die hier alle einen Zwischenstopp auf dem Weg nach Süden bzw. Norden einlegen. Besonders achten sollte man im Schilf auf die lilafarbenen Wasserhühner mit ihrem hellblauen Gefieder und dem roten Schnabel. Zu den heimischen Vogelarten zählen Stelzenläufer, Flussuferläufer und Bachstelzen sowie Bussard und Adler. Insgesamt ernähren der See und seine umliegenden Sümpfe rund 100 000 Vögel. Neben den Vögeln sind eine **Herde Wasserbüffel** die Hauptattraktion. Sie stammen von einem Büffelpaar ab, das der Bey von Tunis 1729 vom sizilianischen König als Geschenk erhielt und das am See angesiedelt wurde. Aber auch Wildschweine, Stachelschweine, Schakale, Füchse, Mungos und Otter haben im Nationalpark eine Heimat gefunden.

Die stillen Wasser des Lac Ichkeul

4 GORGES DE SELJA
Zugfahrt

LÄNGE: 46 km **DAUER:** 1–2 Stunden
START: Metlaoui ✚ 182 C3
ZIEL: Redeyef ✚ 182 B3

Im Südwesten des Landes, zwischen Gafsa (▶ 146) und den berühmten Chotts (▶ 136), liegt die Industriestadt Metlaoui. Hauptattraktion des Bergbaustädtchens ist der legendäre *Lézard Rouge*, der entlang gewaltiger Steilwände die Schluchtenlandschaft der Gorges de Selja durchquert.

Seit 1885 wird in dieser Region Phosphat abgebaut, 1906 verlegten die Franzosen Eisenbahngleise, um den wertvollen Rohstoff schneller und günstiger abtransportieren zu können. Einige Jahre später schenkte die französische Regierung dem Bey von Tunis einen privaten königlichen Zug, der ihn (und offensichtlich auch seinen Harem!) bequem zu seinem Sommerpalast bringen sollte. Wegen seiner auffallenden roten Farbe wurde der Zug als *Lézard Rouge* (Rote Eidechse) berühmt. 1995 wurde der Nostalgiezug mit neuen eleganten roten Sitzen ausgestattet und nun von **Galilée Travel** auf der historischen Bahnstrecke als touristische Attraktion eingesetzt.

Die Fahrt mit dem *Lézard Rouge* ermöglicht den Reisenden, die spektakuläre Schlucht hautnah zu erleben

1–2

Beim Verlassen der Stadt passiert der Zug einen Markt und eine Reihe von Bahnübergängen. Ein scharfes Pfeifen verscheucht unterwegs Esel und Kinder und ruft immer wieder neuem große Aufregung hervor. Schon bald befindet man sich in der flachen, steinigen Wüste – der *Lézard Rouge* beginnt den Anstieg zu seiner Fahrt durch die phantastische Seldja-Schlucht. Die Bahnreisenden durchqueren mehrere Tunnel, nach denen sich immer neue Blicke in die bis zu 200 m tiefen Schluchten und auf sprudelnde Bergquellen bieten. Der **Oued Selja** selbst ist meist ausgetrocknet, aber wegen seiner plötzlich auftretenden Fluten nach heftigen Regenfällen gefürchtet. Beliebtester Platz im Zug ist die offene Plattform am Ende des letzten Waggons. Wer also einen Sitz im hintersten Wagen gebucht hat, sollte versuchen, draußen einen Platz zu ergattern, um die grandiose Landschaft hautnah zu erleben. Von der **Plattform** lassen sich die besten Fotos schießen.

res. Die Fahrt führt durch eine Mondlandschaft aus sandfarbenen Hügeln, aufgelassenen Straßen und liegen gebliebenen Lastwägen, die früher das Phosphat abtransportierten. Der Zug erreicht schließlich eine von Hügeln umrahmte Ebene; immer mal wieder erblickt man weiß schimmernde Moscheen auf einem dieser Hügel. Ab Moulares gleitet der Zug in die endlose, aride Ebene hinab und rollt bald in Redeyef ein. Wer den abendlichen Zug zurück nach Metlaoui nimmt, kann derweil eines der **kleinen Cafés** besuchen.

Vorbereitung

Vor allem in der Hauptsaison sollte man die populäre Eisenbahnfahrt **vorab buchen**, viele Hotels sind dabei behilflich. Die Tour dauert eine gute Stunde, die Nostalgiebahn fährt Montag, Mittwoch, Freitag und Sonntag um 10.30 Uhr, Dienstag und Donnerstag um 10 Uhr.

Bureau de Lézard Rouge (galilée Travel)

🏠 182 C3 ✉ Metlaoui ☎ (76) 24 14 69; Fax (76) 24 16 04 ⏰ Di–So; Abfahrt in Metlaoui: 10.30 Uhr; Rückfahrt ab Redeyef: 18.30 Uhr 💰 teuer

Galilée Travel – Tunis

🏠 179 E2 ☎ (71) 95 16 25; Fax: (71) 95 16 56

2–3

Die Sandsteinschlucht ist gut 15 km lang, in deren Mitte liegt die Stadt **Selja**. Die Einheimischen erklären

die Entstehung der Schlucht mit einer romantischen Geschichte: Einst sei eine Prinzessin mit einem Krieger durchgebrannt, dieser schlug mit einem einzigen Schwerthieb eine breite Narbe in das Wüstengestein und schuf so die riesige Selja-

Schlucht, die er seiner Liebsten als Hochzeitsbett schenkte. Der Zug hält unterwegs zwei bis dreimal an, socass die Passagiere die Landschaft genießen können. Zur Rechten, in der Ferne, liegt Moula-

KLEINE PAUSE

Der *Lézard Rouge* verfügt über einen eigenen **Restaurantwagen,** der hauptsächlich Snacks mitführt.

5 HOUMT SOUK
Spaziergang

Houmt Souk liegt in wunderbarer Umgebung an der Nordküste der Insel Djerba. Die meisten Inselbesucher verbringen ihre Zeit an den herrlichen Stränden an der Ostküste, doch die Insel bietet definitiv mehr als nur schwimmen und sonnenbaden. Der vorgeschlagene zweistündige Spaziergang durch die Inselhauptstadt bringt Ihnen die einzigartige Kultur Djerbas und einige ihrer historischen und religiösen Sehenswürdigkeiten näher, die ansonsten vielleicht unbeachtet blieben. Zum Abschluss geht es in den faszinierenden Souk der Stadt, in dem sich jeder so viel Zeit zum Schauen oder Kaufen nehmen kann, wie er möchte.

1–2

Ein guter Startpunkt ist das Wahrzeichen von Houmt Souk: **Bordj el-Kebir** (➤ 140), der Große Turm. Auch als Bordj Ghazi Mustapha bekannt, war die spanische Festung Schauplatz einer berühmten

LÄNGE: 3 km **DAUER:** 2 Stunden
START: Bordj el-Kebir ✚ 185 E2
ZIEL: Souk ✚ 185 E2

Schlacht in der Mitte des 15. Jahrhunderts, als osmanische Krieger die spanische Garnison niedermetzelten. Haufen verrostender Kanonenkugeln sind stumme Zeugen dieser blutigen Epoche. Die Festung am Meer liegt unmittelbar nördlich des

Stadtzentrums und bietet denjenigen, die mit dem Auto von den Stränden der *zone touristique* kommen, einen guten Parkplatz. Montags und donnerstags findet auf dem Platz vor dem Bordj el-Kebir ein Wochenmarkt statt. Mit dem Rücken zum Turm und dem Meer geht es nun über den Platz zur Rue Taïeb Mehiri und geradeaus Richtung Stadt. Nach 500 m gelangt man an eine Kreuzung, an der die Türkenmoschee

Bordj el-Kebir

RUE TAIEB MEHIRI

Die Mosquée des Étrangers

Hän·ler bieten Lebensmittel auf dem geschäftigen Souk von Houmt Souk feil

Karte

2–3 Nach links führen Wegweiser zum **Musée des Arts et Traditions Populaires** (➤ 141): Zunächst geht es 400 m über die Rue Habib Thameur und die Avenue Abdelhamid el-Kadhi. Das Museum zeigt eine umfangreiche Sammlung lokaler Kleidung und vermittelt interessante Einblicke in die Kultur der Inselbewohner Djerbas. Das Gebäude ist ebenfalls beachtenswert, da es sich um die ehemalige Zaouia des Sidi Zítouni handelt – werfen Sie einen Blick auf die Decke mit ihren alten Terrakottakacheln.

Musée des Arts et Traditions Populaires

AVENUE ABDELHAMID EL KADHI

3

0 100 metres
0 100 yards

RUE HABIB THAMEUR

RUE DU MARS

AV ABDELHAMID EL KADHI

Mosquée des Étrangers

4

Zaouia de Sidi Brahim

Djami' et-Turuk

2

RUE MOCEF BEY

Hôtel Sables d'Or

Place Hédi Chaker

Hôtel Erriadh

RUE DE BIZERTE

5

Souk

6

Djami' et-

Turuk liegt. Das elegante Gebäude stammt aus der Zeit der osmanischen Herrschaft. Beachten Sie den auffallenden Stil des Minaretts, das ein wenig an einen angespitzten Bleistift erinnert.

3–4

Zurück zur Avenue Abdelhamid el-Kahdi erreichen Sie nach 300 m zwei der wichtigsten historischen Sehenswürdigkeiten von Houmt Souk: die **Zaouia de Sidi Brahim** und die **Mosquée des Étrangers** (Fremdenmoschee) mit ihren auffallenden Kuppeln. Beide Gebäude sind für Nicht-Muslime nicht zugänglich.

4–5

Biegen Sie an der Zaouia de Sidi Brahim rechts in die Rue de Bizerte ab und gehen Sie bis zur Rue Moncef Bey. Überqueren Sie die Straße und gehen Sie geradeaus weiter, bis Sie auf die Rue Mohammed el-Fergani mit dem **Hôtel Sables d'Or** auf der rechten und dem **Hôtel Erriadh** (▶149) auf der linken Seite stoßen.

Die zwei ehemaligen *funduks* (Karawansereien) wurden in moderne Hotels umgebaut. Während des Transsaharahandels legten arabische Händler oft weite Strecken unter schwierigsten Bedingungen zurück. Diese Händler, aber auch einfache Reisende und Pilger, suchten für die Nacht Unterkunft in einer sicheren Karawanserei.

Karawansereien hatten in der Regel alle den gleichen Grundriss: Der Eingang war für Kamele und Pferde groß genug; im Hof standen für die Tiere Ställe zur Verfügung, während die Gäste eine Etage höher in bescheidenen Quartieren untergebracht waren. Die Gastwirte versorgten die müden Reisenden wie auch ihre Tiere mit Essen und Trinken. Karawansereien findet man in der gesamten islamischen Welt. Sie sind heute vielfach in moderne, »kamelfreie« Hotels mit viel Atmosphäre umgewandelt worden.

Zwei einheimische Frauen beim Lebensmittelkauf auf dem Markt

5–6

Zwischen den beiden Karawansereien führt die Rue de Bizerte einige hundert Meter weiter zur Place Hédi Chaker. Direkt dahinter beginnt der geschäftige **Souk**. Die verschlungenen Gassen sind voll gepackt mit Waren für Einheimische wie Touristen. Auf den Plätzen hängen verführerische Teppiche auf den Ballustraden der von Arkaden überdachten Straßen. Ständig werden Besucher von Händlern angesprochen, doch ausgestopfte Kamele, Schmuck oder Lederwaren zu kaufen. Die für ihre schönen Farben und Muster geschätzten Töpferwaren sind besonders populär, weil sie direkt auf der Insel in Guellala hergestellt werden.

Kleine Pause

Wer lieber sitzen und ein köstliches Essen genießen möchte, anstatt auf Einkaufstour in den Souk zu gehen, der sollte den Spaziergang an der Place Hédi Chaker beenden. Dort bietet das **Restaurant de l'île** (▶ 152) eine Terrasse auf den Platz hinaus an. So kann man bestens die Leute beobachten und sich mit denjenigen verabreden, die noch den Souk besuchen möchten.

Praktisches

Websites
- www.tourismtunisia.com
- www.tunisiaonline.com
- www.tunisair.com.tn
- www.al-bab.com/arab/
  news/tunisia.htm
  www.tunesien.info

Deutschland
Tunesisches
Fremdenverkehrsamt
Goetheplatz 5
D-60313 Frankfurt/Main
☎ (069) 297 06 40
Fax (069) 297 06 63

REISEVORBEREITUNG

WICHTIGE PAPIERE

- ● Erforderlich
- ○ Empfohlen
- ▲ Nicht erforderlich

	Deutschland	Österreich	Schweiz
Pass	●	●	●
Visum / Touristenkarte (für Reisen bis 4 Wochen)	▲	▲	▲
Weiter- oder Rückflugticket	▲	▲	▲
Impfungen (Tetanus, Diphtherie, Polio, Hepatitis A)	○	○	○
Krankenversicherung	▲	▲	▲
Reiseversicherung	●	●	●
Führerschein (national/international)	●	●	●
Kfz-Haftpflichtversicherung (bei eigenem Auto)	●	●	●
Fahrzeugschein (bei eigenem Auto)	●	●	●

REISEZEIT

Tunis

Hauptsaison   Nebensaison

JAN	FEB	MÄRZ	APRIL	MAI	JUNI	JULI	AUG	SEPT	OKT	NOV	DEZ
26°C	26°C	27°C	29°C	30°C	31°C	32°C	32°C	31°C	29°C	28°C	29°C

☀ Sonnig   ☁ Bedeckt   🌧 Regnerisch und windig   ⛅ Wechselhaft

Das nordtunesische Klima ist mediterran, die **Sommer sind heiß und trocken**, die **Winter kühl und feucht**. Im Westen kann es im Januar manchmal in der Kroumirie und den Teboursouk-Bergen schneien. Weiter im Süden wird es zunehmend heißer und trockener, vor allem im Landesinneren. Die **jährliche Niederschlagsmenge** variiert zwischen 180 mm im Süden und bis zu 1000 mm im Norden. Der Grand Erg Oriental im Süden bleibt manchmal jahrelang ohne Niederschlag. Im Juli und August erreichen die Mittagstemperaturen an der südlichen Küste bis zu 30 °C, im unbewohnten Landesinneren bis zu 45 °C. Nachts fallen die Temperaturen in der Wüste jedoch dramatisch und es kann unangenehm kalt sein. Die Luftfeuchtigkeit ist – vor allem im Landesinneren und Süden – allgemein niedrig. Die **beste Reisezeit** für die Küstenregionen sind die Monate Mai bis Ende September, für das Landesinnere April bis Juni oder September bis Oktober.

Österreich
Tunesisches
Fremdenverkehrsamt
Opernring 1
A-1010 Wien
☎ (01) 585 34 80
Fax (01) 585 34 80 18

Schweiz
Tunesisches
Verkehrsbüro
Bahnhofsstr. 69
CH-8001 Zürich
☎ (01) 211 48 30
Fax (01) 212 13 53

ANREISE

Mit dem Flugzeug: Tunesien hat sechs internationale Flughäfen: Tunis, Monastir, Djerba, Tozeur, Tabarka und Sfax. **Tunis Air** (www.tunisair.com) fliegt im Linienverkehr alle wichtigen europäischen Städte an, viele große europäische Fluglinien unterhalten Verbindungen nach Tunis. Billigairlines wie Air Berlin und TUIfly fliegen außerdem Djerba und Monastir bzw. Tunis an.

Mit dem Auto oder mit der Bahn: Reisenden auf dem Landweg steht lediglich der Grenzposten Ras Ajdir an der tunesisch-libyschen Grenze offen. Für die Einreise nach Libyen ist ein Visum erforderlich, das man sich noch vor seiner Reise im Herkunftsland besorgen muss; am besten lässt man die notwendigen Formalitäten über den örtlichen Reiseveranstalter abwickeln.

Mit dem Schiff: Ganzjährig bestehen regelmäßige Fährverbindungen von **Frankreich** (Marseille) und **Italien** (Genua, La Spezia, Neapel und Trapani) nach Tunis. Für europäische Besucher ist dies eine gute Möglichkeit, die eigenen Fahrzeuge mitzunehmen. Eine frühzeitige Buchung für alle Fähren ist dringend anzuraten.

ZEIT

In Tunesien gilt ganzjährig die MEZ. Das bedeutet im Winter keinen Zeitunterschied, während der Sommerzeit müssen die Uhren jedoch eine Stunde zurückgestellt werden.

WÄHRUNG

Währung: Die tunesische Währung ist der Dinar (TD) zu je 1000 Millimes. **Münzen** gibt es zu 1 Dinar sowie zu 5, 10, 20, 50, 100, 200 und 500 Millimes.
Banknoten sind zu 5, 10, 20 und 30 Dinar im Umlauf. Der Dinar ist eine »weiche« Währung, die nicht frei konvertierbar ist. Es ist illegal, tunesische Dinare ein- oder auszuführen, sodass Besucher kein tunesisches Geld im Voraus erwerben können. Im Land werden Euros bereitwillig zum Wechseln angenommen.

Kreditkarten: Kreditkarten werden vielerorts in Tunesien akzeptiert, vor allem in den touristischen Zentren. Am verbreitetsten sind Visa und MasterCard. Karten von American Express und Diners Club werden jedoch nicht überall akzeptiert.

Reiseschecks: Die meisten tunesischen Banken akzeptieren Reiseschecks, die in Euro oder US-Dollar ausgestellt sein sollten. Am verbreitetsten sind American Express, Thomas Cook und Visa.

Geldwechsel: Bargeld und Reiseschecks können problemlos in den meisten Banken und den großen Hotels eingetauscht werden. Der Wechselkurs wird von der tunesischen Regierung festgesetzt. Beim Verlassen des Landes kann man bis zu einer Höhe von 100 Dinar 30% des zuvor getauschten Geldes zurück tauschen. Bankautomaten finden sich an nahezu allen Banken und sind eine sichere und effiziente Methode, Geld zu wechseln.

ZEITUNTERSCHIED

 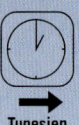 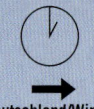 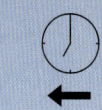 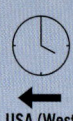

| GMT 12 Uhr | Tunesien 13 Uhr | Deutschland/Winter 13 Uhr | Frankreich 13 Uhr | USA (Osten) 7 Uhr | USA (Westen) 4 Uhr |

DAS WICHTIGSTE VOR ORT

KONFEKTIONSGRÖSSEN

Tunesien	Deutschland	
46	46	
48	48	
50	50	
52	52	Anzüge
54	54	
56	56	
41	41	
42	42	
43	43	
44	44	Schuhe
45	45	
46	46	
37	37	
38	38	
39/40	39/40	
41	41	Hemden
42	42	
43	43	
34	34	
36	36	
38	38	
40	40	Kleider
42	42	
44	44	
38	38	
39	39	
40	40	Schuhe

FEIERTAGE

1. Januar	Neujahrstag
18. Januar	Revolutionstag
20. März	Unabhängigkeitstag
21. März	Tag der Jugend
9. April	Tag der Märtyrer
1. Mai	Internationaler Tag der Arbeit
25. Juli	Tag der Republik
13. August	Tag der Frauen
15. Oktober	Tag der Evakuierung
7. November	Tag des Gedenkens/Tag der Erneuerung

Zusätzlich zu diesen weltlichen Feiertagen gibt es noch verschiedene islamische Feste und Fastentage, die sich nach dem Mondkalender richten. Sie finden jedes Jahr 11 Tage früher statt (wenn der Mond gesichtet wird). Zu diesen Festen gehören der Fastenmonat **Ramadan, 'Id al-Fitr** (Ende des Ramadan), **'Id al-Adha** (Ende der Hadj/Wallfahrt) und **Maulid** (Geburtstag Mohammeds).

ÖFFNUNGSZEITEN

○ Geschäfte ● Hauptpostämter
● Büros ● Sehenswürdigkeiten
● Banken ● Apotheken

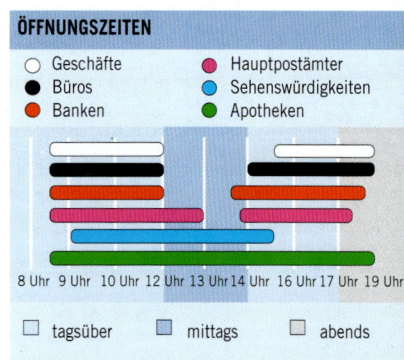

8 Uhr 9 Uhr 10 Uhr 12 Uhr 13 Uhr 14 Uhr 16 Uhr 17 Uhr 19 Uhr

□ tagsüber ■ mittags □ abends

Geschäfte: Öffnungszeiten sind sehr flexibel je nach Saison, Region und individueller Einstellung. In der heißen Jahreszeit können die Geschäfte nachmittags geschlossen sein und dafür am kühleren Abend öffnen. Während des Ramadan sind die Öffnungszeiten generell kürzer. Viele **Museen** und historische Sehenswürdigkeiten sind montags geschlossen. In größeren Städten gibt es **Apotheken**, die rund um die Uhr geöffnet sind.

SICHERHEIT

• Tunesien ist im Allgemeinen ein sehr sicheres Land mit einer relativ niedrigen Kriminalitätsrate. Vor allem sollte man auf Taschendiebe achten, die mit Gruppen von kleinen Kindern arbeiten, um die Aufmerksamkeit der Opfer vom Täter abzulenken.

• Diebstähle passieren vor allem in den belebten Medinas und Souks. Wertsachen sollte man in geschlossenen Taschen mit sich führen oder im Hotelsafe lassen, falls man sie nicht unbedingt benötigt.

• Frauen sollten nachts nicht alleine durch die Medinas und Souks gehen; auch sollte auf eine dezente Kleidung (nicht zu kurze Kleider, Shorts, ärmellose T-Shirts) geachtet werden.

Polizei:
 197 von jedem Telefon

ELEKTRIZITÄT

Die Stromspannung beträgt allgemein 220/240 Volt, in einigen entlegenen Gegenden und älteren Hotels 110 Volt. In die Steckdosen passen Kontinentalstecker mit zwei Stiften.

TELEFONIEREN

Das tunesische Telefonsystem ist sehr effizient und wird ständig verbessert. In größeren Städten sollte man zu einem Taxiphone-Büro gehen, die durch knallgelbe Schilder in Arabisch und Englisch schnell zu finden sind. Dort gibt es meist mehrere Kabinen, ein Angestellter sorgt für Wechselgeld. Internationale Anrufe können mit 1-Dinar-Münzen durchgeführt werden – man benötigt allerdings sehr viele! Einige Läden verfügen über öffentliche Telefone, die durch ein blaues Schild gekennzeichnet sind.

Internationale Vorwahlen
Von Tunesien nach

Deutschland	0049
Österreich	0043
Schweiz	0041

POST

In allen Städten und den meisten Orten finden Sie Postämter (abgekürzt: PTT). Die Briefkästen sind normalerweise klein und gelb und mit arabischem Text und dem Schriftzug PTT versehen. Die Dienstleistungen sind durchschnittlich gut: Postkarten und Briefe nach Europa benötigen rund 7 Tage.

TRINKGELD

Rechnungen von Hotels und Restaurants können eine zehnprozentige Servicegebühr aufweisen. Im Allgemeinen gilt:

Restaurants	10 %
Bars und Cafés	10 %
Taxis	freiwillig
Gepäckträger	500 Millimes oder 1 Dinar
Zimmermädchen	freiwillig
Musiker (Restaurants)	500 Millimes

BOTSCHAFTEN UND KONSULATE

Deutschland
☎ (71) 78 64 55

Österreich
☎ (71) 75 10 91,
(71) 75 10 94 oder (71) 76 73 85

Schweiz
☎ (71) 96 29 97

GESUNDHEIT

Krankenversicherung: Eine Reiseversicherung ist empfehlenswert. Große Hotels und Apotheken können bei Bedarf gute Ärzte empfehlen. Jede Behandlung muss direkt bezahlt und das Geld später von der eigenen Krankenversicherung zurückgefordert werden.

Zahnarzt: Alle guten Hotels können einen erfahrenen Zahnarzt empfehlen. Jede Behandlung muss direkt bezahlt und das Geld später von der eigenen Krankenversicherung zurückgefordert werden. Falls möglich, zahlen Sie mit Kreditkarte. Die Qualität der Behandlung ist recht gut.

Wetter: Die Sonnenstrahlung kann an der Küste, im Landesinneren und im tiefen Süden sehr stark sein. Sinnvoll sind deshalb ein Hut, leichte Baumwollkleidung und eine Sonnencreme mit hohem Lichtschutzfaktor. Man sollte viel Wasser und Fruchtsaft trinken und die Zeit des Sonnenbadens begrenzen.

Medikamente: Apotheken sind in Tunesien im Allgemeinen gut ausgerüstet. Wer spezielle Medikamente benötigt, sollte einen ausreichenden Vorrat mitnehmen. Apotheker sind hoch angesehen und sehr erfahren. Sie können wertvolle Ratschläge erteilen und haben Adressen von guten Ärzten.

Trinkwasser: Leitungswasser sollte man in Tunesien generell nicht trinken, deshalb ist ein großer Vorrat an Wasserflaschen wichtig. Mineralwasser erhält man in Hotels, an Tankstellen und in vielen Geschäften zu günstigen Preisen. In großen Hotels und Ferienanlagen dürfte Eis kein Problem sein.

ERMÄSSIGUNGEN

Schüler/Studenten: In Tunesien gibt es ein kleines Netzwerk an sauberen und günstigen Jugendherbergen, die für junge Reisende ein gutes Angebot darstellen. Um 23 Uhr ist Schließzeit; es herrscht strikte Geschlechtertrennung.

Senioren: Es gibt keine speziellen Ermäßigungen, was jedoch oft durch den großen Respekt ausgeglichen wird, mit dem ältere Leute in Tunesien behandelt werden.

EINRICHTUNGEN FÜR BEHINDERTE

Es gibt nur recht wenige spezielle Einrichtungen für Behinderte in Tunesien. Einige der wichtigsten Sehenswürdigkeiten haben Zufahrtsrampen; viele Ferienanlagen und Hotels verfügen über Rollstuhlrampen zu einigen Zimmern und den meisten Hotelbereichen. Wer spezielle Bedürfnisse hat, sollte dies vor der Buchung genauestens abklären.

KINDER

Kinder werden in Tunesien sehr geliebt, wer also mit Kindern reist, kann sich auf manche Zufallsbekanntschaft mit Einheimischen freuen. All-Inclusive-Anlagen bieten Kinderbetreuung und viele spezielle Angebote für Kinder, sodass diese Urlaubsart besonders bei Familien beliebt ist.

TOILETTEN

Öffentliche Toiletten sind rar und oft nicht sehr sauber. Toilettenpapier sollte man im bereitgestellten Mülleimer entsorgen.

ZOLL

Der Import von Souvenirs, die von seltenen oder gefährdeten Tierarten stammen, kann illegal sein oder eine spezielle Erlaubnis erfordern. Die Ausfuhr von Antiquitäten ist verboten.

SPRACHFÜHRER

Die offizielle Sprache in Tunesien ist Arabisch, auch wenn Französisch weit verbreitet ist. Oft trifft man auf ein verwirrendes Gemisch aus Arabisch und Französisch. Das tunesische Arabisch wird genau wie das algerische und marokkanische Maghribi (»vom Sonnenuntergang«) genannt und unterscheidet sich stark vom klassischen Arabisch. Vokale werden meist verkürzt oder ganz verschluckt. Zudem gibt es eine starke Beimischung von französischen und italienischen Begriffen. In kleineren Orten und auf dem Land ist ein wenig Arabisch hilfreich und verschafft den Reisenden auch mehr Respekt.

IMMER ZU GEBRAUCHEN

Ja **Na'am, iyeh**
Nein **La**
Bitte **Minfadlak**
Danke (sehr) **Shukran (jazilan)**
Bitte, gerne **La shukran 'ala wajib**
Hallo (für Muslime) **As salaam alaykum**
Antwort (für Muslime) **Wa alaykum salaam**
Hallo (informell) **La bes**
Antwort **Bikheer**
Willkommen **Ahlan wa sahlan, marhaba**
Antwort **Ahlan bik**
Auf Wiedersehen **Ma'asalaama, bislemah**
Guten Morgen **Sabah al-kheir**
Guten Morgen (Antwort) **Sabah an-nur**
Guten Abend **Misa al-kheir**
Guten Abend (Antwort) **Misa an-nur**
Gute Nacht **Tesbah al-kheir**
Wie geht es Ihnen? **Kayf halak?**
Danke, gut **Bikheer alhamdulillah**
Mit Gottes Segen **Inshallah**
Entschuldigung **Samahni**
Wie heißen Sie? **Ma'howa ismok?**
Ich heiße … **Ismi howa …**
Sprechen Sie Englisch? **Tatakallem ingliz?**
Das macht nichts **Ma'alesh**
Wie viel? **Kadesh?**
Zu teuer **Yessir**

Ich verstehe **Fhemt**
Ich verstehe nicht **Ma fhemtesh**
Lassen Sie mich in Ruhe! **Imshee!**
Gut **Behi**
Schlecht **Mush behi**
Warum? **Laysh?**
Auf geht's! **Hay bina!**

ÜBERNACHTEN

Wo ist …? **Feyn …?**
das Hotel **Al Otel**
das Restaurant **Al Mataam**
die Toilette **El mirhadh/et toilette**
die Apotheke **Es saydaliyya**
Wie teuer ist das Zimmer pro Nacht? **Kamel ghorfa el-layla?**
Kann ich das Zimmer sehen? **Mumkin shouf al-ghorfa?**
Mit zwei Betten **Ma zouz afresh**
Klimaanlage **Klimatizasiyon**
Dusche **Dush**
Warmwasser **Ma sekhouna**
Das ist ok **Hada bahi**

WOCHENTAGE

Sonntag **yawm al-ahad**
Montag **yawm al-itnayn**
Dienstag **yawm al-talaat**
Mittwoch **yawm al-arbah**
Donnerstag **yawm al-khamees**
Freitag **yawm al-jumah**
Samstag **yawm as-sabt**
Gestern **Ams**
Heute **Al yawm**
Morgen **Bukra**

NACH DEM WEG FRAGEN

Ich möchte nach … fahren **Urid ana adhaba illa …**
Wie teuer ist eine Fahrt nach …? **Mahowa assir illa …?**
Nach links **Al yassar**
Nach rechts **Al yameen**
Geradeaus **Ala toul**
Halten Sie hier bitte **Qif honamen minfadlak**

Flughafen **Al mataar**
Busbahnhof **Mahattat al otobis**
Bahnhof **Mahattat al tran**
Fahrkartenschalter **Maktab al tazkara**
Auto **Sayara**
Taxi **Teksi**
Benzin **Benzeen**
Reifenpanne **Tokob**
Fähre **Al Ferri**

ZAHLEN

0 sifr	6 sitta	12 itnash	18 tmantash
1 wahid	7 sabaa	13 talatash	19 tissatash
2 itnayn	8 tamania	14 arbatash	20 ishreen
3 talaata	9 tissa	15 khamstash	30 tlateen
4 arba'a	10 ashra	16 sittash	100 mia
5 khams	11 ihdash	17 sabatash	1000 alf

SPEISEKARTE

Aubergine **ibdanzahl**	Fleisch **lahm**	Kichererbsen-suppe **lablabi**	Pommes frites **batata maklya**
Bier **birra**	Gegrilltes Fleisch **shshwa**	Lamm **allush**	Rindfleisch **baqri**
Bohnen **lubya**	Gekocht **ghalla**	Linsen **l'adess**	Saft **'asir**
Brot **khubz**	Gemüse **khodra**	Milch **halib**	Salat **shlada**
Butter **zebda**	Hühnchen **djaj**	Obst **fawakih**	Salz **milh**
Couscous **couscous/seksu**	Käse **zhben**	Olive **zaitoun**	Suppe **shorba**
Croissant **krwassa**	Kaffee **qahwa**	Pfeffer **felfel**	Tee **shai**
Ei **'adham**	Kartoffel **batata**	Pfeffersoße **harissa**	Wasser **maa**
Fisch **samak**	Kichererbesen **hummus**		Wein **sharab**
			Zucker **sukar**

RESTAURANT

Frühstück **Futoor**	Genug **Izzi**
Mittagessen **Ada**	Ich bin Vegetarier **Makanakulsh laham**
Abendessen **Asha**	
Kellner **Garson**	Lecker **Lathith**
Speisekarte **Menu**	Die Rechnung **Al hisaab**

GLOSSAR

Aïn Quelle
Allah Gott
Bab Tor
Bayt Haus
Bey Gouverneur
Bir Brunnen
Bordj Turm oder Festung
Burnous Kapuzenmantel
Chechia roter Filzhut
Chicha Wasserpfeife
Chott Salzsee
Dar Haus oder Palais
Djebel Berg
Dey Gouverneur
Funduk Karawanserei
Ghar Höhle
Ghorfa Felsen- und Lehmkammern
Hadj Wallfahrt nach Mekka
Hammam Öffentliches Bad
Hijab Schleier
Id al Adha Fest am Ende der Hadj
Id al Fitr Fest am Ende des Ramadan
Islam Unterwerfung (unter Gottes Willen)
Kasbah Zitadelle
Kelim gewebter Berberteppich
Koubba Kuppel, Grabmal eines Heiligen
Ksar (Plural Ksour) befestigte Ortschaft/Speicherfestung

Maghreb Nordwestafrika
Malouf Traditionelle tunesische Musik
Marabout Heiliger, Grabstätte
Masjid (Masdjid) Moschee
Medersa (madrassa) Islamische Schule
Mergoum Teppich mit geometrischen Figuren
Medina (Alt-)Stadt
Mihrab Nische in einer Moschee, zeigt Qibla an
Muezzin Gebetsrufer
Oued Fluss, trockenes Flussbett
Qibla Gebetsrichtung (nach Mekka)
Qur'an Heiliges Buch des Islam
Ramadan Fastenmonat
Ribat Festung
Sahel Küste
Sharia Islamisches Gesetz
Sidi Heiliger
Souk Markt
Sufi Islamische Mystik
Tourbet Mausoleum
Zaouia Religiöser Orden

IM NOTFALL

Hilfe! **Aktooni!**
Polizei **Shurta/Bolees**
Feuer **Afia**
Krankenhaus **Mustashfa**
Arzt **Tabeeb/Duktoor**

Reiseatlas

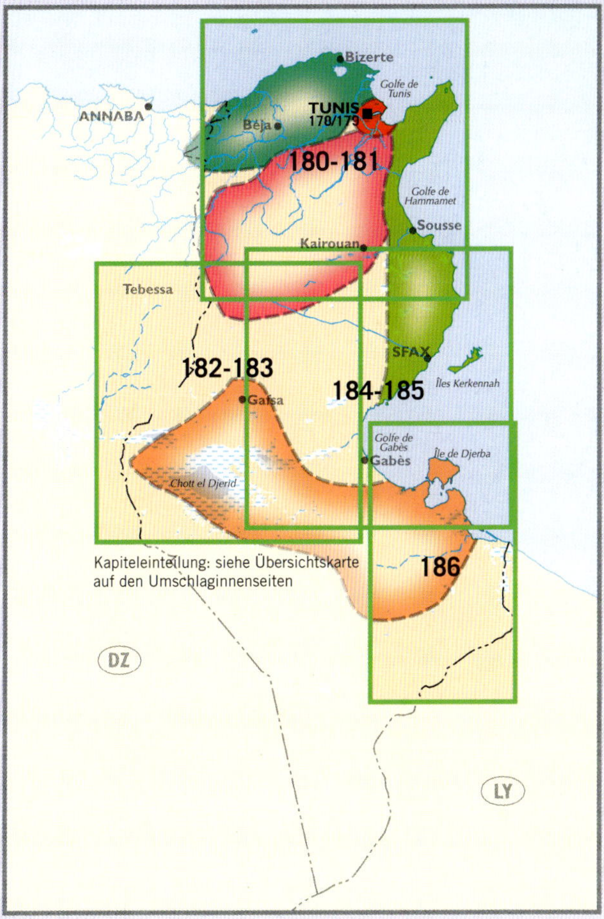

Bizerte
Golfe de Tunis
ANNABA
Béja
TUNIS
178/179
180-181
Golfe de Hammamet
Sousse
Kairouan
Tebessa
182-183
184-185
SFAX
Îles Kerkennah
Gafsa
Golfe de Gabès
Île de Djerba
Gabès
Chott el Djerid
186

Kapiteleinteilung: siehe Übersichtskarte auf den Umschlaginnenseiten

DZ

LY

Cityplan

------ Hauptstraße

------ Nebenstraße

------ Bahnlinie

Wichtiges Gebäude

Park/Garten

Sehenswürdigkeit (im Text)

Sehenswürdigkeit

Reiseatlas

Hauptstrecke

Autobahn/Nationalstraße

Regionalstraße

Nebenstraße

Bahnlinie

Große Stadt

Stadt/Dorf

✈ Flughafen

Sehenswürdigkeit (im Text)

Sehenswürdigkeit

178-179
0 — 200 Meter
0 — 200 Yards

180-186
0 — 30 km
0 — 15 Meilen

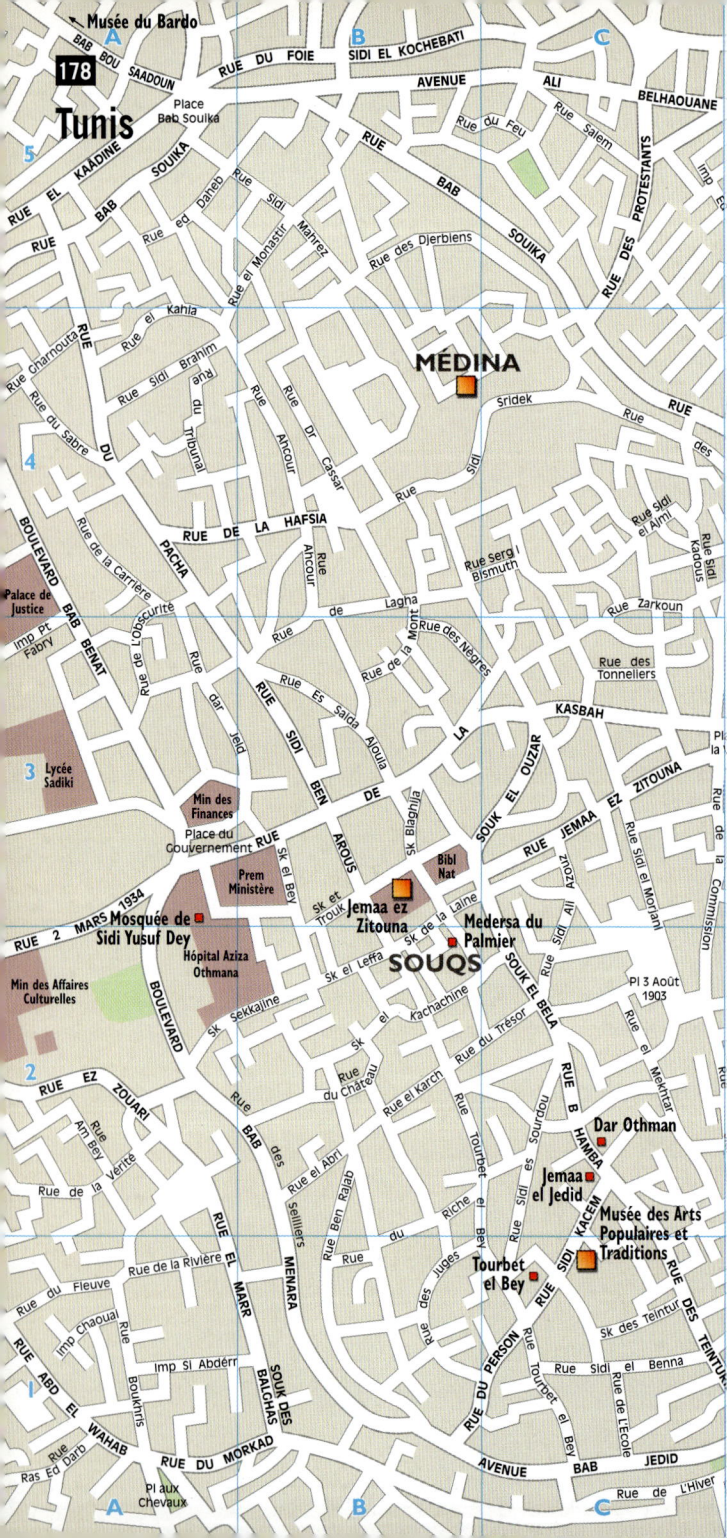

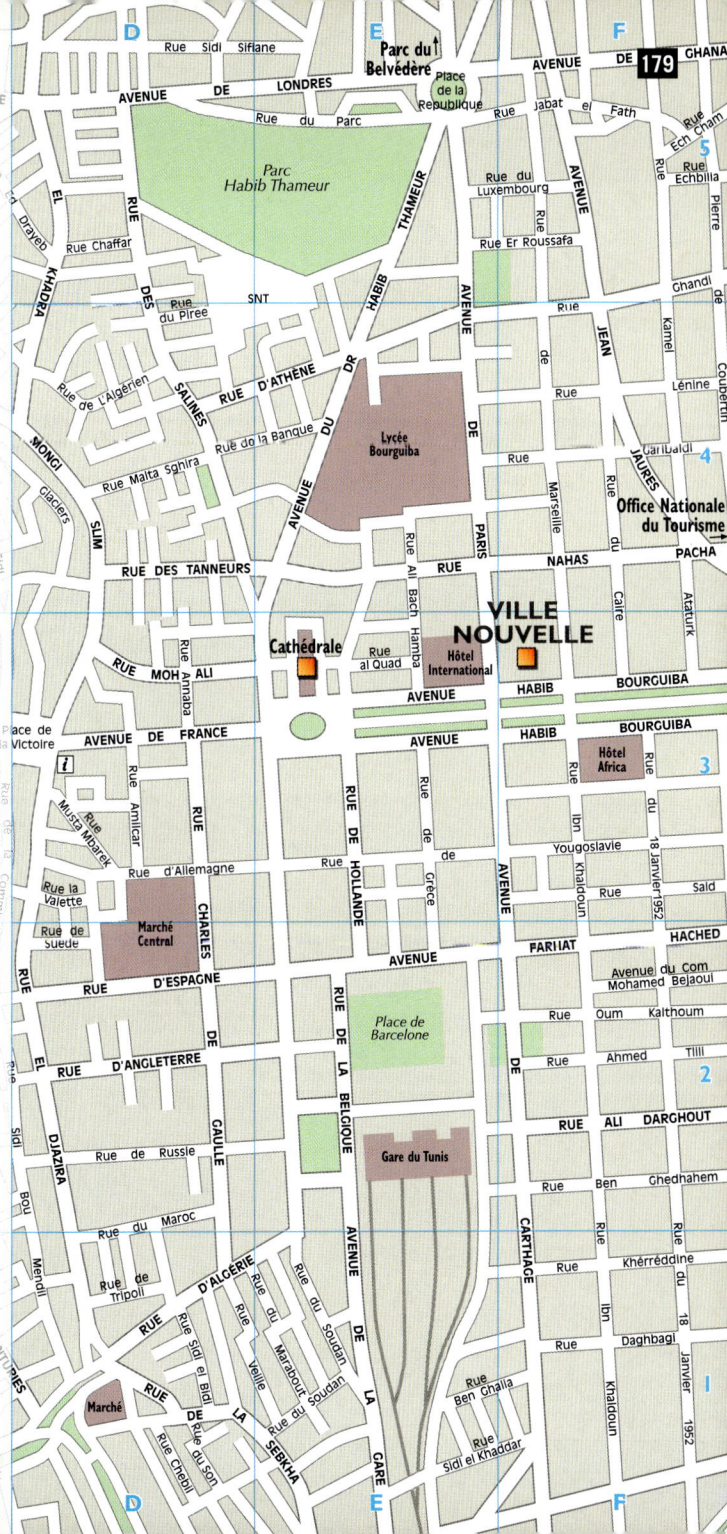

Rass Engelah
Bechateur
Beni Meslem
57

Cap Serrat

Parc Nationale
Jebel Ichkeul
Lac
Ichkeul

Cap Negro

Temra
Nefza
Jefna
Mateur
Villa
Fontana
Sidi
Abdelbasset
Tébourb
64

Tabarka
Sidi Nsir

Oum
Théboul
El
Kala
El Aoïun
Babouch
Ain Draham
Amdoun
Zahret Medien
Béja
Chaouache

Hammam
Bourguiba
Barrage de
Beni M'Tir
Hammam
Saïala
Mejez el-Bab

Fernana
Bou
Salem
Barrage
Sidi Salem
Testour
Goubella

Bulla
Regia
Thibar
5
29

Thuburnica
Chemtou
Jendouba
Téboursouk
Ghardimaou
Oued Melliz
6
Ain El
Akerma
74
Dougga
El Aroussa
Gaafour
Jelida
Bou
Arada
47

173
Souk
Jemaa
El Krib

Touiret
Nebeur
El
Lakhout
174
Sidi
Saad

Barrage
de Mellégue
5
18

Le Kef
Bj El Aïfa
18
Sidi Bou
Rouis
Robâa

Sidi Zin
5
Henchir
Lorbeuss
Sers
Siliana
73

18
12
4

Dahmani
Ebba Ksour
80

ajerouine
El Ksour
18
Eltes
Makthar
Ouesslatia

60
71
Kesra
12
46

Kalaat
Khasba
85
Rouhia
77

Thala
60
El Aroun
Sbiba
Hattab

aïdra
4
85
Fondouk
El Haouareb

Bou
Ghanem
77
3

Foussana
71
Jebel
Mrihila
1378m
Hajeb
El Ayoun
Sidi Saad
1314m
Jebel

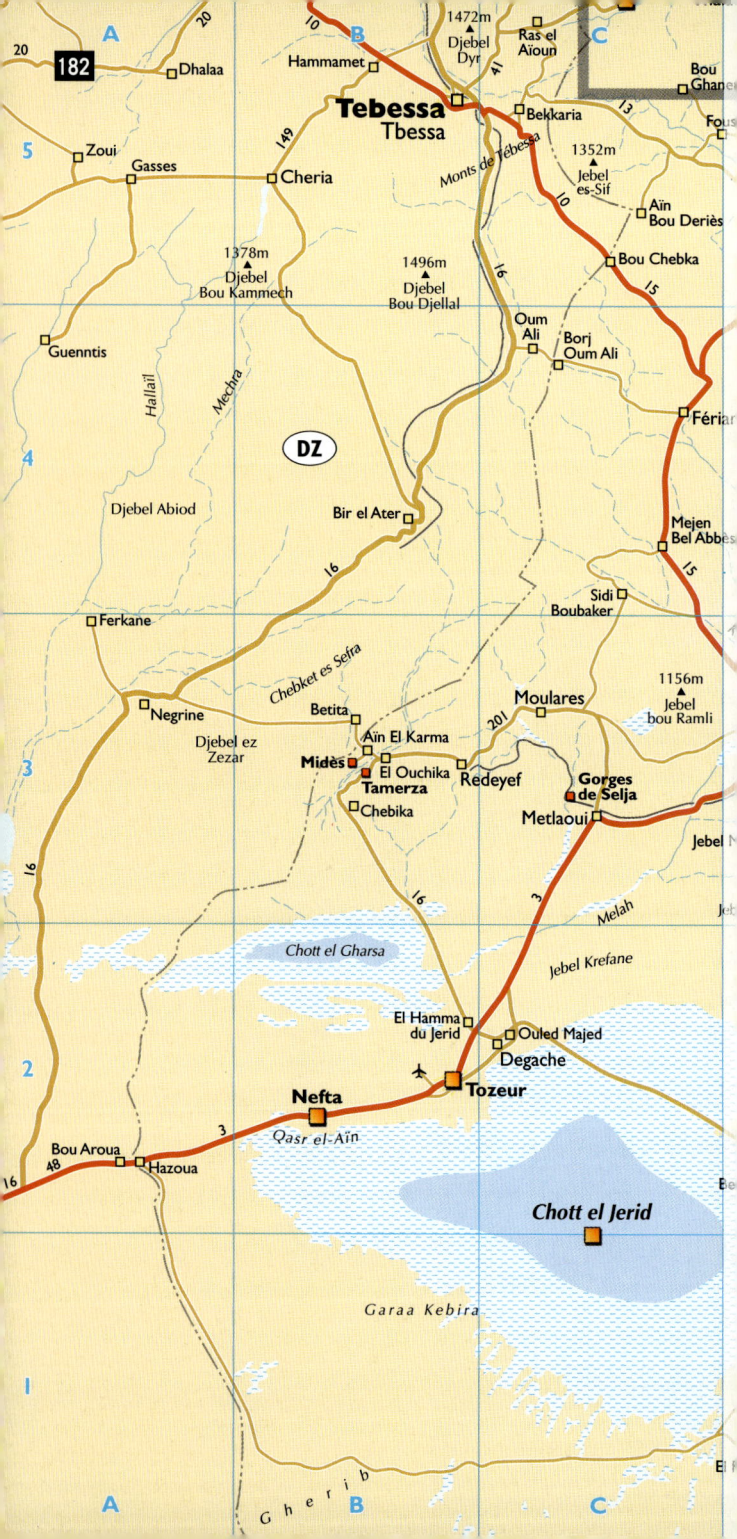

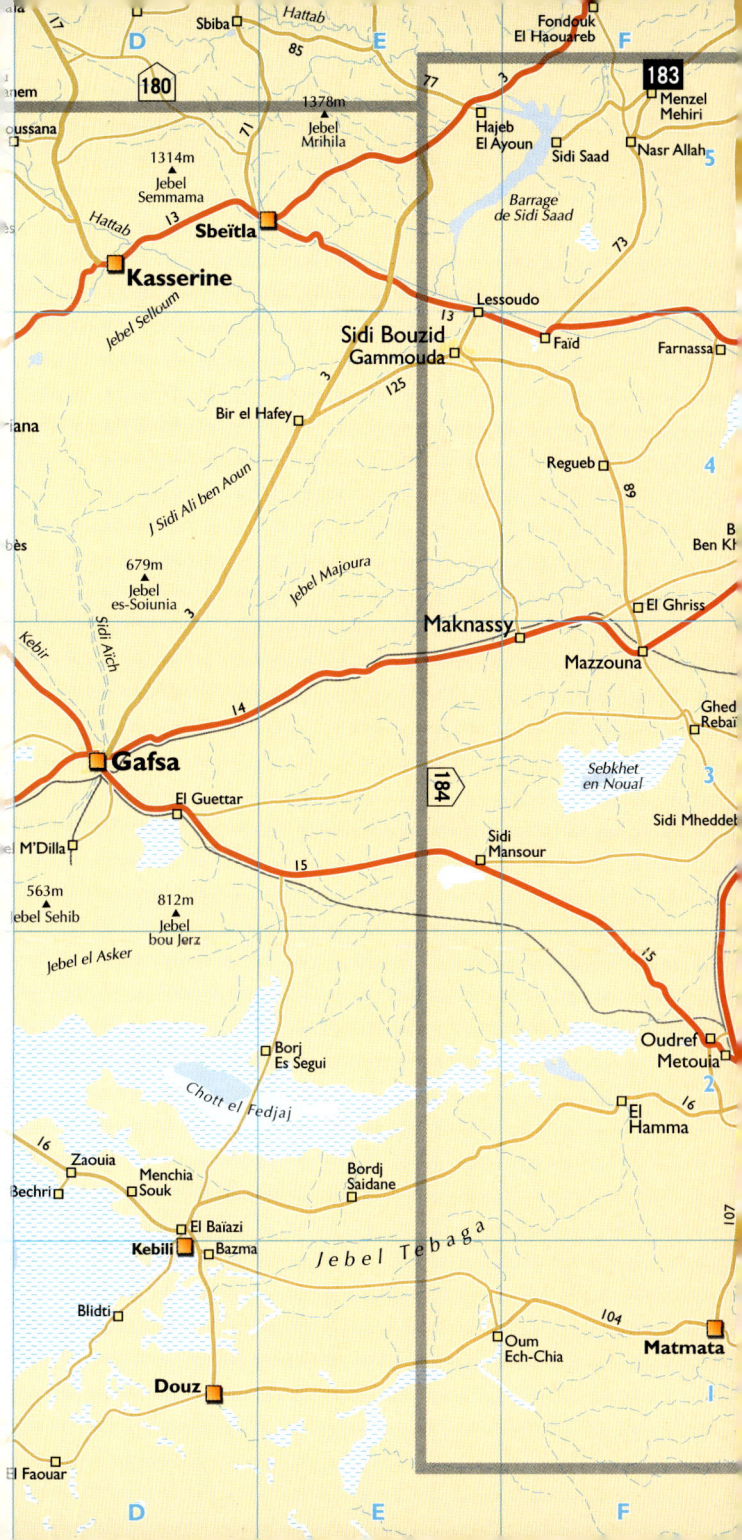

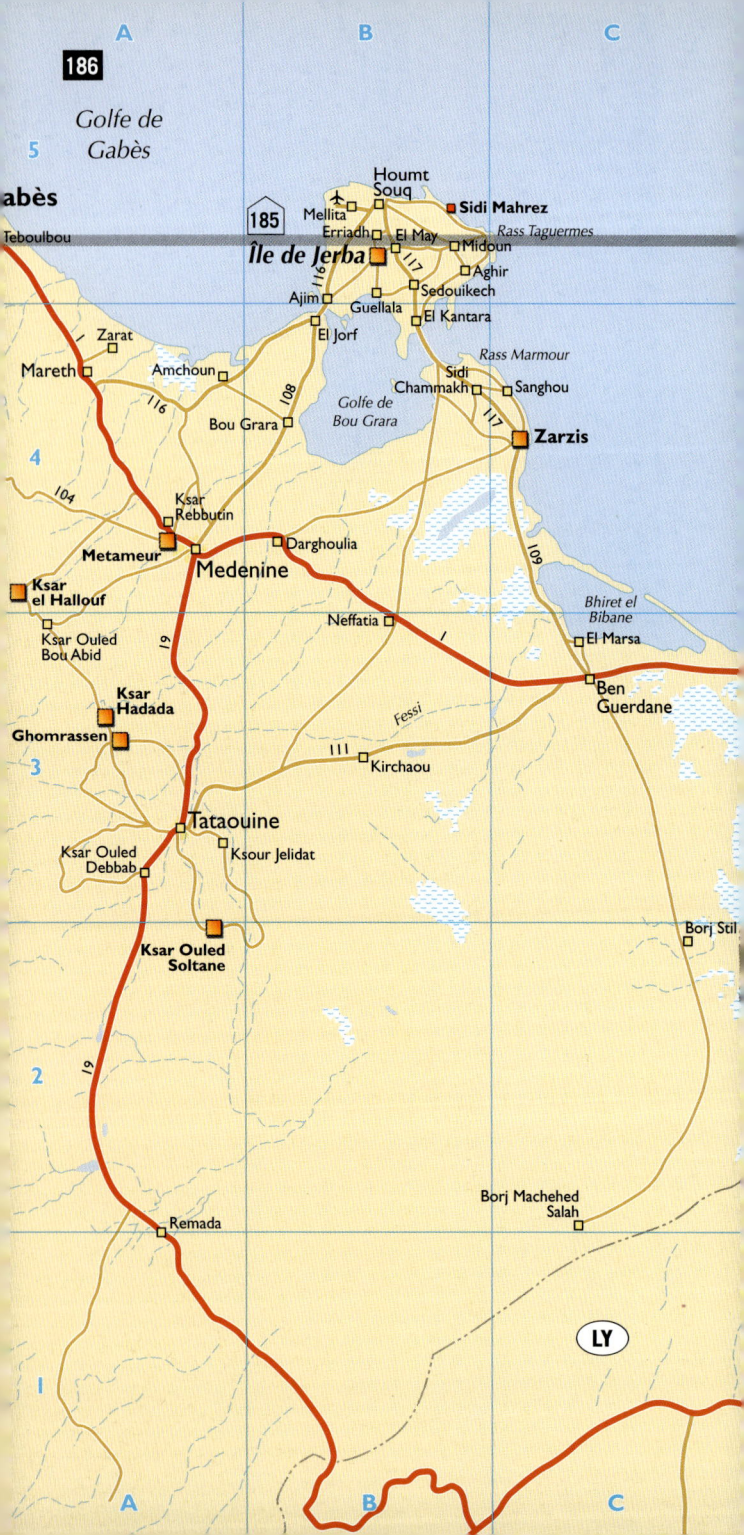

Abbildungsnachweis

Die Automobile Association dankt den folgenden Fotografen, Agenturen und Museen für ihre Unterstützung bei der Herstellung dieses Buches.

Umschlag: AA World Travel Library/Steve Day
BRIDGEMAN ART LIBRARY 12ul Admiral Khair-ed-din (ca.1465–1546) 1540, Reis Haydar, Nakkep,
genannt Nigari (1494–1572)/Topkapi-Palastmuseum, Istanbul, Türkei, 16/17 Tod der Dido (Öl auf
Leinwand), Sacchi, Andrea (1599–1661)/Musee des Beaux-Arts, Caen, Frankreich,
Giraudon/Bridgeman Art Library, 18/19 Hannibal überquert die Alpen (Fresko), Ripanda, Jacopo
(1490–1530)/Pinacoteca Capitolina, Palazzo Conservatori, Rom, Italien, 24o Gustave Flaubert (1821–
1880) (S/w-Foto), Nadar (Gaspard Felix Tournachon) (1820–1910)/Privatsammlung, alle Rechte: Ken
Welsh, 28/29u Goldplatte mit phönizischer Inschrift aus Santa Severa, Pyrgi, 5. Jh. v. Chr./Museo
Archeologico di Villa Giulia, Rom, Italien. IMPERIAL WAR MUSEUM 22/23(m), 22/23(u), 23(o). MAG-
NUM PHOTOS 20(o). MARY EVANS PICTURE LIBRARY 13(or), 17, 21, 24(u), 25. NATIONAL MARITI-
ME MUSEUM 14/15. ROBERT HARDING 98/99. TUNISIA NATIONAL TOURIST OFFICE 21(u),
22/23(u). WORLD PICTURES 3(mu), 9(or), 155, 165.
Die übrigen Fotos befinden sich im Besitz der AA World Travel Library und stammen von Steve Day, mit
Ausnahme des Fotos auf S. 10/11 (Steve McBride).

Abkürzungen: (o) oben, (u) unten, (l) links, (r) rechts, (m) Mitte

Der Norden

Erste Orientierung

Der Norden Tunesiens ist ein lohnendes Reiseziel: Das Klima ist angenehm, die Landschaften – Gebirgszüge und Korkeichenwälder im Landesinnern, bezaubernde Strände an der Küste – sind sehr abwechslungsreich. Die beiden größten Städte an der Küste, Bizerte im Osten und Tabarka im Westen, legen mit ihren Burgen und Festungen ein anschauliches Zeugnis ihrer langen und bewegten Geschichte ab. Unweit von Bizerte und den Ruinen der phönizisch-römischen Stadt Utica, die älter als Karthago ist, liegen einige Strände des Landes.

Das Städtchen Tabarka ist ein ausgezeichneter Ausgangspunkt für eine Rundreise durch die nordwestliche Region. Die Korkeichenwälder um Aïn Draham lohnen ebenso einen Besuch wie das kleine Marktstädtchen Béja am Medjerda, dem einzigen größeren Fluss des Landes. Von Tabarka ist es nicht weit zu einer der wichtigsten archäologischen Stätten des Landes, der einstigen Hauptstadt des numidischen Königreiches: Bulla Regia. Zu den faszinierendsten Bauwerken der antiken Stadt zählen die gut erhaltenen unterirdischen römischen Villen mit ihren Mosaiken.

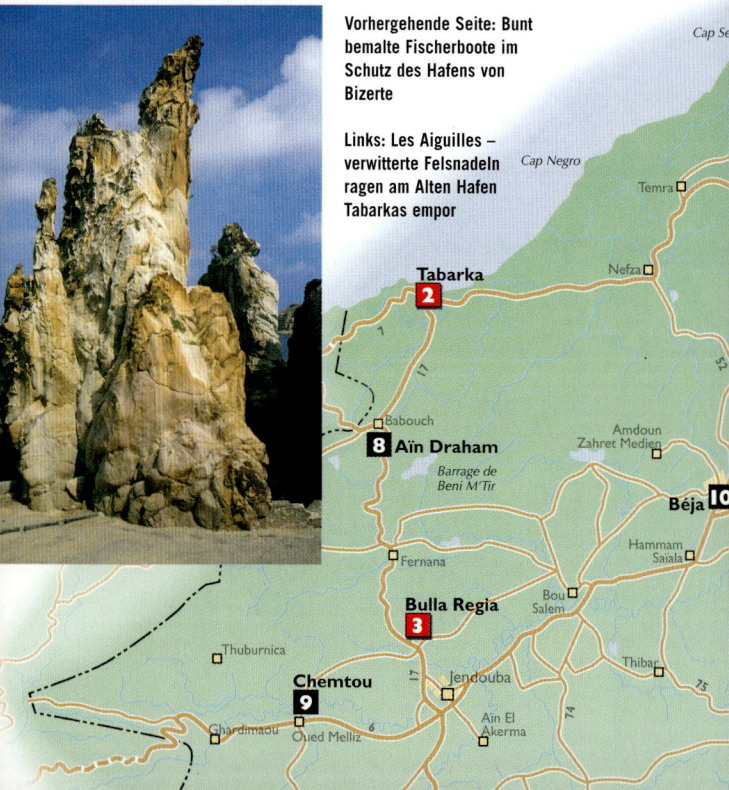

Vorhergehende Seite: Bunt bemalte Fischerboote im Schutz des Hafens von Bizerte

Links: Les Aiguilles – verwitterte Felsnadeln ragen am Alten Hafen Tabarkas empor

Cap Se

Cap Negro

Temra

Tabarka
2

Nefza

Babouch

8 Aïn Draham

Amdoun
Zahret Medien

Barrage de
Beni M'Tir

Béja **10**

Fernana

Hammam
Saiala

Bou
Salem

Bulla Regia
3

Thuburnica

Thibar

Chemtou
9

Jendouba

Ghardimaou
Oued Melliz

Aïn El
Akerma

NATIONAL GEOGRAPHIC
Leserbefragung

Ihre Ratschläge, Urteile und Empfehlungen sind für uns sehr wichtig. Wir bemühen uns, unsere Reiseführer ständig zu verbessern. Wenn Sie sich ein paar Minuten Zeit nehmen, diesen kleinen Fragebogen auszufüllen, könnten Sie uns sehr dabei helfen.

Wenn Sie diese Seite nicht herausreißen möchten, können Sie uns auch eine Kopie schicken, oder Sie notieren Ihre Hinweise einfach auf einem separaten Blatt.

Bitte senden Sie Ihre Antwort an:
NATIONAL GEOGRAPHIC SPIRALLO-REISEFÜHRER, MAIRDUMONT GmbH & Co. KG,
Postfach 31 51, D-73751 Ostfildern
E-Mail: spirallo@nationalgeographic.de

Über dieses Buch …
NATIONAL GEOGRAPHIC SPIRALLO-REISEFÜHRER **TUNESIEN**

Wo haben Sie das Buch gekauft? _____

Wann? Monat / Jahr

Warum haben Sie sich für einen Titel dieser Reihe entschieden? _____

_____

_____

_____

_____

_____

_____

_____

_____

Wie fanden Sie das Buch?

Hervorragend ☐   Genau richtig ☐   Weitgehend gelungen ☐   Enttäuschend ☐

Können Sie uns Gründe angeben?

_____

_____

_____

_____

_____

_____

_____

_____

Bitte umblättern …

Hat Ihnen etwas an diesem Führer ganz besonders gut gefallen?

_____
_____
_____
_____
_____

Was hätten wir besser machen können?

_____
_____
_____
_____
_____
_____

Persönliche Angaben

Name _____

Adresse _____

_____

_____

Zu welcher Altersgruppe gehören Sie?
Unter 25 ☐   25–34 ☐   35–44 ☐   45–54 ☐   55–64 ☐   Über 65 ☐

Wie oft im Jahr fahren Sie in Urlaub?
Seltener als einmal ☐   Einmal ☐   Zweimal ☐   Dreimal oder öfter ☐

Wie sind Sie verreist?
Allein ☐   Mit Partner ☐   Mit Freunden ☐   Mit Familie ☐

Wie alt sind Ihre Kinder? _____

Über Ihre Reise …

Wann haben Sie die Reise gebucht? Monat / Jahr __

Wann sind Sie verreist? Monat / Jahr __ __

Wie lange waren Sie verreist? _____

War es eine Urlaubsreise oder ein beruflicher Aufenthalt? _____

Haben Sie noch weitere Reiseführer gekauft? ☐ Ja ☐ Nein

Wenn ja, welche? _____

_____

Herzlichen Dank dafür, dass Sie sich die Zeit genommen haben, diesen Fragebogen auszufüllen.